i

为了人与书的相遇

Great Thoughts

Max Weber

Wissenschaft als Beruf und Politik als Beruf

学术与政治

[德] 马克斯·韦伯 著　　钱永祥 等 译

上海三联书店

本书由远流出版公司授权，限在中国大陆地区发行

图书在版编目（CIP）数据

学术与政治 /（德）马克斯·韦伯著；钱永祥等译.
—上海：上海三联书店，2019.4（2024.3 重印）
ISBN 978-7-5426-6464-8

Ⅰ.①学… Ⅱ.①马… ②钱… Ⅲ.①社会学—研究 Ⅳ.① C91

中国版本图书馆 CIP 数据核字 (2018) 第 202510 号

学术与政治

[德]马克斯·韦伯 著　钱永祥 等 译

责任编辑 / 徐建新
特约编辑 / 胡晓镜
装帧设计 / 苗　倩
内文制作 / 邢西娟
监　　制 / 姚　军
责任校对 / 张大伟

出版发行 / 上海三联书店
　　　　（200030）上海市徐汇区漕溪北路331号A座6楼
邮购电话 / 021-22895540
印　　刷 / 山东韵杰文化科技有限公司

版　　次 / 2019 年 4 月第 1 版
印　　次 / 2024 年 3 月第 4 次印刷
开　　本 / 880mm×1230mm　1/32
字　　数 / 279千字
印　　张 / 11.75
书　　号 / ISBN 978-7-5426-6464-8/C·579
定　　价 / 62.00元

如发现印装质量问题，影响阅读，请与印刷厂联系：0533-8510898

导读：祛魅时代的学术与政治

刘 擎

　　1917 年 11 月 7 日，在德国慕尼黑市的斯坦尼克艺术厅 (Kunstsaal Steinicke) 举办过一次演讲，主题为"学术作为志业"。听众席挤满了年轻的大学生，还有不少著名的学者，因为主讲人是当时德国负有盛名的思想家马克斯·韦伯 (Max Weber)。一年多之后，韦伯在同一个地方又做了一场演讲，题为"政治作为志业"。这两篇演讲后来结集出版，被称为韦伯的"志业演讲"，成为二十世纪西方著名的思想文献，获得了经典地位。

　　理解韦伯的思想，有必要了解他的生平。韦伯出生于 1864 年，学术生涯起步很早，25 岁就获得了法学博士学位，不久便在柏林大学担任讲师。1894 年被弗莱堡大学聘任为正教授，两年多以后又获得了海德堡大学一个重要的教授席位，当时不到 33 岁，令同辈学人望尘莫及。但很可惜，1897 年秋季韦伯患上了精神疾病。那一年他父亲去世，此前父子俩有过激烈的争吵，却再也没有和解的机会，这给韦伯造成了严重的心理冲击，引发他了的抑郁症。在长达四年的时间里，他时而处在精神崩溃的状态，完全停止了学术工作。学校为挽留他，给了他三年的带薪假期，但最终他还是辞去了教职。1902 年韦伯开始康复，虽然有轻微的反复，但已经能重新投入工作。1903 年他担任了重要的学术编辑职位，同时开展基础性的社会科学研究。但直到 1918 年他才重返大学，先是在维也纳大学授课一个学期，后来接受了慕尼黑大学的正式教职。但不幸的是，这个教职他只做了一年。韦伯染上了当时肆虐欧洲的西班牙流感，引发肺炎，于 1920 年 6 月 14 日去世，年仅 56 岁。

韦伯的思想生涯有两个突出的特点。第一，他的研究领域非常广泛。学术界常常将他与马克思和涂尔干的名字放在一起，并称为现代社会学的三大奠基人。但韦伯的研究横跨了经济、政治、历史、宗教和哲学等领域，甚至对古典音乐也有独到的研究，他是一位博学的、百科全书式的学者。第二，韦伯广泛介入了公共讨论，在报刊上发表过重要的政论文章，还直接卷入了许多政治活动，包括在第一次世界大战中从军，参与野战医院的管理和建设，作为德国战后谈判使团的顾问参加凡尔赛和会，以及讨论起草"魏玛宪法"等工作。因此，韦伯不只是纯粹的书斋型学者，他还是德国当时最有影响的公共知识分子。去世之后，他的学术和思想遗产产生了广泛而持久的影响，被视为西方现代历史上的一位思想巨人。

世界的除魅与现代的精神境况

韦伯的学术贡献丰富而卓越，其中对现代世界特征的洞察尤为重要。在《学术作为志业》的演讲中，有一个被广泛引用的著名段落："我们的时代，是一个理性化、理知化，尤其是将世界之迷魅加以祛除的时代；我们这个时代的宿命，便是一切终极而最崇高的价值，已自公共领域（Öffentlichkeit）隐没。"在这里，"世界被祛除了迷魅"（disenchantment of the world），极为凝练地表达了韦伯对现代社会的根本判断，也是影响深远的一个见解。

但"世界的除魅"究竟是什么意思呢？用简单的比喻可以这样说：现代的来临意味着一种觉醒，像是世界到了"梦醒时分"，解除了古代迷梦一般的魅力或者魅惑。在现代之前，人们生活在一个魅惑的世界中，相信其中有神存在，有精灵和鬼怪出没，灵性不只限于人类，动物也有灵性，甚至万物有灵。这些超越人类经验感知的所谓"超验"的存在，是冥冥之中难以言说的事物，却构成了古代精神极为重要的一部分。因此，古代世界笼罩在神秘的精神之中，让人难以理解，无法参透，也因此让人敬仰和畏惧。恰恰是这种神秘精神，将人类与整个宇宙连成一体，并从这种联系中获得生存的意义。古代人的终极价值，生命的根本意义，不是人类自足的，而是依托于比人类更高的存在，依赖于宇宙的整体秩序。人们往往通过宗教信仰和仪式，通过与超验存在的联系，确立生命的意义与目的，获得所谓"安身立命"的根基。

后来，西方历史进入了现代。经过宗教改革、启蒙运动和科学革命之后，西方人越来越倾向于以理性化的方式来探索世界和自己，也就是说，越来越信奉科学的认识模式。科学是理知化活动的典型体现，依靠冷静的观察、可靠的证据、严谨的逻辑和清晰的论证。科学论述的特点是可观察、可检验、可质疑、可反驳、可修正，在根本上抵制神秘、反对迷信。在这种理性化和理知化的时代，人们很难再轻信古代的玄思妙想，不再接受各种"神神道道"的话语。世界被理知化了，也就是被人看透了。比如，在漫长的古代历史上，日蚀或月蚀曾被视为神秘的天象，而当现代天文学揭穿其中奥秘，这些以往"神秘"的天象变得清澈而简单，一下子就失去了迷魅之处。世界被看透了，没有什么不可思议的说不清道不明的神秘之处。人们相信，即有些事情一时还看不透，但在原则上终究是能被看透的，其中的奥秘迟早会被破解。

韦伯告诉我们，随着现代的来临，一场精神的巨变发生了：古代世界那种迷雾一般的魅惑，在现代的"清晨"被理性化的光芒驱散了。现代人在回望古代世界的时候，会有一种"大梦初醒"的感觉，这就是所谓"世界的除魅"。需要注意的是，"世界的除魅"是对客观事实的描述，并不带有价值判断的倾向。韦伯并没有说这一转变是值得庆幸的，也无意去赞颂除魅之后的世界。实际上，韦伯对此怀有复杂暧昧的态度。因为他知道，这个"梦醒时分"对许多人来说在精神上是格外"荒凉"的，信仰失去了以往神秘的根基，而科学又无法为生命的意义提供新的根本依据，终极价值不再具有客观性和公共性，会让人茫然若失。因此，"一切终极而最崇高的价值，已自公共领域隐没"。然而，世界的除魅是现代世界的真相。韦伯主张，无论对此感到多么无助多么失落，我们必须直面这个真相，这就是所谓现代性的境况。在这种条件下，学术生涯以及政治事业，到底还有什么价值，我们如何从事学术和政治，都变成了极具挑战性的困难问题。

智性的诚实：志业演讲的背景与基调

古今中外许多为人传诵的演讲辞大多具有激荡人心的力量。而韦伯的这两篇演讲则相当不同，没有去激发共鸣、感染听众，反倒是刻意回避听众的期待，抑制他们的激情。因此，这两篇演讲都有一种格外冷峻的风格。领悟这种冷峻的基调，是解读这本书乃至韦伯思想气质的入门钥匙。

如果我们仔细阅读文本，会发现两篇演讲的开场与结尾都是精心布局的，它们的开头有明显的相似之处。在《学术作为志业》的开篇，韦伯说他习惯用一种"学究气"的方式来处理问题。对于学术究竟有什么意义，学者需要具备哪些条件，他没有直接告诉听众所期待的答案，而是用一种迂回的、有点学究气的方式，慢慢进入主题。类似地，在《政治作为志业》的演讲中，他开场的第一句就说，"在好几个方面必定会使各位失望"。这里"失望"这个词对应的德文单词"enttäuschen"意思有点复杂，同时有"失望""幻灭"和"挫折"的意思。韦伯知道，听众非常期待他能对当时紧迫的政治现实发表明确的见解，但他从一开始就坦言，他不准备去满足这种的期待，相反，他可能会让大家感到挫折和失望。

那么，韦伯为什么拒绝迎合听众的期待？为什么要故意采用带有"间离效应"的修辞策略？在我看来，这是源自他对当时历史背景和德国局势的洞察和忧虑。

韦伯所处的时代，见证了德国的巨大变迁。二十世纪初，德国经济迅速崛起，在1913年超过了英国，跃居为仅次于美国的世界第二大经济体，但次年就卷入了第一次世界大战。在思想文化方面，当时的德国出现了各种相互对立的政治立场和思想流派，有左倾的社会主义和共产主义，有右翼的民族主义、国家主义和军国主义；还有文化悲观主义和新浪漫主义等等。各种思潮和观点，彼此之间纷争不休，走向对立分化，德国在精神上陷入了极度的混乱。在战争的阴影下，在思想界充满争议的氛围中，年轻人普遍感到迷茫，迫切希望有一位伟大的导师，能以先知般的确信为他们指明方向，对纷乱的问题给予明确的答案。

韦伯是德国思想界最具影响力的人物，而且他是一个极有魅力的演讲者，他完全有能力满足年轻人的心愿，做一番才华横溢、俘获人心的演讲。但他刻意回避了感召人心的言辞，有意识地选择了格外冷峻的方式。因为他看到了当时德国精神氛围的危险。思想界弥漫着狂热与骚动的情绪，很容易让煽动家和假先知大行其道，他们编织迷人的幻觉，散布言之凿凿的错误答案，鼓吹虚妄的信心，误导人们去寻求虚假的希望、走向极端狂热；或者传播貌似深刻的虚无主义，让年轻人陷入不可自拔的悲观和绝望。韦伯决意要做一名抵挡者，要抵御这些迷惑对思想的腐蚀。韦伯坚信，学者遵循的最高原则是"智性的诚实"（intellectual honesty），就是要揭示真相，无论真相是多么严酷。但同时，他又不希望人们被严酷的真相所吓倒。揭示真相是为了让人清醒、清澈和清晰，而不是在发现真相之后陷入伤感、绝望、虚无或者狂热。这当然是十分艰巨的任务，需要一种罕见的审慎与均衡感才可能达成。

志业演讲的冷峻基调正是来自韦伯的审慎。一方面拒绝虚妄的信心，因为他明白，在除魅之后的现代世界，以往单纯的信仰和价值不再具有不证自明的坚固性，而在德国陷入战争的危机时刻，所有紧迫的现实问题也都不会有简单明了的现成答案。在这样的处境中，无论是从事学术还是政治，前人信奉的那种明确而伟大的意义不再可信，而且在实践中会面临艰巨的挑战和考验。在此，谁要是宣称自己能够提供确定无疑的信念，给出可靠无误的答案，那就是在蛊惑人心，就是假先知。另一面，韦伯又要抵制极端的虚无主义和悲观主义，他需要在复杂而不确定的时代中，细心分辨什么是"可知的"与"不可知的"、什么是"可为的"与"不可为的"，以及两者之间的界限，从而论证，我们在放弃虚妄的信念之后，并非无路可走，仍然可以有所作为。因此，韦伯同时要与狂热和绝望两面作战，他试图在各种蛊惑人心的喧哗之中发出冷峻的告诫，引导人们走向清醒，认清现代世界的特征和自身的处境，从而在良好的现实感中寻求有限的希望，在审慎的判断中付诸积极进取的努力。

明白了韦伯所处的时代以及他所信奉的"智性的诚实"，就能够理解他冷峻的基调，并发觉其中也蕴含着审慎进取的品格。这突出地体现在演讲的结尾之处。对照阅读两篇演讲的结尾，我们也会发现有类似之处。

在《学术作为志业》的结尾，韦伯引用了《圣经·旧约》的一段经文，那是《以赛亚书》中与守夜人的问答："守望的啊！黑夜还有多久才过去呢？"守望的人回答说："黎明来到了，可是黑夜还没有过去！你们如果再想问些什么，回头再来吧。"他由此告诫听众，如果你想要期待新的先知，期待新的救世主，那还为时过早，黑夜还没有过去！这是击碎虚妄的梦想，唤醒你面对现实。但韦伯同时也劝导年轻人，黑夜是等不过去的，在黑夜里我们仍然应当做自己能做的事情，这是激发和鼓励一种踏实而审慎的积极态度。

而在《政治作为志业》的结尾，韦伯引用了莎士比亚的一段十四行诗，那是赞美萌生在春天的爱情成熟于夏日的诗篇。然后他说，政治的情况若能如此就太美好了，但坦言"事情不会如此"。德国迫切需要真正成熟的政治家，却仍然没有出现。韦伯预言十年之后再来回望，情况可能会更糟，那时很可能"反动的时代早已开始"，今天的大部分希望都会落空。的确，历史应验了韦伯的忧虑，此后的十年，正是纳粹势力从发端走向兴盛夺权的反动岁月。他说等待我们的不会是"夏天锦簇的花丛"，而是"冰暗苛酷的寒冻冬夜"，这是相当暗淡的前景。但即便如此，他仍然阐明了"政治成熟"的标准，并坚信唯有达到这种标准的政治家才值得最高的敬意。

两篇志业演讲分别以"夜晚之黑暗"与"冬日之寒冷"的比喻收尾，韦伯以智性的诚实坦言，无论投身学术还是从事政治，你都将陷入艰难的局势，会经历严峻的考验。韦伯没有掩饰自己悲观的判断，但在他冷峻的告诫之中，饱含对学术与政治这两种志业的深切敬意，也因此蕴含着诚恳的激励，期望年轻人在认清艰巨的挑战之后不陷入绝望，仍然能以热情的心灵与清醒的头脑去直面挑战，怀着踏实的英雄主义，致力于这两项值得献身的事业。

思想的清明：学术之可为与不可为

《学术作为志业》的主题似乎很明确，针对在场的青年学生来讲解如何从事学术工作的问题。但我们后来会发现，韦伯实际上不动声色地转移了话题，从"如何做学术"转向了"为何要做学术"的发问，最后切入根本性的大问题：在现代世界中学术本身究竟还有什么意义？

演讲一开始像是"就业指南"，似乎有点琐碎，相当"学究气"地探讨学术工作的外部条件，告诫年轻人，现在从事学术工作是非常困难的。因为学术工作依赖于制度环境，而现在大学的体制条件不容乐观。德国本来有洪堡大学这种"自由大学"的理念和传统，但现在的德国大学变得越来越像美国，非常专业化，学科分工明确，像是工厂里的劳工。而且学术象牙塔的等级严密，年轻人向上晋升的过程艰辛而漫长，常常听凭运气的摆布。讲述学术外部条件的严峻现状，是要对渴望献身于学术的年轻人泼冷水：学术工作投入很大而回报很少，作为谋生手段"性价比"很低，像是"一场疯狂的冒险"。韦伯告诫年轻人，不要对运气心存幻想，如果选择了学术这不归路，那就不要郁闷，不要怨天尤人。

既然外在条件如此严峻苛刻，那么我们为什么还要投身于学术生涯？这必定需要来自内心的支持。因此，韦伯把话题转向了"把学术作为精神上的志业"。就是对学术的热爱与激情——这种"局外人嗤之以鼻的奇特的陶醉感"，标志着真正学者的人格气质。但这种热情不是所谓"个人性情"的展现，不是"一项表演事业"，不是对学者自身的沉湎自恋，而是朝向学术本身的奉献，接近信徒对宗教的奉献。

在此，我们就可以来解释演讲标题中"志业"（德语的 Beruf）这个词的意思。"志业"这个词在汉语中多少有生造的意味，对应的英文翻译是"vocation"，包含着"召唤"（calling）的涵义。志业超越了单纯作为谋生手段的职业，是一种听从神圣召唤、怀有信仰和使命感的精神活动，有点接近中国人讲的"神圣事业"或者"天职"。

如果将学术当作志业，那么问题好像就解决了。献身于学术似乎就有了明确的理由：就是对学术本身不计功利得失的激情，来自"为学术而学术的"的信仰。但恰恰在这里，更重大的问题出现了：凭什么学术能够作为"志业"？学术本身究竟有什么独特的价值，以至于能让人对它抱有神圣的信念和持久的信心？由此，这场演讲就从一个"就业指南"转向真正核心的问题：学术究竟有什么意义？韦伯接下来的长篇论述，既出人意料，又摄人心魄，可以分成两个部分。首先是否定性的论述，论证学术并没有人们通常以为的那些价值和意义。在揭示了种种错觉和误会之后，韦伯转向了肯定性的论述，试图最终阐明，学术还可能有什么意义、为何还能作为"志业"值得我们奉献。

　　韦伯的否定性论述可以称作"学术之不可为"。他出乎听众的预料，没有去为学术的神圣价值做辩护，相反，他试图揭示，通常人们对于学术抱有的那些信心和信念是未经充分反省的，传统所确认的学术价值在现代世界中可能根本不可靠。他首先将学术界定为"理性化和理知化"的工作，然后逐一反驳人们对学术价值的流行理解和传统认知。比如，学术能够让我们更好地理解自己、理解我们所处的世界吗？韦伯的回答是否定的。他认为，理知化进程中，人割裂了与宇宙秩序的精神联系，我们反而难以整体性地、充分地来把握世界和自我。再比如，学术能够帮助我们获得更完满的人生吗？韦伯认为不能，相反，由于学术发展，我们的人生反而难以完满了。在传统社会中，我们对世界是相对熟悉的，过完了一生会有一种"享尽天年"的感觉。而现代知识的不断更新，带给人们"日新月异"的感受，一切都是速朽的，于是我们过了一生，也只能理解人类文明进程之中微乎其微的一部分。死亡不再是"圆满"而是中断，生命的意义未曾充分实现，因此有一种残缺的感觉。

　　更为重要的是，从讨论柏拉图著名的洞穴寓言开始，韦伯打破了人们长期信奉的关于学术的传统神话。大家或许知道，在柏拉图《理想国》第七卷开头讲述的洞穴寓言中，被禁锢在黑暗中的奴隶，走出洞穴看到了太阳，发现了最高的真善美。这个寓言是西方思想"启蒙"的原型,而理知化的进程就是从洞穴向上攀登、迎接光明的历程。因此, 以理知化为特征的科学或者学术一直被认为具有"道路"的意义, 由此通向真理、善和美、"通向真实的存在"、"通向艺术真实"、"通向自然"、"通向上帝"或者"通向真正的幸福"。而韦伯以极为凝练的思想史分析, 阐明了现代学术恰恰是通向"意义破碎化"的道路, 是通向"怀疑"的道路。因为理知化发展的结果表明, 真善美不是和谐的整体, 而是相互分裂的, 科学真理不能告诉我们世界的意义, 无法为宗教或信仰奠定基础, 无法解决多元价值之间的纷争, 也无法为我们选择生活的终极目标和政治判断提供根本的指南。因此, 所有以往对于"道路"的理想都不过是幻觉,学术已经失去了传统期许的价值和信心。

　　想象一下, 假如你是当时台下的一名听众, 会不会有一种幻灭之感? 所幸的是, 韦伯在击碎了种种幻觉之后, 仍然保留了一些希望。他指出, 学术虽然不具有人们以往相信的意义, 但仍然有三种价值。第一是实用性的价值, 学术能够帮助人们"计算", 能够通过证据和分析来辨析状况, 使人更好地理解自身的处境, 从而有效地权衡利弊和控制行为。第二,学术具有思想方法的价值, 能促进思维训练, 扩展思考的工具。这两种价值浅显易懂, 韦伯只是点到为止。最后他阐述了学术的第三种也是最重要的益处, 在于使人头脑"清明"。

　　但"清明"是什么意思呢? 我们已经知道, 理性化和理知化已经让世界祛除了迷魅, 在这种现代境况下, 学术探索无法论证人们应当皈依哪一种宗教、信奉什么样的终极价值, 这就是韦伯讲的"诸神之争"的局面:人们秉持各自不同的信仰, 学术对此无法做出高低对错的裁决。但韦伯认为, 学术仍然有助于我们认识，一旦你选择了某种立场，你应该用什么方式来达成自己选定的目标，你如何才不会陷入自相矛盾，才能避免事与愿违；学术也有助于我们认清，恰恰因为立场是你自己的选择，你必须为其后果承担责任。这就是韦伯所讲的"自我的清明"。具备这种清明，我们才能在"内心上一致"，形成完整的人格。学术无法解除我们抉择的负担，无法代替我们承受抉择的责任和危险，但提供了对行动手段的认识、对可能结果的预期，有助于我们在抉择之后更为清醒而明智地行动。学术的价值和意义虽然有限，但韦伯相信，在除魅之后的世界里，"启人清明并唤醒其责任感"的事业仍然弥足珍贵，值得当作"志业"去追求。

信念与责任：政治家的品质与成熟

韦伯两次演讲的时间相距十四个月，形势发生了重要的变化。第一次演讲是在 1917 年 11 月，当时一战还未结束，德国在战场上还有相当的优势，而第二次演讲发表在 1919 年 1 月 28 日，德国已经在两个月之前宣布投降，以战败而告终。

韦伯本人对《政治作为志业》的演讲不太满意，后来讲稿发表时做了很多补充和修改。这次演讲涉及了相当广泛的议题，其中许多论点，比如"国家是垄断合法暴力的组织"的定义，以及对统治的三种正当性类型的划分，后来都成为二十世纪政治学科的核心主题。在这里，我们着重讨论其中一个主题，就是韦伯对于政治家的论述。在现代世界，一个政治家需要具备哪些重要的品质？又会面临什么样的挑战？什么才是理想的政治家？

首先需要注意韦伯做出的一些类型区分。从事政治活动有两种不同的方式。一种是"依靠政治而活"，指从政只是其谋生的手段，政治只有工具意义而没有内在价值。在韦伯心目中，靠政治而生存的人不能算真正的政治家。严格意义上的政治家是另一种类型，韦伯称为"为了政治而活"，他们从事政治是听从使命的"召唤"，是将政治作为"志业"的人。

　　相应地，韦伯还区分了官僚与政治家。官僚就是政治系统中的行政官员，公务人员或者"官吏"。官僚的首要职责是服从上司，严格遵守纪律，最重要的特点是"专业化"抑制"个人化"。他们对于工作本身没有好恶感，没有个人信念，或者说，必须克制甚至消除个人化的感情、立场与党派倾向，保持中立，做到不偏不倚，他们只对规则和指令负责，不用考虑政治活动的终极目标，也不用对政治大局和最终结果负责。极端地说，官僚系统的最佳状态，就是一部高效率的运转良好的机器，它是没有"灵魂"的，这也是理性化时代对现代政治的塑造结果。而政治家则不同，严格意义上的政治家，尤其是韦伯说的"政治领袖"，具有鲜明的"好恶感"，他们有明确的信念和立场，必须对政治行动的最终结果负责，而且责无旁贷。虽然韦伯没有做明确的对应，我们有理由相信，官僚多半是"靠政治而活"，而政治家是"为政治而活"。政治家必须引领官僚系统，为其"注入灵魂"，才能在政治事业上有所作为。

　　韦伯认为，在官僚体制日益庞大的现代国家中，政治的外部条件不利于产生那种有志向、有立场的志业政治家。那么"为政治而活"的人尤其依赖于其内在品质。在他看来，政治家在人格上应当具备有三种品质：热情，责任感和判断力。

　　首先，热情似乎比较好理解，将政治作为志业的政治家，是出于信念、为了理想投身于政治活动，当然会有强烈的情感。但韦伯对政治家的热情做出了精微的辨析。他强调指出，强健的政治热情是一种坚忍不拔的激情，一种在坚定信念支持下的勇敢无畏、从容不迫，而不是那种心血来潮的狂热，或者，夸夸其谈的"煽情"(sensation)。韦伯将这种空洞的热情称为无用的"亢奋"。"亢奋"只是演员的热情，在政治上是虚弱的。

第二，判断力是政治家极为重要的品格。韦伯强调，政治是复杂、多变和危险的实践活动，容易让人迷惑，所以他多次将政治比作魔鬼。从事政治的人是跟魔鬼打交道的人，很容易走火入魔。因此，政治家必须具备卓越的判断力，对复杂的局面和形势，既要有深入其中、抵达内在理解的能力，又要有抽身而出、拉开距离、冷眼旁观的能力。政治家需要清醒地审时度势，保持良好的分寸感，这是相当难得的品质。政治的判断力与热情也是相互关联的，如果失去了良好的判断力，政治热情很容易蜕变为无用的"亢奋"。

第三，政治家还必须具备健全的责任感。这听上去是浅显的道理，像是老生常谈，但深究起来却相当复杂。政治家要对什么负责？怎么做才算是负责？在韦伯看来，所谓担当责任是一种伦理要求，但政治家经常会面对两种不同的伦理要求，分别称为"心志伦理"和"责任伦理"。简单地说，心志伦理要求遵循自己信奉的理想原则去行动，不计后果，不论成败，无条件地忠实于原则的纯洁性。而责任伦理的要求则不同，需要行动者格外关注后果。政治是具有后果的实践行动，而且后果往往影响重大，所以遵从责任伦理的要求，对可能的后果深思熟虑并担负责任，就变得尤为重要。

但是，"心志伦理"与"责任伦理"这两种原则之间究竟是什么关系？在演讲中，韦伯一方面主张这两种原则"在根本上互异，同时有着不可调和的冲突"，但他又明确指出，"这并不是说心志伦理就是不负责，也不是说责任伦理便无视于心志和信念"，后来又说到，这两种原则"不是两极相对立，而是互补相成"。也许，韦伯期望政治家能兼顾这两种伦理要求，但又提醒必须认识到这两者之间存在深刻的冲突。实际上，对于"心志伦理"与"责任伦理"的确切涵义、彼此之间的区分和关联，构成了韦伯研究中一个相当有争议的难题。在这里，我们暂时撇开复杂的学术争论，来把握韦伯论述中一个相当明确的倾向，那就是尖锐批判对心志伦理的片面执着，这关乎他心目中政治成熟的标准。

在当时的德国，有许多标举心志伦理的政治人物，韦伯对他们持有强烈的质疑和批评。首先，固执于心志伦理的人，一味追求让"纯洁的意念之火"常存不熄，他们相信善良的意愿最终会导致好的后果。但韦伯指出，在政治领域中这种想法是极为幼稚的，真实的情况往往相反，不理解这一点的人，被他称作"政治婴儿"。其次，这不仅幼稚而且危险。政治权力往往涉及暴力的使用，遵从心志伦理的人，就逻辑而言，应当拒绝任何不道德的手段来实现理想。但在现实政治中，那些心志伦理的信徒恰恰相反，他们往往呼吁"最后一次"使用暴力来终结暴力，获得永久的和平。但这种妄想实际上造成了更持久、更恶性的暴力冲突，造成了更大的政治灾难。

遵循责任伦理的政治家极为重视行动的后果，这当然并非易事。重要的挑战在于，政治行动的后果往往不会让所有人皆大欢喜，那么什么算是好的后果，判断的标准何在？如果一项政治举措，能大大提升国家实力，但同时会严重损害个人自由，这算不算好的结果？对此，韦伯没有给出实质性的回答，因为各种政治理想之间的分歧，也处在"诸神之争"的现代困境之中，很难做出理性的裁决。然而，韦伯有一个判断标准是明确的，那就是目标与结果的一致性。无论你信仰什么，理想的目标是什么，政治行动的实际后果应当符合最初所意愿的目标，而不是事与愿违。如果你的意愿是建立一个自由的社会，但结果却是普遍的奴役；如果意愿是人人平等，结果却是等级分化严重、贫富不均悬殊；如果意愿是一个道德纯洁的社会，结果却是伪善和腐败的蔓延；如果意愿是安全与稳定，结果却是人人自危和动荡不安——那么，你作为政治家就是不合格的。以这个标准来看，恰恰是那些心志伦理的信徒最为失败，他们怀有崇高的意愿，但结果往往事与愿违，失败之后也常常推脱责任，怨天尤人，这就是韦伯所称的"政治婴儿"。

韦伯说，"政治是一种并施热情和判断力，去出劲而缓慢地穿透硬木板的工作"。成熟的政治家需要同时具备热情、判断力和责任感这三种素质。虽然成熟的政治家也并不能确保事业的成功。但是，在信念的激励下尽己所能，清醒判断、审慎行动，最大限度地达成符合意愿的后果，那么即便失败，最终也能问心无愧，值得尊敬。所以韦伯说："真正能让人无限感动的，是一个成熟的人，真诚而全心地对后果感到负有责任，按照责任伦理行事，然后在某一情况来临时说：'我再无旁顾；这就是我的立场。'"

未决的难题：现代困境与韦伯的精神气质

韦伯的两次志业演讲，发表在他生命最后的两三年之间，可以说是其一生思想的缩影。当时有学者评论说，这是"长久酝酿斟酌的思考，以爆炸性的力量当场成篇"的演讲。但这种力量带来的冲击与震撼，既发人深省，又让人惶恐，因为韦伯揭示了现代世界最深刻的困境，可以称为"知识与信仰的分裂"，这是一个具有经典意义的难题。在整个二十世纪，西方思想界反复探讨、争论不息的许多主题，包括现代人的心灵危机，虚无主义、相对主义、政治决断论，以及极权主义的起源等等，都与这个重大难题密切相关。

真善美统一性的瓦解，是韦伯在演讲时谈到的一个要点。学术知识的目标是求真，就是发现自然世界与人类社会的事实真相。但在西方传统的观念中，真善美是一个和谐整体，发现了事实真相，也就能确立伦理道德的标准，由此分辨好坏对错，而且还能够确定美的本质，从而得以鉴别美与丑。但是现代学术的发展表明，真是一种事实判断，善或美都是价值判断，三者背后没有统一的依据。韦伯在演讲中谈到，"一旦学者引进个人的价值判断，对于事实的完整了解，即不复存在"。这意味着韦伯认同苏格兰哲学家休谟的观点，事实与价值属于两种不同的问题领域，前者是"实然"问题，关乎"实际上是什么"，而后者是"应然"问题，判断"应当是什么"，实然与应然之间有没有逻辑的统一性。

韦伯在演讲中说到，善的事物不一定是美的，而且恰恰因为不善才成为美。他举的一个例子是波德莱尔诗集《恶之花》，恶的东西竟然可以绽放出美的花朵，似乎令人不可思议。但如果你经常去博物馆，熟悉千姿百态的"现代派"作品，就不会为此感到惊奇了。真善美是人类重要的三个精神领域，这三者之间没有统一的判断标准，没有同样的理性基础，这种统一性的瓦解，被当代德国的大哲学家哈贝马斯称作"人类精神总体性的分裂"，造成现代世界最深刻的困境。

现代的困境体现在什么方面呢？这关乎生命的意义问题。我们在前面讨论过，在古代世界中，人们将自己的生命嵌入整体的宇宙秩序之中，与神意或天道之类的"超验存在"密切相联，由此确立生命的意义。但经过现代的转变之后，宇宙秩序被祛除了迷魅，只剩下物理学意义上的因果规律，不再蕴含任何神秘的目的和意义。现代人失去以往安身立命的根基，而又无法依靠现代科学来重建意义的基础。韦伯在演讲中专门指出，所有价值判断最终都依赖于某种前提预设，而预设本身是科学无法证明的。比如，说科学具有"值得作为志业"的价值，这种说法本身是一个预设，无法用科学来证明。至于说"这个世界是有意义的"或者说"生活在这个世界里是有意义的"，那就更不可能证明了，韦伯说"科学不寻求这类问题的答案"。支撑人类生活意义的重要观念和原则，包括宗教信仰、人生理想、道德规范以及审美趣味等等，都属于"应然"领域的价值判断，而理知化的科学知识属于"实然"领域，旨在发现世界的真相"是"什么，只能做出相应的事实陈述，而无法回答人应当怎样生活这样的价值判断问题。

这就是"知识与信仰的分裂"，由此造成的困境体现在两个方面。在个人层面上，是所谓"现代人的精神危机"。人应当信奉什么、应当怎样生活，最终只能依赖个人的主观选择，无法获得理性论证的担保。正如韦伯所言，"个人必须自己决定，对他来说，哪一个是上帝，哪一个是魔鬼"。现代人拥有自由选择信仰和理想的权利，但这种自由可能成为沉重的负担。我们可能变得茫然失措、不知如何选择，或者采取所谓"决断论"的立场，听凭自己的意志、随心所欲地断然抉择。在政治层面上，现代社会面临着多元价值冲突的挑战。由于信仰无法获得理性的客观根据，人们信奉的终极价值多种多样，而多元价值之间的冲突无法通过知识或理性辩论来解决，这就是韦伯所说的"诸神之间永恒的斗争"。

如何拯救现代人的心灵危机？如何克服现代社会多元主义的挑战？这些问题在二十世纪引发了学术界和思想界经久不息的热烈辩论。有人呼吁复兴宗教、回归传统，有人主张重返"古典理性主义"，试图为信仰和价值奠定新的基础。对于这些努力，韦伯大概会不以为然。因为他深信，世界的除魅是难以逆转的现代变迁，而现代科学或学术在根本意义上无法为宗教信仰辩护，无法解决终极价值之间的冲突，这超出学术的有效性边界。跨越这种边界的僭越，都可能是对"智性的诚实"的背叛。

那么，韦伯自己会如何应对现代的困境？他当然明白在世界除魅之后个人与社会生活会面临何等艰巨的挑战，因此他的冷峻言说时常带有悲观的色彩。但韦伯相信，逃避或掩饰现代的困境是精神上的虚弱，我们必须接受这种"萧瑟命运"。他信奉尼采的名言，"一个人能承受多少真相，是其精神强度的检验"。我们可以进一步追问，韦伯将如何面对艰难的抉择？他是一个决断论者吗？在某种意义上韦伯具有决断论的倾向，因为他相信终极价值没有坚如磐石的理性基础，"诸神之争"无法依据理性判断做出裁决，正因如此，个人要为自己选择的人生信仰负责，政治家要为自己行动的后果负责，而且无可推脱，责无旁贷。担负这种沉重的责任，需要强健的精神意志，一种英雄主义的品格。但在另一个意义上，韦伯又显示出抵御决断论的倾向。韦伯承认主观选择是不可避免的，但"主观"并不等同于"任意"或"武断"，学术滋养的"思想的清明"在此能够发挥不可忽略的作用。学习神学知识会有益于个人选择和实践宗教信仰，理解政治学原理也必定有助于政治家的判断和决定，虽然知识终究无法代替最终的信念选择或政治决定，但抉择却因此不再是单纯的随心所欲，负责也不只是意气用事。

韦伯以自己一生对学术的奉献，抵达了思想清明的最高境界。于是，健全的心智结合强劲的英雄品格，构成了韦伯独有的精神气质。正如哲学家雅斯贝尔斯所描述那样，韦伯不必诉诸幻觉，就能将自己内心的极度紧张与外部生活的多种矛盾，综合在统一的状态之中，保持精神上的宁静。他称韦伯是"我们时代最伟大的德国人"。

（这篇导读源自"得到"App 订阅专栏《刘苏里·名家大课》
已获得授权并经作者修订）

目　录

导论：韦伯的生平与思想

学术与政治

第二章 政治作为一种志业 *202*

附 录

导论：韦伯的生平与思想

韦伯小传

这篇韦伯的传记译自 H. H. Gerth & C. Wright Mills, trans.& ed., *From Max Weber: Essays in Sociology*（New York, 1946），pp.3—31。原文是 Gerth 和 Mills 为他们编译的这册英译韦伯作品集所写的导论的一部分。

这篇文章的中译初稿，系由林振贤执笔；林君的译稿，由罗久蓉做了详细的校订修正；最后再由钱永祥校改定稿。在定稿过程中，我们参考玛丽安娜·韦伯的《韦伯传》，对原文中关于人物、事件、日期及文字的若干错误或混淆之处，做了一些修正。Gerth 和 Mills 在引《韦伯传》的时候，根据的是 1926 年的德文版；在译文中，我们将这些引注全部改为 1975 年英文版的页数。《韦伯传》的中文本已经由李永炽先生译出，但因到目前为止仍然只有上册问世，故在此无法利用。另外，我们也添加了一些引注和批注。

这篇文章的写作时间，是在二十世纪四十年代；它所假定的读者，是当时的美国人。这一点，请中译本的读者在阅读时务必记在心里。四十多年来，关于韦伯的家庭、生平、师友、政治活动、学术生涯，乃至于心灵挣扎，有数量庞大的新材料和新研究出版。今天的人再要写韦伯的传记，所用的概念架构和解释工具应该会比较深入，比较细致。最重要的是，今天的人一定会用相当不同的历史角度来看韦伯的时代和行谊。我们选译 Gerth 及 Mills 这篇文章，只是因为它以适当的篇幅，大致忠实地叙述了韦伯的一生。这篇文章只是韦伯的一个小传，而不是让我们对韦伯其人形成意见的根据。

一

1864 年 4 月 21 日，韦伯生于图林根（Thüringen）的爱尔福特城（Erfurt）。父亲老马克斯·韦伯（Max Weber）出身于德国西部一个麻布商和纺织厂主的家庭，是位训练有素的法律家，并且担任市参议员。1869 年，韦伯一家人移住柏林。该地不久即成为俾斯麦帝国的兴盛首都。在柏林，老韦伯是一位成功的政坛人物，活跃于柏林市议会、普鲁士邦议会和帝国新国会，属于汉诺威（Hanover）贵族本尼希森（Rudolf von Bennigsen）所领导的右翼自由党。韦伯一家定居在柏林西郊的夏洛腾堡（Charlottenburg），所毗邻者皆为学界与政界知名之士。在父亲宅第中，小韦伯认识了狄尔泰（Wilhelm Dilthey）、蒙森（Theodor Mommsen）、施密特（Heinrich Julian Schmidt）、西贝尔（Heinrich von Sybel）、特赖奇克（Heinrich von Treitschke）和卡普（Friedrich Kapp）这些〔当时学术界和思想界最重要的〕人物。

韦伯的母亲海伦娜·韦伯（Helene Fallenstein Weber）信仰基督新教，开明而有教养。她的家庭是图林根的老家族，出过不少教师和小官吏。不过她的父亲却是位颇有资产的官员，1848 年革命前夕，退隐于在海德堡（Heidelberg）的庄园。著名的自由派历史学家格维努斯（Georg Gottfried Gervinus）与她家私交甚笃，曾教导她一些人文学科的课业。一直到1919年海伦娜·韦伯过世为止，韦伯与他母亲保持着篇幅甚长、亲密而往往博雅的书信往来。在柏林，海伦娜·韦伯成为一位负担沉重的家庭主妇，全心全意地照料她忙碌的政治家丈夫、六个小孩以及应酬持续不断的交际圈。她的孩子中有两个早夭。柏林劳工阶级的悲惨境遇，给她深刻的刺激。她的丈夫却既不了解，也不接受她的宗教上的与人道的关怀。他可能根本不曾进入她的情感生活，而他们对许多社会问题意见的分歧，乃是不争的事实。就这样，在韦伯幼年及少年期的成长过程中，双亲间的关系日益疏隔。

　　家庭来往的知识界友朋和四处旅游，使得早熟的韦伯对学校千篇一律的教育方式深为不满。他在四岁时曾罹患过脑膜炎，是个身体羸弱的孩子，酷嗜书本而不喜运动；他在少年时期广泛地阅读，并发展出自身在智识上的兴趣。十三岁时他就写过历史论文。其中一篇题为《有关德国历史的发展过程，特别着重德皇与教皇的地位》；另外一篇则《献给微不足道的自我，以及双亲和手足们》。[1] 十五岁时，他便像大学生一般读书，广泛地摘写札记。似乎从早年开始，他就致力于持平适中而有限定的论断和叙述。他曾对其同窗忽略了司各特（Walter Scott）的历史小说而只顾耽读当代无聊作品的低劣口味加以批评，但他随即小心翼翼地补充道："我采取这种立场，看起来或许相当傲慢，因为我到底是班上年岁最小的学生之一；不过，此一情况是如此的刺眼，现在我用这种方式说出，倒不必害怕我所说的不是实情。例外的情况当然总是

---

1 《韦伯传》，pp.46—47。

会有的。"[1]韦伯对他的老师似乎也缺乏衷心的尊崇。虽说如此，由于在考试期间，他十分乐意把自己所知道的与同学们分享，他们认为韦伯不但讨人喜欢，而且多少有几分才气。

"在俾斯麦'权术政治'（Realpolitik）的时代身为政治家的儿子"，少年韦伯认为西塞罗（Cicero）在文学上所受到的普遍推崇，是没有根据的欺人之谈。在他眼里，西塞罗——尤其是他在关于喀提林（Catiline）的头一个演说中所表现的[2]——只不过是个善于措词的文人、一个低劣的政治家、一个没有责任感的演讲者。他试着将自己比作西塞罗，自问这些高谈阔论的演说能有什么作用？他觉得西塞罗应该"除掉"喀提林，用武力消灭掉这场可怕的阴谋。在他写给一位表兄讨论这些问题的信中，经过详细的论证后，他结语道："简言之，我发觉此一演说，立论非常薄弱而且没有意义；他的整个政策就目标而言游移不定。我认为西塞罗根本没有足够的决断与精力，也缺乏技巧，更谈不到有伺机而动的能力。"[3]就读柏林大学的这位表兄，在回信中暗示，年少的韦伯只不过是拾他读过的书的牙慧。为了替自己辩护，韦伯尖锐但保持风度地反驳说：

> 你所写来的信，似乎认为我抄袭某些书籍，或者至少是说我剽取所读过书籍的要点，以为己有。简言之，这就是你

1　《韦伯传》，p.50。

2　喀提林在西塞罗及保守派争权失败后，曾意图叛变。事发后喀提林出逃，其党派继续鼓动，终遭人出卖，全数被捕。西塞罗未经正当法律程序，即将谋叛者处死，为此西塞罗亦遭流放。为喀提林之事，西塞罗曾在元老院发表四次演说。

3　《韦伯传》，p.53。

长篇大论的要旨所在。你小心翼翼尽可能不着痕迹地提出这一点，只因为你以为我会介意一个我知道并不合于实情的意见。虽然我动用了我所知道的全部知识，我还是无法承认我被任何一本书或老师的任何言辞牵着鼻子走。……当然……一般而言，我们年轻的一群，自你们年长的一辈（我认为你是其中之一）所积累的智能中获益匪浅。……我承认一切看法皆可能间接源自书本，因为书本除了就人所无法了解的事物，对人有所启发和指导，还有何用？有可能我对于书本中的说法和演绎异常敏感。关于这点，相信你比我有更好的判断，因为就某些方面而言，了解他人要比了解自己来得容易。至于我论述的内容——或许完全不正确——绝非直接抄自任何一本书。至于其他，我并不介意你的批评，因为我最近才发现，蒙森的书里面也说过类似的看法。[1]

韦伯的母亲在儿子不知情的情况下，阅读儿子的通信。她极担心自己与儿子在思想上日益隔阂。像韦伯这样一个认真而聪明的成长期少年，既然意识到双亲之间有问题存在，观察到了一个维多利亚式的父权家庭里面所特有的障眼手法，自然会学到不能从表面来看人说的话和做的行动。他逐渐认为，如果要了解真相，必须要靠直接的第一手知识。所以，当他被送去参加"坚信礼"的课程时，他把希伯来文学到能够读《旧约》原文的程度。

韦伯夫人为儿子对宗教的淡漠而忧心忡忡，她写道：

---

1 《韦伯传》，p.54。

　　马克斯坚信礼的时间愈接近，我愈看不出这段成长的阶段对他有什么较深的影响，好让他去把他要在圣坛前当成自身的信念而宣告的东西拿来思考。前几天，当我们单独相处时，我试着了解他对基督教意识的主要问题的想法与感受。他似乎很惊讶，我会假定所有有思想的人，都会因为坚信礼课程，而对自己弄清楚诸如对永生的信仰、神意引导我人的命运等这类问题。对于这些在我来说最重要的信念——其形式一点都不重要——我的内心深处有最温馨的感受……可是我却没有办法把我的信仰，向我的亲生儿子表达出来，对他产生任何影响。[1]

　　带着这一份深厚而属于个人的敬虔心绪，海伦娜·韦伯为其表面家庭生活的俗世倾向所苦。虽然如此，她依然以爱心承受她丈夫造成的那种自满、自以为在道德上优越以及父权式的气氛。成长期的韦伯，在严肃的问题上愈来愈无法和他的母亲沟通。这倒不是因为他开始受父亲影响；近代知识生活的现世气氛，使他既远离父亲的庸俗，也推开了母亲的敬虔心态。

　　韦伯对长辈尊重，但他反抗他们的权威。不过，他并没有参加同学们"轻浮"的活动、学校的刻板生活和老师们在思想上的空洞无聊；他只是遁入自己的世界。这样的一个孩子，自然不会接受父亲的指令。父亲如何毫不体贴地利用妻子，没有逃过这个十七岁孩子锐利的眼光。有一次，当韦伯和父亲在意大利旅行时，因为没有足够地表现出典型观光客应该有的兴致，遭父亲责骂。

---

[1] 《韦伯传》，p.57。

韦伯的反应是干脆明言他打算立刻独自回家。

韦伯在坚信礼中得到的经文是："主就是那灵。主的灵在哪里，那里就得以自由。"[1] 韦伯的遗孀在她写的传记中如此说："经文中再没有别的句子，更好地表达了支配这个孩子一生的律则。"[2]

二

1882 年春天，韦伯结束了大学前的求学阶段。由于禀赋优异，他并没有必要"过分用功"。不过，他的老师们却指出，他缺乏持之有恒的用功，并怀疑他在"精神上的成熟"。像许多十九世纪的思想家一样，韦伯给他中学老师留下的印象相当恶劣。这位年仅十七岁、肩膀下垂而身材瘦长的年轻人，仍然缺乏对权威的适当尊重。

韦伯进入海德堡大学，箕裘乃父，攻读法律。他也研习包括文学、经济学和哲学在内的人文学科；在当时的海德堡，这些科目的教师都是卓越的学者。靠着父亲的关系，他接触到一些圈子，其中包括他成为他父亲所属的决斗兄弟会（dueling fraternity）的预备会员。至于母亲这一方面的关系，他的一位表兄是斯特拉斯堡（Strassburg）历史学家鲍姆加腾（Hermann Baumgarten）的儿子，正在海德堡读神学；经他的引介，韦伯参与了当时神学与哲学方面的争论。

韦伯每天早起，先上一堂逻辑课，然后在击剑房"晃荡"一

---

1 《哥林多后书》3 章 17 节。

2 《韦伯传》，p.59。

个小时。听课的时候，他"用心听讲"，十二点半"花一马克"吃午餐，偶尔也会叫杯四分之一升的葡萄酒或啤酒。时常，在午后他会玩两个钟头"认真的纸牌戏"。而后，他回到自己的房间，整理听课笔记，并且阅读诸如施特劳斯（David Friedrich Strauss）的《旧信仰与新信仰》（*Der Alte und der Neue Glaube*）等类的书籍。"有时在下午，我会与朋友上山散步；傍晚则再度于餐馆会面，花上八十芬尼吃顿丰盛的晚餐。我读洛策（Rudolf Hermann Lotze）的《小宇宙》（*Mikrokosmos*），进而我们热烈地讨论它。"[1] 有些时候，教授邀请他到家里玩，这让韦伯有机会进行观察，日后向他们这群朋友模仿他们所熟知的人物的特征。

第二学期开始，韦伯热心地加入决斗兄弟会的社交生活，学习着在狂饮和斗剑中不落下风。不久，他的脸上留下了〔当时学生脸上〕常见的伤疤。他开始欠债，而且在海德堡求学期间一直如此。他在这段时间学到的许多学生歌曲或爱国歌曲，一生都留在他的记忆里。当年清瘦的青年，逐渐成熟为一个刚强、有着宽阔肩膀而相当壮实的成年人。当他去探望在柏林的母亲时，他已经是一个具备了德意志帝国外在特征的大男人了；他的外表使他母亲震惊，竟然在他脸上捆了一个巴掌。[2]

回顾在海德堡度过的岁月，韦伯写道："决斗兄弟会在桀骜不驯的侵略性方面的一般训练，以及身为预备军官，无疑地给予我相当深沉的影响。一扫我在成长时期害羞与缺乏安全感的气质。"[3]

在海德堡读了三个学期后，十九岁的韦伯前往斯特拉斯堡服

1　《韦伯传》，p.68。

2　《韦伯传》，p.69。

3　《韦伯传》，p.70。

役。由于除了斗剑之外，他从未有过任何体力上的训练，所以服役及军事操练令他难以适应。而在体力紧张外，他更深为军营训练的无聊与下级长官的无理找碴所苦。他不愿放弃在知性方面的兴趣：

> 当我返家，通常约莫于九点上床睡觉。可是我无法入睡，因为我的眼睛并不感觉疲倦，而体内知性的一面，则尚没有发挥功能。这种缓缓坠入麻木僵化的无底暗渊中的感觉，从早上开始，随着一天的过去，益形增强；这实在是最不愉快的一件事。[1]

韦伯不得不在晚上借酒浇愁，翌日则带着宿醉参加例行军事训练，来麻痹此一感觉。这时候，他觉得"时光在飞逝，因为脑际不曾有一点思想的活动"[2]。虽然后来他的耐力逐渐增强，相当成功地应付了大多数体能训练的要求，可是始终在体操方面显得笨拙。有一次，一位士官用柏林的土语对他咆哮："喂！你看来像一只在杠子上摆臀荡腰的大酒桶。"[3]为了弥补这项不足，他在行军耐力与踢正步两方面力求表现。但他的内心无时无刻不在抗拒：

> 不知道有多少时间，都浪费在驯服能够思想的人，把他们变成机器，对命令的服从像机器一般精确不苟。……叫一年役志愿兵从事各种毫无意义的活动，这些活动是什么

---

1 《韦伯传》，p.71。
2 《韦伯传》，p.71。
3 《韦伯传》，p.72。

呢？什么也不是，只是用四十五分钟或一个小时站着四处张望，这就是所谓的"军事训练"。据说这样做目的在于培养耐性，天哪！好像说经过三个月每天多少小时的操枪教练，吞下最卑贱的恶棍数不清的侮辱之后，还有人有缺乏耐性的嫌疑！一年兵在服役期间不得有用脑筋的机会，这乃是一个原则……[1]

不过，韦伯十分客观：他承认头脑停止运作的时候，身体运作更为精确。当他得到军官官阶后，他很快便知道去看军旅生活中比较愉快的一面。他颇受上级长官的器重，并且在与同侪的军官们聚餐之际，吹夸一些荒诞不经的故事和显露他敏锐的幽默感；而且，作为一位有统御能力的指挥官，他赢得了属下的尊敬。

1884 年，他结束了军旅生活。时年二十的韦伯，在柏林和哥廷根（Göttingen）重拾大学课业。两年后，他在哥廷根参加第一次法学考试。但是 1885 年夏季和 1887 年，他两度回到斯特拉斯堡接受军事训练。1888 年他参与在坡森(Posen)所举行的军事演习。在坡森，他身历其境地感受到了德意志和斯拉夫两个世界间边界的气氛；对他而言，这似乎也是个"文化上的"边陲地带。在他写给母亲的一封信中，谈到了钱宁（William Ellery Channing），可以表现他这段时期的思想。

钱宁让他留下深刻的印象，不过韦伯不愿接受钱宁的伦理绝对主义及和平主义（pacifism）。"我就是看不出来，将职业军人和杀人凶手视为一类，公然加以诬蔑，会导致任何道德上的提升。

---

[1] 《韦伯传》，pp.72—73。

战争绝不会因此而变得比较人道。"[1]出于他的本色，韦伯并不从神学上去争论"山上训词"（the Sermon on the Mount）；他找出钱宁的看法在社会与历史方面所处的环境，从而与钱宁保持距离；他用这种方法来对钱宁的立场做了解，并且把它"相对化"。"钱宁对于（战争及逃兵）这类事情显然毫无了解。他心里面想到的军队的情况，是民主政体的美国联邦政府对墨西哥等国进行掠夺性战争时所用的美式佣兵的状况。"[2]这些论点，具体而微地显示了韦伯日后在《政治作为一种志业》的最后一节以及《宗教拒世的阶段与方向》[3]有关宗教和政治的讨论中所采取的立场。

在斯特拉斯堡，韦伯主要的社交经验仍然局限在家族圈内，这可以说是他生活方式的特色。他母亲有两个姐姐都嫁给斯特拉斯堡的教授，韦伯在她们的家里，享受到友谊、睿智的谈话以及深厚的感情经验。鲍姆加腾家族中，有些人特别耽于神秘和宗教的经验；年轻的韦伯怀着深刻的同情，分享这些经验所激发的紧张情绪。他学着去欣赏并且同情他们各自不同的价值观，几乎变成每一个有关的人的心腹。他称自己为"见过世面的人"（Ich Weltmensch），努力地为卷入问题的人个别找到可行的解决方法。在韦伯而言，这样做其实就是超越伦理上的绝对主义："在我看来，如果我们不是一头径问（鲍姆加腾家的人往往如此，此刻也不例外）

---

1 《韦伯传》，p.88。

2 《韦伯传》，p.89。

3 《宗教拒世的阶段与方向》（Religious Rejections of the World and Their Directions）指的是韦伯在《宗教社会学论文集》（Gesammelte Aufsätze zur Religionssoziologie）中的《中间考察》（Zwischenbetrachtung: Theorie der Stufen und Richtungen religiöser Weltablehnung）；英译见 Gerth and Mills, ed., From Max Weber, pp.323—359。这篇重要作品的中译，见《宗教社会学 宗教与世界》。

'在道德上谁是谁非',事情便不会如此严重。其实应该问的是:'面对已经存在的冲突,我要如何在对所有人造成最小的外在内在伤害的情况下,解决这个冲突?'"[1] 韦伯这样提出来的观点,是一种实际的观点,把我们注意力的焦点集中在各种决定的后果上,而不是一味坚持个人扪心求证自己强烈的诚意。他早年在斯特拉斯堡的书信和经验,明白地预示了后来他在责任伦理和心志伦理之间所做的区分。

学业完成之后,韦伯在柏林的法院任职,与双亲住在一起。八十年代早期,他追随当代著名的法学家读书,在他们的课堂上当一位用功的学生。在这些法学家中,葛奈斯特(Rudolf von Gneist)是他景仰的;此人的课导引他注意到当时的政治问题。"我发现他的讲课是真正的杰作……他率直讨论时下政治问题的方式、不带宣传气味而表达出来的强烈自由主义观点,着实令我吃惊。特赖奇克在讨论国家与教会的课上,就显得是在做宣传。"[2]

韦伯把全部心力,放在一个经济史和法律史重叠的领域上。他的博士论文(1889 年)以中世纪的贸易公司史为主题,参考了数百件意大利及西班牙的资料;为此,他还学习这两种语言。1890 年,他通过第二阶段的法律考试。1891 年,他以一篇处理马克思(Karl Marx)曾称为"罗马人的秘密历史"的论文——《罗马农业史》(*Die römische Agrargeschichte in ihrer Bedeutung für das Staats und Privatrecht*)——在柏林取得商业法、日耳曼法和罗马法的任教资格(Habilitation)。在这个平淡的标题之下,韦伯实际是

---

1 *Jugendbriefe* (Tübingen, n.d.), pp.191—192. ——原注
2 《韦伯传》,p.96。

从社会、经济和文化几个方面分析古代社会；日后，韦伯曾经数度回来探讨这个问题。在博士论文的口试中，韦伯必须要答复蒙森所提出来的某些问题。两个人的讨论没有达成结论，但在讨论结束时，这位杰出的历史学家说，他还没有遇到过比"这位得到极高评价的马克斯·韦伯"更能继承他的人。[1]

三

　　1892 年春，老韦伯的一位侄孙女，到柏林来接受专门职业教育。玛丽安娜·施尼特格尔（Marianne Schnitger）时年二十二，父亲是位医生；她曾在汉诺威市一所女子仪范学校（finishing school）进修。一年以前，她曾拜访过韦伯的家。这次重返柏林，她察觉自己已与韦伯坠入情网。经过一阵迷惘混乱、一些维多利亚式的误会、一番道德上的摸索自问，韦伯与玛丽安娜终于宣布订婚。他们在 1893 年秋天结婚。

　　在他娶玛丽安娜为妻之前，大约六年之久，韦伯曾爱过斯特拉斯堡一位姨母的女儿。这位女孩曾在精神病院住了相当长的一段时间。韦伯温婉地与她断绝关系之际，她正在逐步地复原之中。他永远没有忘怀自己如何给这位纤弱的女孩带来痛苦，虽然那并非他的本意。他之所以温和对待那些在人际关系方面犯错误的人，以及在个人问题上采取斯多噶式的一般态度，这或许是一个重要的原因。除开此层关系外，他和玛丽安娜的婚事，还曾受到另一项道德困境的困扰。或许因为韦伯迟迟不敢接近玛丽安娜，他的

1　《韦伯传》，p.114。

一位朋友曾追求玛丽安娜，以致韦伯必须横插进去。这对韦伯来说，也有几分痛苦。

玛丽安娜过门之后，韦伯在柏林过着年轻学者少年得志的生活。其时著名的经济学教师戈尔什密特（Levin Goldschmidt）生病，他的职位遂由韦伯暂代。韦伯每星期得花十九个小时在讲台与讨论课上。他也参加了国家律师资格考试；除此之外，他又给自己安排许多沉重的工作。他积极地为政府机构做咨询工作，并且为民间改革团体进行特别研究，主题之一为证券交易所，另外一项研究是关于德国东部的庄园。

1894 年秋，他接受了弗莱堡（Freiburg）大学经济学正教授的教职。在该地他结识了明斯特贝格（Hugo Münsterberg）、瑙曼（Friedrich Naumann）和李凯尔特（Heinrich Rickert）。由于工作繁重，他每每挑灯至更深人静。当玛丽安娜劝他休息时，他总是大声地说："我若不工作到凌晨一点，就不可能算是一个教授。"[1]

1895 年，韦伯一家赴苏格兰及爱尔兰西海岸一游。回到弗莱堡之后，他在大学发表他的就职演说，题目是《民族国家与经济政策》（*Der Nationalstaat und die Volkswirtschaftpolitik*），其中他表白了对帝国"权力政治"和霍亨索伦王朝（The House of Hohenzollern）的信念。这篇演说引起相当大的骚动。他写道："我的观点之残酷，已引起惊恐。但是天主教徒最满意，因为我给予'伦理文化'（ethicalculture）狠狠一击。"[2]

1896 年，韦伯接受了海德堡大学的一个讲座席位，接替退休

1　《韦伯传》，p.202。
2　《韦伯传》，p.216。所谓"伦理文化"，指的是俾斯麦对天主教进行"文化斗争"时的口号。参见下面《韦伯的政治关怀》p.48 注 2。

的著名学者、"历史学派"（the historical school）领袖之一的克尼斯（Karl Knies）。也因此他成为许多昔日师长——诸如费歇尔（Kuno Fischer）、贝柯（Immanuel Bekker）和其他仍然对海德堡的思想和社交生活有决定影响的人——的同事。他的朋友包括耶里内克（Georg Jellinek）、亨泽尔（Paul Hensel）、艺术史家诺依曼（Karl Neumann）和宗教学家特勒尔奇（Ernst Troeltsch）。特勒尔奇是韦伯最贴心的朋友和学术上的知己之一，曾在韦伯家住过一段日子。

四

韦伯的父亲死于 1897 年。去世前不久，父子俩曾经发生紧张的争执，韦伯激烈地护卫母亲，反抗在他认为是父亲专擅的管制。后来，韦伯自觉他对父亲所表现的敌意，是一项永远无法弥补的罪行[1]。那年夏季，韦伯夫妇游西班牙。回程途中，韦伯发烧不退，精神亦觉不适。学期开始时，他似乎已有起色，但到秋季班快结束时，因着紧张、自责、疲惫与焦虑，他终于倒了下来。由于他的病基本上是在精神方面，医生指示他洗冷水浴、多旅行、多运动。可是，韦伯依然因为内在的紧张而饱受失眠的煎熬。

在以后的岁月里，他断断续续地陷入严重的精神抑郁状态之中，夹杂着一阵一阵发狂一般激烈的学术工作和频繁的旅行。事实上，从这时开始，他的生活方式似乎就在精神崩溃、旅游和工作之间移动。凭着一份深沉的幽默感和凛然无惧地奉行苏格拉底的格言，他支撑了下来。

1　《韦伯传》，p.389。

　　一心想找出逆境的正面价值，也为了安慰妻子，韦伯写道：

　　这样一种疾病却也有它的补偿。它将生命中人性的一面重新展现在我面前，而这正是母亲以往在我身上找不到的。现在我对这一点的了解程度，是我以前从来想象不到的。我可以借用柏克曼（John Gabriel Borkman）的话说：“一只冰冷的手使我得到解放。”[1] 过去数年，我病态的性情表现在我痉挛地抓住学术研究工作，好像这是一道护身符，但是我却不晓得我要用学术工作袪除什么东西。回顾既往，这已十分明白。以后，不管生病或健康，我知道我将再也不是从前那个样子了。我已经不再有需要去感觉到自己被繁重的工作所压倒。现在，我最大的希望，是过一种充满人性的生活，并且尽我所能使我的宝贝快乐。我不认为这样一来，我的成就会比从前我心中的机械劳动所生产的少。当然，这都要看我的状况，而要真正、永久地改善我的状况，毕竟需要很长的时间和很多的休息。[2]

　　韦伯一再试着继续他的教书事业。然而，在一次这样的努力当中，他的双臂和背部突然暂时麻痹，不过他仍勉强自己教完该学期的课程。他感到身心异常疲惫，头脑觉得倦怠；每一次用脑筋的事，尤其是讲话，都让他觉得元气大伤。尽管他偶尔也会愤怒和不耐，但他把自己的状况看成他命运的一部分。他拒绝所有

1　这是挪威戏剧家易卜生（Henrik Ibsen）的剧本《柏克曼先生》（*John Gabriel Borkman*, 1896）中的一句话。
2　《韦伯传》，p.236。

的"好言相劝"。打从青年期以来，他的一切都是为着思考的生涯而准备的。但如今，每一项智识性的活动，都变成他的毒药。他不曾培养起任何艺术方面的能力，而任何一种体力活动，都令他觉得无趣。他的妻子劝他培养一种技艺或者嗜好，却遭到他的嘲笑。有时他会坐上好几个钟头，空茫地向前凝视，无意识地挖自己的指甲，自称像这样什么事也不做，他才觉得舒服。当他想要看自己的演讲稿时，那些字总是一团混乱地在他眼前浮游。有一天，他在树林中漫步，居然失去控制，公然号啕大哭。家里饲养的一只猫的咪呜声，竟使他狂怒不可遏。这些病征都是在 1898 至 1899 年间出现的。学校当局特准他全薪休假。韦伯在 1908 年给朋友佛茨勒（Karl Vossler）的一封信中写道："逆境教人祷告———一定如此吗？就我个人经验而言，我无法苟同。当然，我同意你的看法，情况经常是如此的——就人的尊严来说，经常得了过分。"[1]

　　1899 年秋天，韦伯夫妇到威尼斯"度假"。回到海德堡之后，韦伯再度拾起一小部分教学工作，但不久又崩溃了，情况比以往都来得严重。圣诞节期间，他请求辞职，不过学校给了他更长的假期，薪水照发。"无论读书、写字、说话、走路或睡觉，他没有不感到痛楚的；他所有的精神机能和部分躯体机能都拒绝运作。"[2]

　　1900 年 7 月[3]，他进入一所小型精神病院，单独在那里住了几

1　《韦伯传》，pp.240—241。

2　《韦伯传》，p.242。

3　《韦伯传》，p.242。

个星期。韦伯一位年纪尚轻的表弟 [1]，也因精神异常被送到这家医院。那年冬天，韦伯的妻子接受医生的建议，陪伴这两个人到科西嘉岛（Corsica）的亚佳丘（Ajaccio）旅行。翌年春，他们到达罗马；当地的古代废墟重新燃起韦伯历史方面的兴趣。然而身旁那位罹患精神病的年轻人，却令他倍感沮丧。这位年轻人随即被安排送回家去。数年后，这个青年自杀了。韦伯给他双亲的吊唁信，使我们得以略窥他在对自杀的态度上不落凡俗：

> 他〔指他的这位表弟〕被一具无法治愈的病体所束缚，然而，或许正因为他的病，他却发展出一种敏锐的感情，一种对自我的清明以及一种深深潜藏着的、骄傲而高贵的内在自我；即使在健康的人身上，我们也绝难见到这些。只有那些像我们一样，曾经与他十分接近，而又学着去爱他，同时对该病有亲身体会的人，才有这种了解与判断。……他的未来既然已无法改变，他选择这个时刻，在你们之前去到那个未知的世界，当然是对的。否则你们将不得不把他一个人留在世上，让他无助而孤零地走向那黑暗的命运。[2]

韦伯对自杀的这种评价，和近代斯多噶型的思想家如蒙田（Michel Montaigne）、休谟（David Hume）和尼采（Friedrich Nietzsche）一致，认为自杀乃是一种对个人自由所做的最后而顽固的肯定。不过，他同时也认为救世宗教不认可"自愿的死"（voluntary

---

1 《韦伯传》，p.245。
2 《韦伯传》，p.248。

death)，仅有哲学家才把它神圣化。[1]

在意大利的壮丽景色及历史伟迹的影响之下，韦伯徐缓地康复。韦伯夫妇也在瑞士待过一段时间，他五十七岁的母亲和弟弟阿尔弗烈德（Alfred Weber）曾来探望他们。母亲来到后不久，韦伯开始能够看书，看的是一本有关艺术史的书籍。他说："天晓得这种情况我能维持多久？除了我本行以外的任何书都成。"经过三年半断断续续的病痛折磨，1902 年，韦伯自觉可以重返海德堡，做一些轻松的工作。慢慢地，他也开始阅读专业期刊，以及像西美尔（Georg Simmel）《货币哲学》（*Philosophie des Geldes*）一类的书。随后，仿佛为了补偿数年来他在智识上的阙如，他投入一片无所不包的浩瀚文献书籍中，包括艺术史、经济学、政治学，外加修道院的经济史。

不过，他也曾数度遭遇挫折。他仍然无法完全恢复教书工作。他要求学校解除他正教授的职务，改聘为有名无实的名义教授。此一请求最初被否决，然而经他再三坚持，终于被改聘为讲师。他曾请求担任博士候选人的主考官，但未获准。过去四年半，他没有出版过任何东西，现在他写出了一篇书评。一个崭新的著作阶段终于开始了，他首先探讨的是社会科学的方法问题。

韦伯生病期间，学校照发他薪水；拿了钱，却没有做足够的工作，这点给他造成很大的心理负担，他因此耿耿于怀。他认为，只有工作中的人，才算是一个完全的人（a full man）；于是他强迫自己工作。然而，仅过了一个夏季，他又单独重返意大利、荷兰和比利时。偶尔，他会因自己的精神状况、对自己能力不足的

1　见 Max Weber, *From Max Weber*, p.356。

失望、与海德堡教授团的摩擦以及祖国的政治情况，而兴起永远不再返回德国的念头。不过，就在 1903 年这一年，他开始与桑巴特（Werner Sombart）参与《社会科学与社会政策文库》（*Archiv für Sozialwissenschaft und Sozialpolitik*）[1] 的编辑工作；该刊物在遭纳粹停刊以前，可能是德国执牛耳的社会科学期刊。这个编辑工作，使韦伯有机会再度与众多学者和政治圈内人物联系，并且扩大了他自身工作的兴趣焦点。迄至 1904 年，他的写作工作恢复正常，而且数量扶摇直上。他发表的文章主题包括了普鲁士容克贵族庄园（Junker estates）的社会及经济问题、社会科学的客观性以及《新教伦理与资本主义精神》〔以下简称《新教伦理》〕（*Die Protestantische Ethik und der Geist des Kapitalismus*）的第一部分。

明斯特贝格这位韦伯在弗莱堡大学时代的同事，1904 年帮忙筹组"人文学科及自然科学会议"（Congress of Arts and Sciences），作为在美国圣路易（St. Louis）举行的万国博览会节目系列的一部分。他邀请韦伯在会议上宣读一篇论文（同时被邀的还有桑巴特、特勒尔奇和其他许多人）。是年 8 月，韦伯偕妻子首途前往美国。

五

美国让韦伯产生了浓厚的兴趣，但是他仍保持冷静旁观的态度。他充分拥有吉本（Edward Gibbon）用来形容用心在国外游历的人所具备的"美德"，亦即一种"近乎缺点的美德；开放的性格，使他怡然溶入从宫廷到茅舍的各种圈子；心境的顺畅交汇，让他

---

[1]　除了韦伯与桑巴特之外，这份刊物的另外一位重要人物是亚飞（Edgar Jaffé）。

无论处在哪一群人、在哪一种情况下，皆能自娱娱人"[1]。因此，韦伯对那些很快产生偏见的同僚，感到不耐烦甚至愤怒；他们在纽约停留一天半后，即开始丑诋美国的事物。

韦伯希望能怀着同情的心来了解这个新大陆，而同时却不放弃日后做周延判断的能力。他喜欢在布鲁克林大桥（Brooklyn Bridge）中央，观览曼哈顿市区交通高峰时刻的景象：川流不息的车辆和喧嚣，交织成一幅万象画面；这一切使他着迷。至于他视为"资本之堡垒"（fortresses of capital）的摩天大楼，则令他想起"旧图片上面博洛尼亚（Bologna）和佛罗伦萨（Florence）的那些高塔"[2]。他拿这些资本主义高耸入云的庞然巨物，与美国大学教授狭小的住宅做了一个对比：

> 在这堆庞然巨物之间，不论居住或饮食，任何个人主义的欲望都是一件昂贵的东西。哥伦比亚大学德文系教授赫维（W. A. Hervey）的住宅，不折不扣是一栋娃娃屋。房间都很小，盥洗设备和厕所在同一个房间里（大多数情形都是如此），不可能举行超过四个来宾的宴会（这倒值得羡慕），除此之外，进城的车程需时一个小时……[3]

一行人结束在纽约的访问后，前往尼亚加拉瀑布（Niagara Falls）游览。他们参观了一个小镇，而后转往芝加哥。韦伯对芝加哥的观感是"不可思议"。他注意到它的治安混乱，暴力充斥，

---

1 *The Autobiographies of Edward Gibbon*, ed. John Murray（London, 1896），p.270. ——原注
2 《韦伯传》，p.282。
3 《韦伯传》，p.283。

湖滨高级住宅区与贫民窟的天壤之别，牲畜屠宰场内"臭气冲天，肮脏不洁，血污满地，毛皮四散"的景况，以及"令人疯狂"的人种大混合：

> 希腊人以五分钱的代价替美国佬（Yankees）擦鞋，德国人充当他的侍者，爱尔兰人替他管理政治，而意大利人则为他挖臭水沟。除了少数高级住宅区外，偌大一座比伦敦更大的巨城，就像一个剥了皮的人，它的五脏内腑在大家眼前运转。[1]

美国资本主义下浪费的程度，尤其是对生命的浪费，一次又一次给韦伯留下深刻的印象。他注意到当时那些专门揭发社会腐化面的人正大肆宣扬同样的情形。在写给母亲的一封信中，他如此说：

> 一天工作之后，工人时常要花几个小时才能抵家。电车公司破产已有数年。按照通例，业务由债权人的律师接管。但他并不急于清算账目；在此情形下，他不会采购新的电车。旧车动辄故障，每年约有四百个人因此丧生或残废。根据法律，公司须赔偿每位死者的遗孀或子嗣约五千美元，残废事件须付给受害者本人一万美元。只要公司未采取某些预防措施，它就得付这些赔偿。但是公司已经计算过，每年四百件意外事件的赔偿费，总数较采取必要预防措施所花费的为少，

1　《韦伯传》，p.286。

因此公司就不肯采取这些预防措施。[1]

在圣路易，韦伯以"德国农业状况"为题，发表演说，特别把重点放在农村和政治问题上，结果非常成功。这是他六年半以来的首次"演讲"。他的许多同僚都出席了此一集会，并且据当时也在场的他的妻子说，这次演讲颇获好评。韦伯夫妇为此欣喜异常，因为这似乎意味着他又能从事他本行的工作了。他们一路旅行，越过俄克拉荷马州，到过新奥尔良和塔斯凯奇学院（the Tuskegee Institution）[2]；也拜望了在北卡罗莱纳州和弗吉尼亚州的远房亲戚；然后，很快地在费城、华府、巴尔的摩和波士顿一游。在纽约，为了撰写《新教伦理》，他到哥伦比亚大学图书馆找资料。

在〔我们所遇到的〕美国人中间，有一位妇人[3]担任工业督察员的工作，是最了不起的人物。从这位热情洋溢的社会主义者，你可以获知许多这个世界最罪恶的事。在各州分权的制度下，社会立法完全无法进行；许多劳工领袖贪污腐化，先鼓动罢工，然后迫使厂商贿赂他们来摆平工人的罢工。（我有一封介绍信，让我去拜访一个这样的恶棍）……不过，〔美国人〕是一个了不起的民族。只有黑人问题和惊人的外来移民问题，形成一片巨大的乌云。[4]

1　《韦伯传》，p.287。
2　美国黑人教育家华盛顿（Booker Washington）在阿拉巴马州塔斯凯奇镇创办的黑人教育机构，成立于1881年，以实用艺术教育为主。
3　指知名的社会运动者凯利（Florence Kelley）；见《韦伯传》，p.302。
4　《韦伯传》，p.302。

美国旅游期间，韦伯似乎对劳工问题、外来移民问题和政治管理——特别是地方自治政府———切"资本主义精神"的表现、印第安人及其行政管理的问题、南方的恶劣情势以及黑人问题，特别感兴趣。谈到美国的黑人，韦伯这样写着："我曾与一百名左右的属于社会各阶层和政党的南方白人谈过，这些人（黑人）未来的境遇似乎是决然无望的。"[1]

他在 1904 年 9 月到达美国，圣诞节前不久离开，返回德国。

美国对韦伯而言，或许就像英国之于前几代德国自由主义者一样，都代表一个新社会的模型。美国的新教教派得到充分发展机会，造成俗世性的、公民性的、"志愿团体"的蓬勃滋长。在这里，由各州组成的政治联邦，在"自愿"基础上，融合各种巨大差异于一炉。

韦伯绝不像那些德国公务人员一般妄自尊大，一方面以他们的"清廉政府"为傲，同时还轻蔑地指出美国政治的"藏污纳垢"。卡普这位归国定居的德裔美国人，让韦伯深切地了解这种态度。但是韦伯从更宽广的角度来看事情。他相信政治不能只当作一件道德事业来判断；他的态度与 1830 年代的希尔斯菲德（Charles Sealsfield）倒有几分近似。当时，希尔斯菲德用史诗般的万象景观，来呈现一个建立帝国的民族的诞生；这个国家注定要"跻身于世界最强大的国家之列"。希尔斯菲德问道："我们的自由的一个必要、绝对的条件，难道不是任由公民的美德与恶行，因为它们被允许自由滋长，而滋长得更繁茂吗？"经过亲眼目睹，韦伯大有可能同意："吸入密西西比河和红河沼泽地散发的臭气的嘴巴，不适于

1　《韦伯传》，p.296。

咀嚼葡萄干；而能砍倒巨树，把沼泽垦成良田的手，无法戴小孩的手套。我们的国家，是一块充满对比的土地。"[1]

韦伯在美国的经历，主要焦点放在官僚制度在民主政治中所扮演的角色。他发现，除非我们要的是一种"没有领袖的民主"[2]和百议纷纭的混乱状况，近代"大众民主"不能缺少"机器政治"（machine politics）。可是所谓"机器政治"，就是让专业人员、让纪律严明的党组织和它有效率的宣传来经营政治。这样的民主，也可能导致恺撒式的护民官掌权[3]，不论它是以强人型的总统还是市长的面貌出现。这种过程的运作，在倾向上所取的方向，是日增的合理性的效率，以及各种官僚机器：政党的、市政的和联邦的。

不过，韦伯是从一个辩证的角度，来看此一"建构机器"（machine-building）的过程：民主政府必须反对官僚体制，因为后者会逐渐让官吏形成一个封闭而排外的身份团体，其成员的专业训练、考试证书和确保衣食无虞的终身职，使他们远离一般民众。但是，行政功能包罗的范围日广，国土已没有新的边疆可以开发，机会也逐渐减少，使得浪费公帑、行事违法以及缺乏专业效能的政党猎官制度（spoils system）[4]，愈来愈不可行，也愈来愈不民主。因此，民主必须要助长理性所要求、但为民主情绪所憎恨的事物。在他的著作里，韦伯屡次提到美国工人反对公务员制度改革；他们所持的理由是：宁可要一批他们可以赶下台、可以鄙视的腐败政

1　Charles Sealsfield, *Lebensbilder aus beiden Hemisphaeren* (Zürich, 1835)，Zweiter Teil, pp.54, 236. ——原注

2　所谓"没有领袖的民主"，参见《政治作为一种志业》p.261 注 1。

3　所谓"恺撒式的护民官"，参见下面《韦伯的政治关怀》p.49 注 1，及《政治作为一种志业》p.207 注 2 和 p.250 注 1。

4　所谓"猎官制"，参见《政治作为一种志业》p.221 注 2。

客，而不愿受一批蔑视他们并且赶不走的专家官吏的治理。在强化德国总统权力、以制衡帝国议会（Reichstag）这件事上，韦伯扮演了重要角色。我们应该把这件事和他在美国的体验放在一起来看。在自由的社团里，个人必须在平等的同侪面前证明自己的能力；这种社团里，没有权威的指挥，而是靠民主的决定、良好的判断和负责任的言行来培养训练出公民；〔韦伯在美国的经验中〕最令韦伯动容的，是这种社团所培育出来的一种具有恢宏干材的人。

1918 年，韦伯在一封信中向一位同僚建议，德国应该以美国的"俱乐部形态"（club pattern）为借镜，作为"再教育"德国人的一种方式。他写道：因为"除了在教会形式下残存之外，权威主义（authoritarianism）现在已完全失败"[1]。韦伯看出了"志愿社团"与自由人的人格结构间的关联。他对新教教派所做的研究，也印证此一层关系。他深信，和权威性制度下命令与禁制的方法比起来，一套使个人始终受到压力必须去证明自己的自动淘汰人的方式，就"锻炼"人这个目的而言，效果要深得太多。权威主义徒具外在约束力量，却无法达到个人内心深处，一旦权威主义的外壳被相反的力量击破，当事人便完全没有能力自制自主。

六

韦伯返回德国后，在海德堡重新开始他的写作工作。他完成《新教伦理》的第二部分，在写给里克特的一封信内称之为："新教的禁欲主义作为近代志业文明（Berufskultur）的基石——一种对近

---

1 《韦伯传》，p.636。

代经济的'精神论的'（spiritualist）建构。"[1]

第一次俄国革命[2]带给他的学术工作一个新的方向；每天起床前，他在床上读俄文，为的是从俄国报纸上知道事情的最新发展。然后"像写日志一样，用笔将它们记下来"。1906年，他发表了两篇论述俄国的论文，一篇为《俄国资产阶级民主政治的状况》（*Zur Lage der bürgerlichen Demokratie in Russland*），另一篇为《论俄国向虚伪立宪制的转变》（*Russlands Übergang zum Scheinkonstitutionalismus*）。

著名社会科学家如施莫勒（Gustav von Schmoller）、布伦塔诺（Lujo Brentano）都曾鼓励他再任教授之职，但韦伯自觉无力胜任。有一大段时期，他一心只想好好写作。可是，受到普遍推崇的他，总不免介入学院政治；他在学术界甄选新人时担任评审工作，或是试图为若干后进的年轻学者如西美尔、米赫尔斯（Robert Michels）找寻机会；这批人或是因为反犹太主义（anti-Semitism），或是因为众人对信奉社会主义的青年讲师存有偏见，以致阻绝或妨碍了他们在事业上的发展。米赫尔斯的案子特别令韦伯愤怒。米赫尔斯出身于科隆（Cologne）一个古老显赫的商人家族，因为他是社会民主党，当时德国大学都不肯用他。韦伯指出："若将我们这种情形与意大利、法国甚至目前俄国的情况相互比较，我不得不认为它是一个文明国家的耻辱。"[3]对于排斥米赫尔斯，某位教授指出，除了政治理由外，还有一个原因是：米赫尔斯没有让他小孩受洗。韦伯针对此一问题，在《法兰克福时报》（*Frankfurter Zeitung*）写

1　《韦伯传》，p.356。
2　指俄国1905年的革命。
3　《韦伯传》，p.359。

了一篇署题《所谓学术自由》(*Die Sogenannte 'Lehrfreiheit'*) 的文章，其中说道：

> 只要这种观念占优势，我看不出我们可以佯装有所谓学术自由这样一件东西。……并且，只要宗教团体宽容并且公开允许圣礼仪式被人用来作为拓展事业的手段，像大学兄弟会或后备军官团的成员身份一样，那么它们理应承受它们常常抱怨的轻蔑和鄙视。[1]

1908 年，韦伯在威斯特伐利亚 (Westphalia) 祖父的亚麻工厂进行工业心理方面的调查研究。他的希望是能发起一系列这类的研究；他有关方法论的笔记，即是就影响产业劳工生产力的生理和心理因素所做的因果分析。同年，他写出一篇长篇论文，发表在一本百科全书上，标题平实但易生误解——《古代农业制度》(*Agrarverhältnisse im Altertum*) ——因为它处理的其实是古代社会的整个社会结构。

1909 年，弗洛伊德 (Sigmund Freud) 的一位弟子[2]，在海德堡的知识圈子里出现。他以一套新的心理健康的生活规范为名，贬斥传统维多利亚式的想法中夫妻间的忠实及在道德上合理的嫉妒。韦伯的友人中间，有人因为把这套说法付诸实行，陷入了悲剧性的纠缠和道德上的难局中。韦伯对他们充满了同情。在他看来，精神医学上有价值但仍不精确的一些慧见，和一套庸俗地以"健

1　《韦伯传》，p.359。
2　指葛洛斯 (Otto Gross)，见《韦伯传》，p.374。

康的神经"为尚的伦理，混淆在一起了；对于这种混淆，韦伯的
反应很强烈。他不愿意把健康的神经当成一种绝对的价值，也不
愿意以压抑对神经造成的伤害为单位，来计算压抑有多少道德上
的价值。韦伯认为弗洛伊德的治疗方法，是新装之下的旧日告解
式（confession），不过临床医师取代了昔日的精神导师。他觉得，
在精神病医师的科学性讨论的外表底下，隐藏了一套伦理；而就
这一点来说，应该只管手段的专业科学家，实际上却在篡夺普通
人自己做价值判断的权利。韦伯因此相信，在这种他觉得并没有
基础的临床理论的外表包装之下，实际存在的是一套"放荡"的
生活方式。我们很容易看出，韦伯不能接受这样的一套理论，因
为这种理论在原则上便攻击禁欲主义，只从实用角度来设想目的，
从而解除了英雄伦理（heroic ethic）对个人的要求。韦伯本人的良
知极端地严肃，他常常以宽容的心去原谅别人，但对自己的要求
却十分严格。他相信，许多追随弗洛伊德的人，只是一心想替在
他看来不过是道德沦丧的行为找理由罢了。

　　不过，我们必须注意到，韦伯虽然不愿意见到弗洛伊德的弟
子们以这种干涉到个人的方式来应用他们的理论，但对他来说，

　　　　毫无疑问，在我们解释文化史——特别是宗教史、习俗
　　及风尚的历史——中的许多现象时，弗洛伊德的观念可以成
　　为一个非常重要的源头——虽然，从一个文化史学者的角度
　　来看，这套观念的意义，绝对没有普遍到弗洛伊德和他的
　　弟子们在兴奋和欢喜于有所发现之际——这是完全可以了解
　　的——所设想的那个程度。先决条件，是去建立起一套精密

的决疑术（casuistry）[1]，其幅度之广和确定程度之高，在今天并未存在——尽管有人说已经实现了——但在未来二三十年间，或可得见。[2]

从 1906 到 1910 年在海德堡的这段岁月里，韦伯常与一些杰出的同僚，如他的弟弟阿尔弗烈德·韦伯、克勒布斯（Georg Klebs）、葛特汉（Eberhard Gothein）、温德尔班（Wilhelm Windelband）、耶里内克、特勒尔奇、诺依曼、拉斯克（Emil Lask）、龚朵夫（Friedrich Gundolf）和萨尔兹（Arthur Salz）等人，进行激烈的学术性讨论。每逢假期或其他空闲时期，许多朋友从外地到海德堡来拜望韦伯一家人。其中有米赫尔斯、桑巴特、哲学家亨泽尔、明斯特贝格、滕尼斯（Ferdinand Tönnies）、佛茨勒以及最重要的西美尔。年轻学者来寻求韦伯熏陶的，有霍尼希斯海姆（Paul Honigsheim）、勒文施泰因（Karl Löwenstein）和卢卡奇（Georg Lukács）。这个圈子中，也包括非学术界的人士，其中有几位杰出的艺术家，如音乐家托伯勒（Mina Tobler）（韦伯研究印度教与佛教的著作，便是献给这位女士）、退休女伶施密隆宝（Kläre Schmid-Romberg）和她的身为诗人与哲学家兼艺术鉴赏家的丈夫。雅斯贝尔斯（Karl Jaspers）是一位精神病学者，后来转为哲学家，利用克尔恺郭尔（Søren Kierkegaard）的作品建立他的存在主义哲学（Existentialism）；格鲁勒（Hans Gruhle）则是一位对最新的现代艺术有浓厚兴趣的精神病学家；他们两人也属于这

---

1 伦理学的一个部分，用宗教或道德上的一般性原则，来解决因为环境不同、或牵涉到职责的冲突时，良心无法判断如何行动的个案。

2 《韦伯传》，p.376。

个圈子。在海德堡这些聚会中，思想界和艺术界三代精英共聚一堂，进行活跃的讨论沟通。

1908 年，韦伯积极地为社会政策学会（Verein für Sozialpolitik）的研究计划工作 [1]。他秉持着尚公无私的态度，不畏烦难地设法克服这类组织常见的困难。学会会议中讨论的水平之决定、未来工作范围之规划，都是以他为主促成的。他鼓励从事集体研究计划，例如一项从运动联盟到宗教派系与政党等志愿社团的调查研究。他提议以问卷方式对新闻界做一次有系统的研究，并且指导、推动工业心理学的研究。除此之外，他负责替出版家西贝克（Paul Siebeck）筹编一系列包括各种主题的社会科学的研究丛书。这个计划本拟以两年为期，但事实上在他死后仍然赓续未停；他自己那本逝世后才出版的《经济与社会》（Wirtschaft und Gesellschaft），即为此系列丛书中的一册。

韦伯的荣誉感极为严格，又有见义勇为的骑士精神，再加上他具有后备军人的身份，使他在某些情况下，必须要卷入法律诉讼和"名誉事件"。个性使然，韦伯处事每每发之于冲动和义愤。但是，一旦他所发动的力量在道德上击溃了对手，他的愤怒会平息，内心充满着慈悲和同情；而若他意识到在有过失的人之外的其他人，为他的行动所累，他的反应更是如此。对这类事情的感觉不若韦伯强烈的亲近朋友们，会认为他吹毛求疵、缺乏轻重节制，就像一个大有可能因自己的行动惹来麻烦的堂·吉诃德。也有人推他为德国的一代师表，凭着他的道德权威，他超越了那些一心求升迁发达的庸懦俗人。韦伯的堂·吉诃德一面，在他于

---

1 《韦伯传》，pp.329，367，414ff.。

1917 年对他的朋友霍依斯（Theodor Heuss）所说的一段话中表现
得很清楚：“一旦战争结束，我将羞辱德皇，直到他控告我，到那
时，那批该负责任的政治家毕洛（Bernhard von Bülow）、提尔皮茨
（Alfred von Tirpitz）和贝特曼—豪威克（Theobald von Bethmann-
Hollweg），将被迫在法庭上宣誓后做证。”[1]

　　第一次世界大战爆发之时，韦伯年五十。“战争诚然恐怖丑恶，
但这是一场伟大而奇妙的战争。”[2] 他想要带领士卒上战场，可是因
年纪加上身体情况无法如愿，令他很难过。不过，由于他是后备
军官，他被任命为职掌纪律兼军需的军官，官拜上尉，负责设立
并管理海德堡地区的九所医院。在这个职位上，他从内部亲身见
识到了官僚制度（bureaucracy）——这是他社会学的中心概念之一。
不过，他所掌管的这套社会机构，是一种由素人（dilettantes）而
非专业人才组成的机构；韦伯努力将它转化为一个有秩序的官僚
组织，并目睹此项转变。他的职位从 1914 年 8 月持续到 1915 年秋，
随后在一次改组中被裁撤，韦伯光荣离职。至于战时他在政治上
的挫败，我们稍后就要讨论。

　　为了与亚飞（Edgar Jaffé）磋商有关比利时占领区的行政管理
事宜，他在布鲁塞尔（Brussels）短期停留了一阵[3]。之后他赴柏林，
以预言灾难的先知自居，撰写备忘录，与政治当局接触，并且与
帝国扩张论者的野心斗争。归根究底，他揭发了主战派的行径其
实是军火贩子与农业资本家的一场赌博。接着他以政府代表的身
份，从柏林到维也纳和布达佩斯，与工业家就关税问题进行非官

1　《韦伯传》，p.598。

2　《韦伯传》，pp.521—522。

3　《韦伯传》，pp.535—536。

方的磋商。

　　到了 1916 年秋，韦伯已经回到海德堡，研究希伯来先知，并且继续撰写《经济与社会》的若干章节。1917 年夏，他赴他妻子的故乡威斯特伐利亚度假，其间阅读格奥尔格（Stefan George）的诗集和龚朵夫讨论歌德的书。1917 年及 1918 年冬在海德堡，一些主张社会主义与反战的学生，经常到他家参加例行的星期日公开讨论会。年轻的共产主义者托勒（Ernst Toller）也是其中之一，时常朗诵他的诗。后来，当托勒被捕时，韦伯在军事法庭上极力为他辩护，最后使他获释，然而韦伯却无法阻止大学开除这些学生。

　　1918 年 4 月，韦伯前往维也纳，在维也纳大学讲课一个学期。这是他十九年来首次在大学开课。他以"对唯物史观的正面批判"（A Positive Critique of the Materialist Conception of History）为题，提出了他关于世界各宗教以及政治的社会学[1]。他的课在大学里轰动一时，教授、政府官员和政界人士都前来听讲，故而他不得不在最大的讲堂上课。可是，为了教这门课，他又被无法遏抑的焦虑所困，得服用镇静剂才能入睡。维也纳大学有意给他一个终身职位，他却没有接受。

　　1918 年，韦伯从保皇派变成共和派的拥护者。正如迈内克（Friedrich Meinecke）所言："我们从发自感情的保皇派，转变成发自理性的共和派。"他不愿在新政权内接受任何政治职位；柏林、哥廷根、波恩和慕尼黑各大学都表示愿意聘请他。他接受了慕尼黑大学之聘，1919 年夏天接替布伦塔诺的位子。在慕尼黑，他经历巴伐利亚（Bavaria）专政及其崩溃所引发的风暴。他的最

1　《韦伯传》，p.604。

后一门课是应学生之请而讲，其内容后来成书出版为《经济通史》（*Wirtschaftsgeschichte*）。仲夏，他病倒了，在病况已入末期时，医生始诊断出他得的是肺炎。1920 年 6 月 14 日，韦伯离开人世。

七

韦伯是属于通才（universal scholar）的一代，他所表现的学术风貌，有其明确的社会学的条件。条件之一是人文中学(gymnasium)的教育。以韦伯为例，经过这种教育的培养之后，印欧语系的各种语言都不过是同一套语言工具中的各种方言罢了。希伯来文和俄文的阅读能力，是他顺带培养出来的。家庭背景在知性上的诱导，使他甚早起步，而且也使他能够学习多种不常集于一人之身的科目。当他通过法律考试的时候，他已经是一位训练扎实的经济学家、史学家和哲学家了。通过斯特拉斯堡亲戚的关系，他曾参与当时的神学争论，这使他对神学文献相当熟悉，能够熟练地使用它们。

显然，若没有某种充分的余裕，韦伯是无法完成数量庞巨的作品的。在物质方面，首先，以他在德国大学任职的学者地位，才有此可能。这种德国式的安排，使德国大学的"私讲师"(docent)有时间从事研究工作，而处在同一阶段的美国年轻大学教员，却必须负荷沉重的教学工作。除此之外，德国也没有急于出版著作的压力；《经济与社会》一书中许多长度像书一样的篇章，虽写于一次大战前，却直到 1920 年后才出版，即为明证。韦伯在中年时期，曾继承一笔为数充裕的财产，这使他不虞金钱的匮乏。

既然在相对的意义之下，比较不见要求知识必须"实际"和立即"可用"的压力，再加上浓烈的人文主义气氛的衬托，学者遂得钻研与当下的实际需要无甚关系的题目。在社会科学里面，情形更是如此，因为在马克思主义的冲击之下，学者必须研究的问题不是狭隘的、"实际"的题目，而是把资本主义当成一个横亘整个历史时代的结构来探讨。在这方面，大学不受地方压力的干扰，是很重要的。

从 1870 到 1914 年，德国享受了长时期的和平，加上社会普遍繁荣，全然改变了德国的学术环境。为五斗米折腰的小资产阶级教授们，如今全为一批拥有巨大宅第和女仆的上层阶级学院派教授所取代。此一转变，促成了学术性沙龙的出现。韦伯就是从这个角度来看美国大学教授的住宅的。

德国的思想传统和积累下来的学术，特别是在史学、古典文学、心理学、神学、比较文学、语言学和哲学方面，使十九世纪晚期的德国学者，站在一个优越的基础上来展开他的工作。当时，一方面有黑格尔（G. W. F. Hegel）和兰克（Leopold von Ranke）传统下的学院派学者，对理念做保守性的诠释；另一方面，则有非学院的社会主义者考茨基（Karl Kautsky）、伯恩斯坦（Eduard Bernstein）和梅林（Franz Mehring），从事激进的学术研究。这两派学术工作的冲突，构成一种独特而富挑战性的思想学术上的紧张关系。

有好几项矛盾的因素在紧张的状态中对峙，韦伯的一生和学术见解正是由它们所构成。如果像他自己所说，"人不是一本打开的书"，我们自然不应期望他的多面生活，可以用一个简单的指针来贯穿说明。要了解他，我们必须对一系列非理性而近乎吊诡的矛盾有所掌握。

韦伯个人虽然没有宗教信仰——套句他的话说："欠缺宗教共

鸣"（religiously unmusical）——可是他却花费了许多学术上的精力，探索宗教对人类行为和生活的影响。就这方面而言，在此再次指出，他的母亲和她的家族，有强烈的宗教敬虔，以及韦伯在早期学生时代，曾与经历过不寻常的宗教和心灵状态的朋友及亲戚亲密相处或许并非毫不相关；这些经验，深深镌刻在他的心里。不消说，他藐视一般传统的"教会"式的基督教，不过对于因为政治悲剧或个人绝望而牺牲自己的理知、避入宗教祭坛寻求慰藉的人，他表现出怜悯与宽宏。

在韦伯的许多朋友看来，韦伯对于工作严肃的奉献、举止仪态中明显的情操与尊严以及他的言谈所具有的力量与洞见，都是表现出宗教倾向的现象。但是，若我们没有领会到他对宗教问题的看法是如何清醒实际（disenchanted），我们便几乎无法了解他的思想。韦伯对母亲的感情，以及真正对宗教无所求的态度，使他永远不会像尼采那般，对神发出普罗米修斯（Prometheus）式的亵渎。尼采这位十九世纪最伟大的无神论者，在韦伯看来，最终乃是"布尔乔亚庸俗主义难堪的残留物"而已[1]。

韦伯属于最后一代的"政治教授"（political professor），这种教授，在对学术做出超然的贡献之余，身为中产阶级思想上的前锋，同时还是政治上的领导人物。尽管如此，为了学术的"客观性"以及学术的自主，韦伯反对"特赖奇克们"，因为他们以与世隔离的学术讲堂作为政治宣传的论坛。韦伯虽然殷切关怀德国政策的动向，但理论上，他把他的教授与学者的角色，与政治评论家的

---

[1] Max Weber, *The Religion of India*, trans. & ed. By Hans H. Gerth & Don Martindale（New York, 1967），p.169.——原注

角色做了严格的划分。不过，当他的朋友布伦塔诺在慕尼黑劝他接受一个职位时，他答复说，如果他要接受任何一个学校的聘约，"我必须问，如果目前在柏林有一个持有我这种看法的人，来对抗该处弥漫的彻底的机会主义，岂不是更好？"[1]

终其一生，韦伯是个民族主义者（nationalist），他期望他的民族能够成为一个主人民族（Herrenvolk）；不过，他同时也为个人自由而战；他并且以分析性的超然态度，指出民族主义（nationalism）和种族主义（racism）的观念都是作为合理化工具的意识形态，由统治阶级及他们所雇的政治评论家所用，以把他们的控制和安排灌输给社会中处境较弱的成员。韦伯极为赞扬德国崩溃期间劳工领袖实事求是的行为，然而他又痛责这同一批人借着教条上的演练以收服群众，训练群众去相信革命将会带来一个天堂。他以身为普鲁士军官为荣，可是却又公然宣称，他的最高统帅德皇，所有的德国人都应引以为耻。他虽然是普鲁士军官和一个兄弟会的成员，但他并不介意下榻的布鲁塞尔旅馆上空，飘扬着一面鲜红的共产国际旗帜。他虽然是德意志帝国自觉的男性气概的典型，却依然鼓励起用第一位妇女劳工官员，并且对二十世纪初妇女解放运动的成员发表重要的演说。

韦伯似乎是一位卓越的大学老师，但是几乎有二十年时间，他的健康状况不容许他授课。他虽然是一位学者，置身于大学讲座上却觉得不安，只有在政治讲坛上才真正得其所。由于坚持精确和持平，他的文章通篇充满了〔目的在于补充、说明或限定的〕子句与条件，极其学究与艰涩之能事。可是，有时他会感到自己

---

1 《韦伯传》，p.358。

好比古代犹太（Judea）的群众领袖（demagogues），向着街道上的熙攘群众大声疾呼。

与韦伯接触过的人，对韦伯褒贬不一。在海德堡，许多同僚认为他是一个难以相处的人；由于他良心的要求甚严，又讲求荣誉方面的一丝不苟，他是一个会搅局的麻烦人。或许有人认为他总是臆想自己有病。然而，在许多朋友与弟子的眼里，他的才学仰之弥高，巍然耸立。一位维也纳的新闻记者用这样的老套字句来形容他：

> 高大而且满脸络腮胡子，这位学者看似一位文艺复兴时代的德国石匠；不过他的两眼缺少艺术家那素朴天真与感官性的愉悦。他的凝视来自内心的最深处，发自隐僻的信道，投向最遥远的地方。他的谈吐与外表相称，无比地棱角分明。在这方面，我们看到的是一种近乎古希腊的看事情的方式。他的用字遣词简洁，在它们宁静的简单之中，我们想起硕大无朋不曾修饰的石块。[1]

一位在慕尼黑的弟子，个人与韦伯并不接近，只是远远地崇拜着他。这位学生将他比作丢勒（Albrecht Dürer）所雕刻的武士：无惧无好，在死亡与魔鬼之间勇往前进[2]。雅斯贝尔斯则把他看作一种新型的人，能够不必诉诸幻觉，便将自身内部极度的紧张以及外在生活的诸般矛盾，综合在一个统一的状态中，保持精神上的宁静。韦伯"浪费在政治事务上"而不是用来"使自己更超然"

1　《韦伯传》，p.607。
2　《韦伯传》，p.668。

的每一天，在雅斯贝尔斯看来，都是令人惋惜的损失[1]。

韦伯著作的读者，可以强烈地感觉到其中弥漫着一种以客观为尚的精神；但是尽管有这种客观性，这些著作中的某些段落，仍然含有韦伯在自己眼中的形象。最明显的段落，见诸他对某些希伯来先知的描述[2]。当战争的过程和德国的溃败正如韦伯二十年来所预期的一样发生，而德国人要为战争所带来的一切灾祸单独承担起所有的罪名，韦伯觉得德国民族成了贱民（a pariah people）[3]。1916 年和 1917 年，在研究古代犹太教（Judaism）的过程中，他发现古代犹太人和现代德国人的处境颇相类似，不禁深自喟然。他觉得相似的，不仅是客观的（public）和历史的处境；在许多先知——特别是耶利米（Jeremiah）——的人格中，在他们不稳定与无法克制的心理状态上，韦伯看到了许多与他自己相像的特质。

这种方式，对于从孩提时代起就无法直接表露自己的韦伯来说，或许是表达他的自我形象的唯一方式。因此，当他在作品中把对象化为客观的存在时，他个人最深藏的一面既获得显现，同时也被隐藏起来。他对预言灾难与毁灭的先知做诠释，从而他在内心及世间的经验也得到了说明。

韦伯这种把自己心目中的自我形象溶入历史人物的做法，承袭的乃是十九世纪特有的一股广阔的人文主义、历史主义和浪漫主义的传统。十九世纪的杰出知识分子甚至政治家，常常利用历史人物的装束来塑造自己的形象。拿破仑模仿亚历山大大帝；大动乱时代的革命共和派，则通过普鲁塔克（Plutarch）的《名人传》

1　《韦伯传》，pp.570—571。
2　例如 Gesammelte Aufsätze zur Religionssoziologie, Vol. III , pp.295, 319—320。——原注
3　韦伯对"贱民"的定义，请见《经济与社会》，p.493。

来看自己。在德国，这种取径幻象的倾向在整个自由主义时代仍甚盛行。某些德国最优秀的青年如利伯（Francis Lieber），曾离开祖国去帮助希腊人从土耳其的统治下解放。可是巴尔干山区穷鄙的马贩子，粉碎了古希腊大理石般纯洁高贵的形象。个人的生活，靠这种幻觉中的历史感获得了背景，对无力的德国教授们来说，在思考宇宙性的观念之余，庸俗的气氛严密地限制住了有规律的日常生活，其平庸陈腐，或唯有赖这种历史感，才能获得补偿。

倘使年龄渐长的韦伯，在人文主义的幻觉传统之下，把自己与耶利米认同，他依然非常清楚，自己其实不是什么先知。当一群景仰他的年轻知识分子力促他说明他的信念时，他拒绝了他们的请求，指出这种表白是属于亲密朋侪圈内的事，而非属于在公众间为之的事。唯有先知、艺术家和圣者，能够向公众表露他们的灵魂[1]。在韦伯眼里，现代社会是没有神的（godless），尤其没有先知和圣者的立足之地。他仅提出以赛亚（Isaiah）的建议："有人从西珥不住地问我：守望的啊！黑夜还有多久才过去呢？守望的啊！黑夜还有多久才过去呢？守望的人回答说：黎明来到了，可是黑夜却还没有过去！你们如果再想问些什么，回头再来吧。"[2]

八

如果我们要对韦伯的生平有一整体的了解，我们的探讨必须基于他内心的紧张和一再出现的精神不安。可以提出的解释有好

---

1 《韦伯传》，p.599。
2 《以赛亚书》21 章 11—12 节。

几种，在这些解释之间，我们可以找到一种说明。

韦伯可能因为遗传而在体质上就有问题；毫无疑问，这种体质上的问题，散见于他的家族中。这个解释是最简单的一种，其证据非常容易找到。韦伯的妻子是他的远房亲戚，她的一些男性亲戚是在精神病院中结束生命的。再有者，韦伯的一个表弟进过精神病院，而韦伯本人在最严重的精神崩溃时，也曾被送到该处。

如果我们想把韦伯的问题看成纯粹官能性的，那么在证据上，我们可以在两个不同的方向中择一来探讨。我们可以以他最亲近的人——父亲、母亲、爱人、妻子——为着眼点，在他的私人关系中，找出他的困扰；我们也可以把着眼点放在他的社会关系上。

关于韦伯的私人关系，我们当记得他是一个沉默、警觉、聪明超过其年龄的男孩；父母之间日益恶化的关系所造成的压力，一定曾使他忧怵。他强烈的侠士精神，部分是对父亲——在这个男人眼中，妻子爱他，不过就是甘心侍奉他，受他利用和控制——那种家长式傲慢专横态度的反应。这个情势，在韦伯三十一岁那年的一次冲突中，达到顶点。当着母亲和妻子的面，韦伯竟决定对父亲做判决。如果父亲不能做到儿子提出来的条件——让母亲在没有父亲陪伴的情况下"单独"来看儿子——韦伯便将无情地和父亲断绝一切关系。我们前面提过，这次冲突后不久，父亲就去世了。这件事使韦伯产生一种无法消弭的罪恶感。若有人认为这是一种非常强烈的俄狄浦斯（Oedipus）的境况，确实不为过。

终其一生，韦伯与母亲维持着亲密的关系。她有一次称他为"年长的女儿"（an older daughter）。为了她三子的行为，她热切求取商量的对象，不是丈夫，而是长子。我们也应该注意到，韦伯在年轻的时候，曾经一度渴望在大学里成为一个真正的粗犷男人。

经过三个学期，他在外表上已从一个纤弱、妈妈的乖儿子，变成一个壮实的、嗜喝啤酒的、脸上有斗剑疤痕的、口叼雪茄的帝国时代典型德国大学生。母亲曾因此在他脸上捆了一掌。显然，这是属于父亲的儿子。这两种分别源自父亲和母亲的认同模型及其相关的价值系统，从来不曾在韦伯的内心生活中消失掉。

另一项类似的紧张，后来造成他的罪恶感，起于他和早年一位爱人的疏远。这个女孩，是韦伯的一个表妹，他的母亲和姨母都很中意。使他更为痛苦的是，他母亲满心欢喜地看着他的一位好友追求后来成为他妻子的玛丽安娜。因此，在娶玛丽安娜这件事上，韦伯为来自两方面的罪恶感所纠缠：他几乎准备把他的爱人让给好友，也几乎准备娶一位心理有问题、精神不平衡的女人。他在写给玛丽安娜的求婚信中，曾讨论这个情况；这封信一则示爱，一则也在表白心中的罪恶感。此外，在日后写给妻子的信中，他总是充满歉意，因他全力投入学术工作"在内心中的无止运转"，对他们的婚姻造成了牺牲。

韦伯夫妇没有子女，不过韦伯不忘在公开场合坚持他的男性气概，每每在一种突出他身为普鲁士军官之特殊尊严的方式下，径行向别人提出决斗的挑战。然而，面对着普鲁士的尚武精神，及其军方官僚支持操纵兄弟会一类的教育机构，以求"驯服"上层阶级的青年，使其习于这方面事业所需的纪律，韦伯在著作中却不迟疑地公开抨击。他那深刻的个人人道主义、"基督徒的自由"以及在伦理方面崇高的标准，来自他对母亲的认同。

我们可以撇开韦伯的私人关系及由此而来的困扰，而做另一个方向的探讨。韦伯是一个卷入了他周遭的政治事件的知识分子。他对于公共事务的关怀，是他自愿加诸己身的负担。凭着一股超乎寻常的责任感，在内心里，他觉得政治在呼唤他献身。但是，他并没有权力，也没有地位，让他的话对政策产生决定性的影响。这种情况也造成了他内心的某些紧张。

韦伯对德国有强烈的认同，但是看起来，他的这种认同在实际上并没有什么道理。普鲁士容克土地贵族（Junker）、工人阶级、中产阶级中没有脊椎骨的庸俗之辈（这些人渴望的，是出来一个强人专制领袖〔Caesar〕保护他们，以免社会主义工人阶级的魔影和小王朝的家长制统治威胁到他们），都是他大肆挞伐的对象。每当韦伯旅行的时候，他头一个念头是离开德国。他经常抱着失恋的人惯有的怨恨心情，对着他觉得是个没有希望的国家，愤怒地说出永远不再回来的话。身为普鲁士的一名军官，他对德皇宣誓效忠；但是德皇却经常是他公开藐视的对象。

只有在很少的机会里，我们才得以窥见滋养他对国家与民族那份爱的是什么。在圣路易万国博览会场上，他骄傲地观看德国所展示的艺术品、工艺品和工业产品，感到德国人的技术、想象力和工艺技巧无与伦比。当在布鲁塞尔与四处流动拥护社会主义的工人交往之际，有人告诉他巴黎手艺最高明的裁缝和伦敦手艺最高明的鞋匠，一大部分是来自说德语的奥地利，他深以属于一批只知致力于工作而罔顾自身利益的工人群众中的一分子为荣。

这种态度，让我们明了，他本身禁欲主义式的工作狂热，牵连到他相信德国人最显著的特征，表现在一般百姓和工人身上的庶民风格；他们没有拉丁贵族门客社交上的温文优雅，也没有盎格鲁撒克逊绅士由宗教所引发的纪律和崇尚传统的精神。他之所以全心献身于工作，是因为他认识到这是尽他作为德国人应尽的责任。1918 年 11 月底，他曾写道："我们已经看到〔这个民族〕

所有的缺点了，但如果愿意，我们也可以看到它了不起的效率、单纯、实际，它追求——不是获得——'日常生活之美'的能力，和其他民族的迷醉及做戏正成对比。"[1]

正如他与父亲的关系是罪恶感的一个来源，韦伯生活在德国皇帝的统治下，也使他产生强烈的罪恶感：

> 因为我们代表那个人的那个政权，作为一个民族，我们现在被外国（意大利、美国、全世界！）鄙视的程度——要紧的是，这种鄙视完全有道理——对我们来说，已经是最重要的、具有"世界政治"意义的一个权力因素了。任何人只要读几个月的外国报纸，一定会注意到这个情况。我们被"孤立"，因为那个人用那种方式来统治我们，而我们居然忍受还装作没事。在任何意义下心存民主以及民族政治的理想的个人或政党，都不能替这个政权负责任；这个政权的继续存在，比任何一种殖民地问题，都更危害我们的整个国际地位。[2]

显然，韦伯的一生，说明了一个人对政治权威的态度，可能是以他与家庭管教的关系为典范的。我们所要补充的，是卢梭（Jean Jacques Rousseau）的一段话：在家庭里，父亲对孩子的爱，报偿了他对儿子的抚育照料；而在国家里，统治者统治的快乐，填补了他对人民所缺乏的爱心[3]。

1　《韦伯传》，p.637。
2　《韦伯传》，p.399。
3　《社会契约论》（*Contrat Social*），第一篇，第二章。——原注

导论二

韦伯的政治关怀

韦伯的生平和学术，都和他的政治关怀有着密切而直接的关系；为了掌握他的思想背景，我们必须对他在政治上的意见和活动略有认识。这篇简短的文字，在这方面或可对读者有一些助益。

这篇文章，译自 H. H. Gerth & C. Wright Mills, trans.& ed., *From Max Weber: Essays in Sociology*（New York, 1946），pp.32—44。和前篇《韦伯小传》一样，这也是 Gerth 和 Mills 为他们编译的韦伯作品集所撰导论的一部分。

本文的翻译，是由简惠美完成初稿，次经康乐校订，最后由钱永祥校改定稿。在定稿过程中，我们参考了《韦伯传》，对原文做了一些修正和改动。文中所引《韦伯传》之处，我们用的是英文版的页数。

从很多方面来说，韦伯的生平与思想，乃是政治事件与政治关怀的表现。他的政治立场，需要通过私人背景与公开的事件两方面来了解；要掌握他的这些立场，我们必须同时掌握住韦伯其人及韦伯这个知识分子。我们已看到，韦伯在极年轻的时候，如何认为西塞罗在面对将来临的政治阴谋时，表现行径的可笑。以后果来评价政治与宏论，以人的行动产生的所意图的或非在意中的结果来衡量他们的动机，始终是韦伯政治思考的不变原则。就这个基本意义来说，作为学者的韦伯，通常都是从实际从政者的角度来为文论著的。

他的早期政治立场，乃是他父亲所信守的国家自由主义（National Liberalism）。在几个有力的领导者之领导下，这个政党在十九世纪八十年代逐渐地倾向俾斯麦。在这件事上，他们是妥协的自由主义者：他们"既不想追随也不想反抗俾斯麦，只是想要去影响他"[1]。他们容许俾斯麦发动文化斗争（Kulturkampf）[2] 打击天主教徒，容许他镇压社会主义劳工。通过这些政策的施行和自由主义派及左派阵营内的严重决裂[3]，俾斯麦便可以挑拨这些政党互斗而坐收渔利。

韦伯在二十岁的时候，虽然认同国家自由主义的主张，但他却很小心地不使自己明确地投入任何特定的政党。他警觉地注意作为一个整体的政治过程，汲汲地探索彼此竞争的领导者的可能动机。他并不是个"年轻的热心分子"。当国家自由主义者帮助俾斯麦通过旨在对付社会主义者的紧急处分令时[4]，韦伯的评论典型地表现了此一超然的立场：

---

1 《韦伯传》，p.115。

2 俾斯麦从 1871 年开始致力于由普鲁士统一德国，建立一个强有力的中央政府。因此他必须攻击天主教认为教会高于国家的看法，以及压制反普鲁士的天主教中央党（Centre Party）。1873 年开始，俾斯麦逐步立法，将天主教会纳入国家约束，直到 1887 年才又恢复天主教徒的权利。1871 到 1887 年这段时期的斗争，即称为"文化斗争"。

3 《韦伯传》，pp.115—116。

4 1878 年 6 月，破获杀德皇威廉一世的企图，俾斯麦即利用此机会，通过反社会主义党人法案（Sozialistengesetz），得国家自由党支持而通过。参见《韦伯传》，pp.117—118。

　　若有人想要为这条法令做辩护，就必须采取以下这个（也许并不完全错误）观点：如果没有这个紧急处分令，许多公共生活的成就——如言论、集会、结社的自由——便不免会受到很大的限制。毕竟，社会民主党人，按他们骚动的方式来看，的确准备大幅度地牺牲公共生活的某些基本制度。……私下，我有时候会认为，让所有的人有普遍、平等的权利，应该有最高的优先性。我会认为，归根究底来说，让所有的人都三缄其口，胜过只箝制其中某些人。实际上，最根本的错误还是在俾斯麦恺撒式（Caesarism）的希腊礼物[1]——普选制度：这才是权利均等（就此一名词最真正的意义而言）的真正刽子手。[2]

　　这一段话中表现出来的韦伯对于俾斯麦的评价以后也没有改变。俾斯麦致力寻求德意志之统一与将此一新诞生的国家推上列强地位的政治才华，韦伯承认并且倾慕。但是，韦伯绝非毫无保留地臣服于他；他并不将俾斯麦英雄化；而事实上，韦伯对于德国中产阶级对俾斯麦进行（本质上是非政治性的）英雄崇拜一事，

1　罗马将军恺撒（Julius Caesar，前102—前42）曾在政治混乱中得人民及军队拥戴，夺得独裁权力。在韦伯的政治社会学中，一个具有卡理斯玛（Charisma）特质的人物，借诸民意直接支持的方式，取得绝对的权力，即称为"恺撒制"，有时也称为"领袖民主"或"诉诸民意直接支持的领导"。参见下面《政治作为一种志业》p.207 注 2 及 p.250 注 1；又参见《韦伯作品集》《支配的类型》的相关部分。所谓"希腊礼物"，原指希腊人攻打特洛伊（Troy）时所用的木马；见 Virgil, *Aeneid*, Book Ⅱ："你们以为有不藏祸心的希腊礼物吗？……我畏惧希腊人，即使他们带着礼物。"后人引申，遂以"希腊礼物"称意在以奸计谋害受礼者的礼物。

2　《韦伯传》，pp.117—118。

唯一的反应是不齿。韦伯对于俾斯麦的基本批评，在于他不能容忍具有独立思考的政治领袖，而只是让自己被温驯而服从的官僚所包围。"俾斯麦完全摧毁了我们之间的独立意见，这当然是我们所处现状的问题的主要原因或主要原因之一。但是，难道我们应该负的责任会比他少吗？"[1]

思想自由的获取与维持，显然是韦伯意识到的最高价值之一。他毫无保留地拒绝俾斯麦的文化斗争，一如他反对目的在于将波兰人德国化、另外又曾激怒了阿尔萨斯民众（the Alsatians）的普鲁士语言政策[2]。不过，他又认为进步分子（the progressives）是"没有结果的"，尤其是他们那种没有原则为反对而反对的预算政策。[3]"想到有一天会让这些人来接替俾斯麦的位置，就令人不寒而栗。"德皇威廉二世登位后，摆明了他想独揽政权，韦伯对于未来深感忧虑。"这一套布朗热—波拿巴式（Boulangist-Bonapartist）的作风，现在已经不是时候了。"[4]

韦伯由国家自由主义——它越来越受大企业的控制——的立场转向较为前进的"社会自由主义"(social liberalism) 的最初征兆，是在 1887 年他二十三岁时。当时，他似乎觉得国家对于那最贫弱的社会阶层——大都市里的无产阶级：这类人在柏林的发展过程中，生活在早期资本主义的典型悲惨状况里——有某种义务。但是，

---

1 《韦伯传》，p.119。

2 《韦伯传》，p.120。

3 《韦伯传》，p.121。

4 《韦伯传》，p.123。布朗热（Georges Boulanger，1837—1891）是法国将军兼政治领袖，曾试图鼓动民众，修改第三共和宪法，以建立个人专政。波拿巴指路易·波拿巴（Louis Bonaparte，1808—1873），即拿破仑三世；他在当选法国第二共和国的总统后，于1851年发动政变，恢复王朝，自任皇帝，赢得民心普遍支持。

这种社会责任感，毕竟不脱离家长慈爱专制的气息，因此，韦伯把票投给保守派，虽然他并未加入保守党。

十九世纪九十年代初期，在一个改革社团——其中包括一批"讲坛社会主义者"（Kathedersozialisten）[1]——的提议下，韦伯对德国易北河东岸地区的容克土地贵族[2]经济（the Junker economy）做了详尽的研究。这是他关于经济方面的首批论著，为他确立了农业问题专家的声誉。他想找出东部地区德国人口被波兰及俄国移民所取代的经济及社会因素。他证明了，德国东部这片原本人口稠密而间有贵族领地杂陈的农业区，之所以人口不断减少，原因在于容克资本主义的庄园和房地产利益。韦伯将官方调查的统计打散成许多小单位，从而显示出，凡是有大的限嗣继承之庄园所在的地方，人口即有不可抗拒的减少趋势。同时，由于波兰季节性劳工的生活水准低，且易于被剥削，农业资本家便大量引进他们，取代了德籍的农业人口。

对这个过程的了解，使韦伯开始在政治上反对普鲁士的统治阶级，这也就是反对这个借着普鲁士一套虚伪的宪政安排而支配了整个德国的阶级。他反对这些地主，是由于他相信，他们的利益与国家的利益是相违背的。"我们希望把小农钉牢在祖国的土地上，但是要用心理的锁链，而不能用法律的锁链。我要公开地说：我们希望能利用他们对土地的饥渴来把他们绑在家园上。如果为了德意志的未来，我们必须把一整代人硬塞进土地里去，我们就

1　"讲坛社会主义者"指的是十九世纪末德国一批学院派的社会主义者。

2　"容克"是"Junker"（"小主人"）一词的音译。这是普鲁士一个居于统治地位的地主阶级，在十九世纪的德国的政治中以反动出名，在军队及政坛中他们自成系统，享有许多特权。

应该肩负起这个责任。"[1]

在十九世纪九十年代初期，韦伯尽量利用因果上的多元观点所指出的无限繁杂性，来反驳历史唯物论。例如，基于许多历史因素，他认为农场工人的工资并不遵循任何经济律则，更不用说有什么"铁律"了。他在1894年弗莱堡的演讲里指出：民族方面与种族方面的差异，在生存竞争的斗争里，比经济方面与阶级方面的因素更有因果上的重要性。后来，他在政治上以及思想上与马克思知识体系的关系，则与此相当不同而且更为复杂。

韦伯在三十岁时的政治心态，可以从下面这段他在弗莱堡的就职演说中见其端倪：

> 大体上，我们现今在经济、社会和政治上努力的成果，将会嘉惠未来的子孙，而非活着的这一代。如果我们的工作能有而且将有任何意义的话，那也只能企求于造福给未来，也就是说我们的继承者。然而，对幸福的乐观期望，不可能是任何经济决策的基础。在进入人类历史未知的未来的门上写着："放弃一切希望。"（lasciate ogni speranza）[2]未来不是一场人类和平与幸福的梦境。问题不在于将来人类会怎么想，而是他们将会是什么样的人。当我们思及这一代消逝后的情况，这是我们首先要关心的问题。实际上，这个问题正是所有经济和政治努力的根源所在。我们追求的并不是人类未来的幸福；我们只是切望在后代的身上培养起一些特质，这些特质

---

1 《韦伯传》，p.130。
2 见但丁（Dante）《神曲》中《地狱篇》第三章；原文是"Lasciate ogni speranza, voi ch'intrate"（"进入这里的人，放弃一切希望"）——但丁指的是进入地狱的门。

可以让我们感觉到,我们人性中的伟大与高贵正在这里。……
总而言之,经济发展的过程,即权力的斗争。"国家理由"[1]是
我们的价值终极判准,也是我们的经济思考的判准……[2]

准此,九十年代中期的韦伯,是个帝国主义者,他视民族国
家的权力利害为终极价值,使用的语言则是社会达尔文主义的语
汇。他警告说,〔一个阶级的〕经济力量与整个国家政治领导的
需要,并非总是一致的。他称自己是个"经济的国家主义者",
以是否合乎国家政治利益为判准来评量各个阶级。至于殖民地的
取得、德皇黩武的演说以及帝国的光彩——对于这些,韦伯除了
内行人的蔑视外,别无其他感觉,因为他深知这些都是毫无希望
的无聊事。

> 如果政治权力由经济上正在下落的阶级所掌握,不仅危
> 险,而且长远来说也是与国家利益不相合的。而如果正在取
> 得经济力量以及因此取得政治权威的阶级,在他们对国家的
> 领导中,缺乏政治上的成熟,那就更危险了。此刻,德国正
> 受到这两种情况的威胁;实际上,我们处境当前的危险,关
> 键便是在这两方面。[3]

这个"危险的处境"是什么呢?德国的外交政策此时正在重
拟:俾斯麦与俄国的同盟并未续约,与英国建立同盟的机会也未

---

1 "reasons of state"——参见下面《政治作为一种志业》p.233 注 1。
2 Max Weber, *Gesammelte Politische Schriften* (München, 1921) 第 1 章。——原注
3 上引书,pp.24—25。——原注

把握住，于是就形成了一种毫无计划的游移的政策。这样一套政策，掩饰在空洞的吹擂和德皇的虚张声势之下，导致德国在政治上的孤立。德国的领导阶层既不愿国家倾向西方，也不愿倾向东方。德国的政策因此反复无常地与所有的人作对，至于一连串的挫折，则以大言不惭加以遮饰。

一个相当有力的说法指出，这种严重的状况乃是西部工业势力（western industrialism）与容克土地贵族的农业势力（Junker agrarianism）妥协的结果。国家自由主义者，当然是帝国主义者、大日耳曼主义者和反英派；他们的骄傲被刺伤了，希望能"让英国人瞧瞧"德国人也会建造船只。他们推动海军计划，并且由提尔皮茨借着近代史上一次最巧妙的宣传运动，终于让人们接受这个计划。[1] 为了赢得容克土地贵族的支持，他们在 1902 年采取关税保护政策，以抵制美国与俄国的谷物进口。这些容克贵族并不关心恐怖舰队（graessliche Flote），同时，由于生性土栖，他们对海外帝国以及随之而来的贸易及殖民地，也无甚兴趣。他们眼界狭小，在政治上则较倾向俄国的沙皇政体，对于西部工业热衷于假借国家使命（national task）之名进行的海军建设，他们抱着猜忌的态度。

然而，容克土地贵族和工业家，都畏惧正在崛起中的社会民主党的群众组织，畏惧要求民主的吼声，畏惧普鲁士的阶级投票制度所受到的攻击。工业的国家自由党与农业的土地贵族保守党

1　关于这些问题，请参见 Eckart Kehr, "Englandhass und Weltpolitik"，发表在 *Zeitschrift für Politik*, Richard Schmidt 与 Adolf Grabowsky 主编（1928），vol.vii, pp.500—526，及他在 "Schlachtflottenbau und Parteipolitik, 1894—1901"（1930）中对这个时期更全面的分析。Johannes Haller 从不同的观点达到了完全相同的结论；参见他的 *Die Aera Bülow*（Stuttgart und Berlin, 1922）。——原注

之间阶级利益的妥协，便是对抗民主及社会主义的劳工党。而也由于这种妥协作祟，任何牵涉到和有实力的海权国家或陆权国家成立同盟的外交政策，皆在放弃之列。

东西之间在政治与经济上的妥协，导致普鲁士容克土地贵族阶层（Junkerdom）与新兴工业阶层在社会方面融合。这类转变的征候，可见诸阿尔弗雷德·克虏伯（Alfred Krupp）的唯一继承人贝莎·克虏伯（Bertha Krupp）与贵族冯·波伦（von Bohlen）——帝国的职业外交官——的联姻。德皇参加了他们的婚礼。但王室因为接连几起事件丧失了声誉：陶施案（the Tausch trial）中所暴露出的政治警察的丑闻；哈登（Maximilian Harden）针对奥伊伦贝格王子（Prince Eulenburg）而发动的长期攻击中，所揭发出来的宫廷道德腐化情况；德皇在外交方面受到一连串屈辱；战争威胁和全面的军备及海军的竞赛愈演愈烈。在这些事件及趋势影响之下，韦伯觉得自己犹如坐在"一列奔向无底深渊的快车上，不确知下一个转辙处轨道是否已经转好了"[1]。

"激进的"牧师瑙曼，与韦伯甚为友好；他接触过社会主义的观念，但在韦伯的影响之下，变成国家主义者。1894 年，瑙曼办了一个"小杂志"[2]，韦伯也给他写稿。有几年的时间，韦伯与这些试图组织一个小党的教师、公务员、工匠和一些工人——典型的小资产阶级——保持联系。他们希望能借着在资产阶级中间散播社会责任感以及教导社会主义劳工接受国家主义，而达成全国的团结和统一。[3] 韦伯的母亲与鲍姆加腾夫人（Ida

---

1 《韦伯传》，p.123。

2 指《援助》，见《韦伯传》，p.218。

3 "我们希望社会民主党能接受民族主义。但如果他们不能满足这种愿望，那是他们的

Baumgarten)，也出力相助瑙曼的国会议员竞选活动。韦伯虽然与这班人继续保持友好的关系，但他很快就不耐烦地切断了与这个团体的积极联系。

1897 年，韦伯在煤业巨子史笃姆男爵（Baron von Stumm）的萨尔（the Saar）地区做了一场演说。当时男爵正在积极活动，要求立法，以便发生罢工时可以处罚工会领袖。韦伯在演说中虽然赞同工业资本主义，认为那是维持国家力量所不可或缺的，然而他也强烈地相信"个人的自由"。他曾经是大日耳曼同盟的成员，然而"为了获取我的自由"，也因为"我的声音无法影响它政策的制订"[1]，韦伯在 1899 年脱离了这个组织。

1903 年，渡过最严重的一次精神崩溃后，韦伯开始攻击保守派的浪漫主义（conservative romanticism），因为在其背后，隐藏着王朝与普鲁士土地贵族在物质方面及政治方面的阶级利益。这时他正要启程前往美国。回到德国后不久，俄国爆发第一次革命（1905年），再度引起他对政治的兴趣。韦伯曾费心学过俄文，因此他能够借着数份俄国报纸来了解这些事件。他也经常与俄国来的政治科学家基斯佳科夫斯基（T. Kistiakovski）交谈；此人是俄国资产阶级自由主义左派的知识分子领袖之一，正在为革命效力。这番研究的成果，写成了两篇政治社会学的典范作品，以专刊发表在《社会科学与社会政策文库》里。韦伯对俄国的阶级与党派进行社会

（接上页注）事。我们则要高举国家社会主义。"这是引在 Eugen Richter, *Politisches ABC Buch* (Berlin, 1903)，p.145 中瑙曼牧师的话。值得一提的是，这个小党在 1898 年获得的票数刚过两万七千票。在这个总数之中，四分之一强的票源自石勒苏益格—荷尔斯泰因（Schleswig-Holstein）地区；也就是在这个地区，希特勒的国家社会党在 1932 年最后一次"自由"选举中，曾获得绝对的多数。——原注

1 《韦伯传》，p.225。

学的分析，在其他几重思路之外，他指出，如果沙皇政体在一次欧洲战争中崩溃，极左派在另一次革命后掌握了政权，很可能俄国的整个社会结构，都会在一个前所未闻的程度上被官僚化。

1904 年从美国回来不久，韦伯即重新开始他的学术著作。这正是德国出现政治危机的时刻，此一危机部分是由于德皇的演说以及他的非洲之行所引起的。到了 1906 年，列强协约（entent cordiale）[1] 已将形成，德国的外交孤立及其自俾斯麦时期的巅峰逐渐衰弱的现象，已经明朗化。作为国家象征的德皇，已成为国际间嘲笑的对象。韦伯认为这些困境的根本原因在于政治结构，因为在这套政治结构里，有效率地选取负责任的政治领袖，根本没有可能。德国的虚假宪政制度更令他愤慨，因为它使得有能力和才干的人对政治生涯失去兴趣，而宁愿进入商业界或从事学术工作。

从诸如此类的观点，韦伯逐渐接近一种"民主"的立场，虽然他的"民主"在性质上独特而复杂。民主作为一套具有内在价值的理念——"自然法"、"人的平等"、人生而"权利均等"——并不是韦伯所相信的。他以实效（pragmatically）的眼光来看民主的体制与观念；不从它们"内在价值"的角度，而是从选取能做事的政治领袖这一方面的结果来衡量民主。他觉得在现代的社会里，这样的领袖必须能够形成并且控制一个庞大且有纪律的、美国人所谓的"政治机器"。唯一的选择是：到底要一种没有领袖的

1　"协约"（Entente Cordiale）本指十九世纪四十年代英法两国之间的特别谅解。1904 年再度达成协约，处理殖民地问题及在日俄战争中保持中立。1907 年英国又与俄国达成同样的协约。1907 到 1917 年之间，"协约列强"指英、法、俄三国。1911 年，英法协约及英俄协约变成军事上的同盟。

民主，还是一种由大型政党的官僚体系之领袖来经营的民主？

对韦伯来说，普遍投票权、争取选票的斗争以及进行组织的自由，本身并没有什么价值，除非经过这些制度，可以造成愿意担负责任的强有力的政治家出现；他们不规避责任，也不托借皇帝正好宠信的宫廷派系及帝国官僚来遮饰他们的作为。

在韦伯这种批判性的检验之下，德国似乎没有任何一个阶层能够挑起眼前的重任。因此，他发出批评，首先针对全国的领袖——德皇——加以挞伐，严苛地嘲讽他乃是一个龟缩在神授君权背后的政治玩票者。对于官僚机器——政治上温驯而技术上完美——不受控制的权力，德国的政党结构似乎无望成为一种制衡的力量。在他的揭穿之下，社会民主党人的激烈言论，不过是一种无力的政党新闻工作者歇斯底里的哭号，训练群众接受教条思想，好更容易被官僚体系操纵。同时，修正主义派的马克思主义，认为社会将〔不用人力介入〕自动地进入天堂的境界；这种想法中所包含的乌托邦式的慰藉，在韦伯看来，不过是以驯良无力的沾沾自得，取代道德上的义愤而已。而且，他认为社会民主党人拒绝与资产阶级政党作任何妥协，肩负起内阁的责任，乃是立宪政府无法成功出现的原因之一。韦伯后来所做的政治分析，动机便来自他竭力想寻找一个阶层，在帝国主义竞争时期里，有能力负担起政治领导的使命。

1911 年秋天，德国某大学一位有黩武心态的官员，发表了一场演说，痛诋和平主义的本质乃是"愚昧的"，并言及所谓"追求和平的滥情"。一位参加演讲后啤酒会的将军认为，应该称和平主义者是"穿着长裤但裤裆里没有东西的男人，只想把人民都变成政治上的太监"[1]。当弗莱堡的一些教授，为了报纸的抨击而替这些言论辩护时，韦伯写了一份备忘录，批评这些教授，认为他们的夸张不啻是"小镇玩艺"[2]。他警告说：德国一旦进入战争，那么"那个头戴皇冠的玩票者"就会干涉军队的领导，把一切都搞砸。有趣的是，韦伯虽然身为一个坚定的国家主义者，相信武力乃是任何政策的最终诉求，他仍然写下了下面这段话："对明确特定的政治理想——不论多么崇高——作批评，如果竟被指为对道德力量进行破坏，则理直气壮的抗议在所难免。在'道德'上，和平主义者无疑'高过'我们。……政治不是——也永远不可能是——一门以道德为根据的行业。"[3]虽然韦伯这样欣赏如托尔斯泰辈的和平主义者在道德上的真诚，我们必须记得他本人希望亲身参加战争的意愿。

在战争期间，韦伯反对并吞比利时，但这并不是说他没有帝国主义的欲望。他高呼将"军事据点"尽速推展至华沙及其北方，而且他还希望德军能占领列日（Liége）及那慕尔（Namur）二十年。[4]

1915年10月，他写道："每一次的胜利，都让我们更远离和平。这正是目前状况的独特性。"当奥地利居然让意大利脱离同盟时，他几乎控制不住自己。"过去二十五年来的整个政治家格局都崩溃了，这时候指出'我一直都这么说'，只能带来凄凉的满足。

---

1 《韦伯传》，p.408。
2 《韦伯传》，p.409。
3 《韦伯传》，p.411。
4 《韦伯传》，p.558。

现在战争可要一直打下去了。"[1]他写了一份给政府和德国国会议员的备忘录，但始终留在自己的桌上没有发出去。其中有这样的话："去强迫缔结一个和约，让德国军靴的后跟踩在欧洲每个人的脚趾上——这是有违德国利益的。"[2]他看出，战事的拖延将使美国获得世界工业的优势地位。重工业资本家和贵族热烈信仰帝国主义，这使得韦伯很担心。他着急地写道："我要学波兰文，并且设法与波兰人接触。"[3]他请求某位副部长让他阅读关于波兰的官方档案，并让他与波兰的工业家接触。尽管他请一位天主教中央党党员缓颊，他还是很自然地被拒绝了。到了1916年3月，韦伯很厌烦"整个柏林的气氛，在那儿，所有的才智之士，都被弥漫在政府里的可憎的愚蠢瘫痪掉了"[4]。

韦伯认为，第一次世界大战乃是各国之间经济上与政治上的各种敌对凑在一起所造成的结果。如果这个局面里有"罪过"的因素可言，那么德国的罪过即在于其不切实际与无能去妥善地处理自己的事务。他责难主战派的狂热是白痴，并且从一开始他就感觉这必然会导致灾难。他对提尔皮茨的海军政策、露西坦尼亚号（the Lusitania）的被击沉以及依赖潜水艇这种武器，尤其感到愤怒。他预料到美国会卷入战争，而在1916年2月写下这种发展会导致的种种后果：

第一，我们半数的商船，四分之一停泊在美国的港口，

---

1 《韦伯传》，p.552。
2 《韦伯传》，p.553。
3 《韦伯传》，p.554。
4 《韦伯传》，p.557。

四分之一停泊在意大利的港口，将会被没收而用来反击我们；因此英国的船只数量将会马上增加——这是这些〔德国海军的〕笨驴所未曾计算到的。第二，即将有五十万名美国壮丁要志愿从军，配上优良的装备，来对抗我们的疲累之师；这是这些笨驴们所不相信的。第三，我们的敌人将会得到四百亿现款。第四，再打三年仗，这表示我们的毁灭是确定的。第五，罗马尼亚、希腊等国都起来反抗我们。所有的这一切，都只是为了让提尔皮茨大人"显示他能做什么"！再也没有比这个更加愚蠢的了！[1]

1916 年 10 月，韦伯在一次进步的自由主义分子政治集会中，就欧洲列强中的德国此一论题发表演讲。在这次的演讲里，他以在国际上造成的结果为标准，来评判政策：以德国处于四周强邻中的地理位置而言，它应该采取一种冷静的结盟政策，而非自大狂妄与征服的政策。在韦伯看来，俄国才是"主要的威胁"。因此，他希望与英国取得了解。在东欧所发生的事件，决定了世界历史的走向，比较之下，西欧所产生的变化就显得不足道。大战最根本的原因在于，德国迟迟才发展成一个工业化的强权国家。"而我们的国家，为什么会被组织成这样一种强权国家（power-state）呢？"他问道：

> 并不是为了虚荣，而是为了我们对世界历史的责任。如果世界的支配权力——归根究底而言，这指的是未来文明性

---

1 《韦伯传》，p.561。

格的决定——竟然不经一战，即由俄国官员的指令和盎格鲁撒克逊"社交圈"的成规（可能掺上一点拉丁的"理性"）所瓜分，后代人，特别是我们自己的后代子孙，不会认为责任在丹麦人、瑞士人、挪威人和荷兰人。他们会认为责任在我们，而事实上他们完全对。因为我们不是一个人口七百万的国家，而是一个拥有七千万人口的国家。[1]

1918 年 11 月 3 日，基尔（Kiel）的水兵叛变。翌日，韦伯在慕尼黑发表关于德国重建问题的演说。革命派知识分子，其中包括俄国的布尔什维克党人李维安（Max Levien）及听众中的退伍军人，不断鼓噪打断他的话。不久之后，一个由工人及士兵委员会所组成的革命政府，宣告成立[2]。

韦伯反对有些教授在国家溃败之际，将溃败的原因合理化为"背上的一刀"，反过来指责德国国内问题要负溃败的责任。然而他也反对"革命"，称之为"这场血腥的狂欢会"；他认为，因为这场革命，敌人将会要求比原来更苛刻的和平条件。同时，他也了解，这场革命并不能导致持久的社会主义制度。

韦伯的妻子曾述及，数十年来，对普罗阶级为争取一己之人道与尊严的生存所进行的斗争，韦伯寄以极大的同情，甚至不时认真地考虑，是否该加入他们的行列，成为党员。然而结论是否定的。他的理由，据他的夫人说，是因为"只有当一个人已准备好接受无产者的生活方式，至少要准备好放弃以无产者的劳动为

1　《韦伯传》，pp.580—581。
2　指 1918 年年底到 1919 年年初共和国初成立时，社会民主党组织起来的工人士兵委员会（Workers-Soldiers Council）。

基础的有文化生活，他才能够诚实地成为一个社会主义者，或者一个基督徒"。从罹病以来，这对韦伯来说乃是不可能的。他的学术生涯完全依靠非工作得来的收入。此外，他个人仍然是个"个人主义者"[1]。

韦伯以专家的身份，随同德国的代表团前往凡尔赛参加和平会议。他建议那些"被指名的战犯"如鲁登道夫（E. F. W. Ludendorff）、提尔皮茨、卡佩勒（Eduard von Capelle）、贝特曼—豪威克等人，自愿地将头颅献给敌人；他认为唯有如此，德国的军人才能够重获荣誉。他写了一封信给鲁登道夫表示此意，但遭到鲁登道夫率直的拒绝。韦伯这时安排了与鲁登道夫本人会面，和他争辩数小时。他以参谋本部所犯的政治错误，指责鲁登道夫，而鲁登道夫则反过来以革命之发生及新政权之成立等罪过，来指责韦伯。韦伯要鲁登道夫把头颅献给敌人：

鲁登道夫：你怎能期望我来做这样的事？

韦伯：只有你牺牲自己，才能挽回国家的荣誉。

鲁登道夫：这个国家倒可以跳进湖里去自杀。真是太忘恩负义了！

韦伯：然而，你实在应该为国家做这最后的服务。

鲁登道夫：我希望能为国家做更重要的服务。

韦伯：这么说的话，你先头的话大概也只是气话，没那么严重。顺便说一下，这不仅关系到德国人民，而且也关系到军官团和军官要重新恢复其荣誉。

---

1 《韦伯传》，p.630。

鲁登道夫：你为什么不去找兴登堡（Paul von Hindenburg）？毕竟他才是大元帅。

韦伯：兴登堡已经七十岁了，况且，每个小孩都知道，当时你才是德国的头号人物。

鲁登道夫：感谢老天！

谈话很快就转到政治上；鲁登道夫为"民主"指责韦伯和《法兰克福报》。

韦伯：你真相信我认为我们目前的这种龌龊的状况就叫民主吗？

鲁登道夫：如果你这么说，也许我们还可以达成一致的意见。

韦伯：但是以前的那种龌龊状况也不是一种君主政体。

鲁登道夫：那么，你所谓的民主是什么？

韦伯：在民主体制里，人民选取一个他们所信赖的领袖。然后，那被选出来的领袖说："现在闭上嘴，听我的。"于是人民和政党都再不能干涉到他的事情。

鲁登道夫：我会喜欢这样的民主。

韦伯：人民到后来会做审判的。假如那领袖犯了错——把他送上绞刑架！[1]

韦伯对于鲁登道夫这个人深感失望。他写道："他不肯牺牲

---

1 《韦伯传》，p.653。

自己，对德国来说也许是比较好的。他个人将给人很不好的印象。敌人们将会再度发现，以一场战争中的牺牲为代价，来使这类型的人脱离军职是很值得的。我现在明白了，为什么世界会起而反抗他这种人将脚跟踩在他人的脖子上。如果他再想搞政治，一定要给他无情的打击。"[1]

由以上所言可知，韦伯鄙视德国的政党生活。这种生活，就像置身于行会嘈杂争辩的气氛里，令他觉得琐碎与窒息。在这方面，他与延奇（Carl Jentsch）持同样的态度。[2]

在汲取了马克思主义对"资产阶级民主"的批判后，韦伯脱离了保守主义、大日耳曼主义及对王室的忠诚。他之所以如此，并非因为他已开始相信"民有、民治、民享"的民主立宪政府的本身价值，而是因为他相信只有立宪的民主体制，才是解决德国内政及外交问题的唯一途径。1917 年 4 月他写道：

> 如果这场战争不是一次民族战争，如果这场战争管的是国体的形式，甚至有可能为的是保存这个无能的皇室和这个非政治性的官僚体系，我不会开一枪，也不会花一文钱去买战争公债。只要这个国家是由政治家在治理，而不是威廉二世（Wilhelm II）及他那类的虚妄愚人来治理，我一点都不在意国体的形式……宪法和其他任何机器一样，都是一些技术。如果君主是个政治家，或者他表现得有希望成为一个政治家，

1　《韦伯传》，p.654。

2　Carl Jentsch, "Parlamente und Parteien in deutschen Reiche", *Die Neue Rundschau*（April, 1906）, pp.385—412.——原注

我照样也会愿意去反对国会，支持王室。[1]

韦伯之所以倡导立宪的民主体制，是因为他希望帝国议会对普鲁士的（以及德国的）官僚的压倒性力量及其心态，能成为一个制衡的因子。政党在国会体制下的竞争，将促使有远见、有强烈意志的政治领袖取得权力。他们会具备必要的专业知识，以控制官僚体系。他们将会指挥官僚体系，〔因为〕在韦伯看来，官僚系统应该只是技术性的工具，而绝对不是制定政策与在政治上能负担责任的机构。如果能够的话，韦伯希望最好能够有卡理斯玛型的领袖出现，虽然他也晓得，在近代社会里，日趋严密而无可摧毁的各种制度，已大大地减低了这种"纯粹个人性的因素"在社会结构里扮演决定性角色的机会。

当然，去猜测韦伯会不会因为他的马基雅维利式的态度而变成纳粹，是无法有结论的。不错，他的卡理斯玛哲学——他对民主的怀疑论及他对民主心向的实用观点——是有可能让他和纳粹有某些共鸣。但是，他的人道主义立场、他对于受压迫者的关爱、对造假与谎言的憎恶，以及他对种族主义与反犹太主义的群众煽动言行不曾稍懈的抗争，在在都注定了他对希特勒的"批判"之尖锐，即使不会超过他的弟弟阿尔弗烈德，也不遑多让。

特勒尔奇曾认为，社会制度及历史的意识形态结构，终极的基础在于"最基本的性向和意愿的倾向"："这些，我们无法以语言来叙述，在此，我们只能谈及种族、谈及有塑造能力的历史力

1　*Politische Schriften*, pp.469f.——原注

量或者谈及原始的冲动。"[1] 在这方面,韦伯和特勒尔奇非常不一样。韦伯绝对不想在"盲目的自然"中找到一个形而上的立足点。韦伯散见各处而一再重复的反对种族论调的主张,可用密尔(John Stuart Mill)的话来做个总括:"在所有用来规避考虑社会与道德力量对人心的影响之庸俗的方法里,最庸俗的莫过于将言行与性格的差异,委之于与生俱来的本性上的不同。"[2]

韦伯认为,一切"信仰"皆要求"理知上的牺牲"[3];我们可以说,韦伯根本上就无法做这种"牺牲"。近代法西斯主义所代表的那种犹如梦魇般的信仰,是无法迷惑像韦伯这样热情地献身于理性社会科学的人的。他的著作里所呈现的基本思想风格,是西方的实证主义——这是启蒙运动的一项遗产。他的思想的基本意向,并非像兰克学派那样,想精心地建构出一个大的时代表,让每一个时代"都和上帝同样接近",而是去构造思想的工具,以期产生"后见之明",协助"先见之明"的产生。"知识乃为了预知,而预知则为了力量"(Savoir pour prévoir, prévoir pour pouvoir)——孔德实证哲学的这个动机,乃是韦伯观点的基础。虽然他出身"历史学派",但是对历史及其独特性,他绝对不采取任何求取道德教训的态度。不顾历史学家的敌视,他委婉地建议他们对"合于定律的规则性"(lawful regularities)做探讨,以作为历史的一门"辅助"科学。他自己则着手撰写大规模的社会史。

都市化研究、法律史、经济学、音乐、世界宗教——几乎没

1　Ernst Troeltsch, "Das logische Problem der Geschichtsphilosophie", *Der Historismus und seine Probleme* (Tübingen, 1922), Erstes Buch, p.754. ——原注

2　John Stuart Mill, *Principles of Political Economy* (Boston, 1848), vol.1, p.379. ——原注

3　参见下面《学术作为一种志业》,pp.196 以下。

有一个领域他未曾触及。他赓续了冯特（Wilhelm Wundt）、拉采尔（Friedrich Ratzel）及罗舍尔（Wilhelm Roscher）、施莫勒等人的百科全书式的学术传统。

韦伯埋首于浩瀚的资料堆中，目的不是要在对人的历史状况的沉思里，替无依的宗教需求寻得一处静寂无为的避难所，就像卢梭对自然的感情；而是要从比较性的探讨中，获得一套规则，以助他在身处的世界中找出政治上的方向。知识多少是力量——这是一个没有权力的人对知识的这番追求背后的动力。掌握住这种政治关怀，我们才能了解他思想上的取向。

導論三
韦伯的学术

　　介绍韦伯思想的著作虽然非常多，但能以简短的篇幅，照顾到韦伯的学术及思想的全貌，提纲挈领给读者一个清楚的图像者，并不容易找到。我们选了法国斯特拉斯堡大学教授弗洛因德（Julien Freund）这篇文字，供本选集的读者参考。弗洛因德是当代法国研究韦伯的专家；他不仅翻译过韦伯的许多著作，并且曾以一本非常卓越的介绍韦伯的小书——*The Sociology of Max Weber.* English trans., M. Ilford（London, 1968）——知名于世。

　　本文取自 Julien Freund，"German Sociology in the Time of Max Weber"，Tom Bottomore & Robert Nisbet，eds., *A History of Sociological Analysis*（London & New York，1978），pp.149—186；我们所译的，只是这篇文章中讨论韦伯的部分（pp.164—182）。中文初译稿由简惠美完成，再经康乐和黄道琳各校订一次，最后由钱永祥校改定稿。

　　我们当记得，韦伯是从经济学进入社会学的。本文毋需赘述他对全世界社会学家以及许多经济学家、史学家、哲学家的重大影响——即使反对他的人，也不免被这种影响波及。在十九二十世纪之交，韦伯跟帕累托（Vilfredo Pareto）同样是社会学的领导人物。最初，他的思想依循着德国历史主义与经济历史主义的传统流派；在他的论文《罗舍尔与克尼斯：历史经济学的逻辑问题》（*Roscher und Knies und die logischen Probleme der historischen Nationalökonomie*）[1] 之中、从他在社会政策学会里和正由施莫勒领导的新历史学派建立的联系，以及由他的朋友温德尔班与里克特等主要人物来代表的哲学历史主义和他的关系，都说明了这一点。但是实际上，韦伯很快就超越了狭义的历史主义。一方面，这是因为他的意图是发展出一套尽可能系统化的社会学理论，如《经济与社会》的第一章《社会学的基本概念》（Soziologische Grundbegriffe）即为其证；另一方面，这是因为在他本人的渊博学识的引导之下——他通晓历史学、经济学、政治学、法律、艺术、文学与宗教——他很早就脱离了历史学的狭隘途径，进而不为某一个思想学派所囿，尽可能宽广而严谨地提出社会学的一般性问题。

谈起韦伯，一般总是强调他在学术上所成就的宏伟巨构（虽然他活得不算太长），或者是他对同辈那种未待说服，即以己见强加诸人的霸气。不错，这两点是韦伯这个人的特色。但是，容我另外指出一些常被忽略的东西，以便大家对韦伯思想的全貌有更深入的了解。韦伯再三强调，一切科学研究的成果，纵使风骚一代，都将成为明日黄花，被来者所取代。准此，社会学也不例外；社会学也随未可预卜的历史过程推移。因此，没有人能再开纪元重新创建社会学；这也就是说，没有社会学家能够完全不依前人

---

[1] Max Weber, *Gesammelte Aufsätze zur Wissenschaftslehre* (Tübingen, 1951), 2nd, ed., pp.1–145. ——原注

不循旧路，缔造出道地而不移的科学性的社会学。对社会的研究和对自然的研究同样久远；对社会的研究有多少科学性或许难以断定，但其或多或少的科学性却始终存在。所以，"社会学"之名固然源自孔德，但在韦伯看来，这个并不比黑格尔更得他好感的人，并不是社会学的创立者。社会学的历史发展性，在韦伯眼中，尚有另一层意义。社会本身亦具有其历史性的一面，因此没有人能够重新发明或者创造出一个与既存社会没有任何关系的社会来。异化 (alienation) 这个观念，确实有哲学上的或形而上学的内容——如韦伯所言，这个观念指的是把抽象的理论建构化为实质的存在 (hypostasis) ——但是这样做在科学上的意义是相对的，并且只具有非常有限的价值。无论如何，社会学家就其作为科学家的职份而言，绝对不应该去建构一个新的社会。如果他们要这么做，他们便失去了学者的本色，而成为假先知式的骗子。

在此开篇之际，让我们也清楚知道韦伯的研究多么富于原创性。大部分的社会学家的名声，基础都在于他们是某一特定领域的专家，例如组织或音乐、行动或社会阶级、犹太教或伊斯兰教、性或支配等。韦伯以其杰出的——尽管是引起争议的——手法，对所有的这些问题加以分析，因此，即使到了今天，没有任何专家能不参考他的研究成果——他的政治社会学、经济社会学、宗教社会学、法律社会学、艺术社会学以及他的科技社会学，等等。此外，对一些基本的观念如官僚体制、都市生活、正当性、家产制、卡理斯玛等，韦伯开发出了新的研究，而且他的分析至今仍然权威。像他这样的社会学家——能够建立起理论的巨构，来展现人类各种活动之间关系的复杂多样的系统——本来即是非常非常稀罕了。确实，对于政治与道德，政治与宗教，政治与学术，宗教与经济，法律与经济、政治以及宗教，艺术与科技，科学与艺术，以及艺术与道德等之间的关系，他的陈述都具有奠基的地位。在这方面，他的著作实在庞巨。由于无法满足于只取这些关系中的某一类来研究，他热情地将它全部纳入考虑。

所幸者，关于他的思想和他对各种人类活动所采取的研究方法，我们可以从他的经济概念中得到一些线索[1]。有三类问题是必须加以考虑的。首先，有一些特属于经济本身的问题，如金融实务、价格结构、企业经营等，必须将之当作本身属于经济性的问题去分析。第二类问题，关系到经济如何受其他人类活动——如政治、宗教、科技——各方面的制约。在这一方面，韦伯分析了现代资本主义在初生阶段，如何至少有一部分受到清教徒精神或新的复记式簿记法的影响。今天，我们的争论只集中在清教，以至于忘了韦伯所分析的其他因素，尤其是在他的《经济通史》[2]一书里的分析。最后，是关于经济如何反过来制约其他各类活动的问题。例如，政策的兴革可能以经济因素作定夺；又如宗教上的制欲精神也受到经济的影响。我们可以从这个角度去研究其他一切人类活动，而对那些基本上是政治性的现象（支配、权力、政党）或基本上是宗教的现象（祈祷、仪式、牲祭）等，加以分析。这样，我们便可以分析政治或宗教以何种方式制约其他的活动（或它们的某些层面）；最后，我们再分析经济因素如何制约政治、宗教（或其中某些层面）。此一蓝图，对任何活动的社会学分析都成立。这不啻是说，在韦伯的眼中，就一种科学的角度而言，并没有哪一种

---

1   同前书，pp.162—163。——原注
2   Max Weber, *Wirtschaftsgeschichte* (Berlin, 1958) , 3rd ed..——原注

活动归根究底而论是其他活动的基础。在这一点上，他与马克思主义的分野是截然的。化约论这种"归根究底"之论，仍然属于形而上学层次，化分析时用的概念为客观实质的存在，因为它根本无法得到科学的证明。它毋宁是一种信仰或意识形态。韦伯素来便勇于向这类理论的偏执分子挑战：指出他们不过是在做一些假科学的辩说，或扭曲科学本身——加给科学一个与其本性相悖并且不具资源去完成的使命。

想要将韦伯社会学的所有丰富内涵都复述出来，是不自量力。因此我想将它分为三部分加以综述，希望能让读者对韦伯的社会学，得到一幅既逼真又有内容的图像。首先，对于社会学在人文学科或文化学科的一般脉络中的地位，韦伯曾进行特别的研究；他在这方面的研究时，运用了知识之批判（critique of knowledge）[1]的全部资源。其次，正因为他对社会学问题的多样性，有其通盘的观照，因此，他的著作为往后的研究工作，带来许多正面的贡献。最后，他以一种几乎该形容为凌厉的严谨和清晰，为社会学的分析设定了界限。

一、社会学的知识论

一门新兴的学问——韦伯时代的社会学便在这个阶段——往往容易在尚未产生在科学上妥当的实际成果之前，就想先先验地界定它的研究方法。孔德——他从未从事过道地的社会学研究——

1　所谓知识之批判，指的是对人类的可能知识及经验成立的条件、性质及限制所进行的检讨。这个问题是近代哲学的主题。

即试图将一套方法预先加诸此一学科，视之为凌驾在所有科学性的研究之上。涂尔干（Emile Durkheim）的首要用心之一是撰写《社会学方法之规则》（*Les Régles de la méthode sociologique*）。韦伯就没有犯下这个错误。事实上，在他对方法学上的理论问题进行探讨之前，他已经做过一项重要的实际研究。此外，我们将会看到，方法论并不是他着重的或首要的关心点。总之，他乃是基于自己的实际研究经验，来检视社会学方法论上的问题。他对于方法没有什么迷信，因为他认为，所谓好的方法，就是可以在具体的研究工作中，证明为结果丰硕而用起来具效率的方法。因此，没有一种特定的方法会比其他的方法来得正确（legitimate），因为方法的选择，是视研究中应用的机会及研究的主题而定的。正因为方法只是做研究的一种技术，所以在方法的领域里，便不能有教条，也无所谓正统可言。然而，韦伯在这方面仍然做出了至少以下两点决定性的贡献：

（一）韦伯提供了诠释的方法（the interpretive method）；有些研究社会学史的学者，甚至用到了"诠释社会学"（interpretive sociology）这个字眼。因为这个字眼引起了许多误解，在此有必要清楚地说明韦伯对这个问题的看法。他并不是诠释法的发明者；甚至也不是首先分辨说明（erklären, explaining）与了解（verstehen, understanding）的人。在他之前，德罗伊森（Johann Gustav Droysen）即曾试图将这个方法应用到历史学上，而狄尔泰也已将它当作人文学科（Geisteswissenschaften, human sciences）的一般方法论的基石。韦伯的贡献在于更严谨地在概念上琢磨经营此一方法，使其适用于社会学。

和一般自然科学家不同的是，社会学家研究的不是无生之物，而是要分析社会关系和一种活动（Handeln, activity）——随着环境不断发展而演进的各种社会行为。既然人的活动不会中止，他便不是一种被动的物体。人类的活动产生社会关系，而人类的活动则受一种不见于自然现象的性质所影响——**意义**（meaning）。进行社会性的行动（to act socially），具有三层意思：首先，进行这种行动，就是进入制度、习俗、规则、法律等性质属于因俗而成习的脉络（conventional context），参与这些人类为了某些目的而创造的事物；其次，进行这种行动，必须给自己找到一个标杆或目的，以证明这项活动的必要及正确；最后，进行这种行动时，我们诉诸某种价值、向往或理想，作为行动的动机。在这三个层次上，意义皆扮演一定的角色。简而言之，人创造出属于因俗而成习的传统，便会为了团体的缘故而赋予它某种意义，以使人类的共同生存尽可能臻于和谐。给自己一个标的，是为了把活动引导到一个特定的方向上去；标的不同时，行为的方向自然也就有异。最后，对各种不同且往往相抵触的价值或理想做诉求，就每一个社会行动者而言，仍是为了要给自己的行为赋予某种——用韦伯的话来说——"主观导向"（subjectively directed）的意义。总而言之，一种社会关系或活动，乃是各种不同的（无论是个体的或是集体的）意义之组合。

　　既然社会行动可能具有不同的意义，其中的差异就必须有所分辨——特别是因为个人绝非在真空中行动，而是处在别人行为的影响之下。那么，什么是社会行动（social action）呢？"所谓行动"（action），韦伯说："我们指的是行动者赋予主观意义的人类行为——不管该行为是外表行为或内心行为、是举或止，或仅是对他项行为之承受。而所谓社会行动，我们指的是行动的意义牵涉到了他人的行为，并且这个关系决定了这个行动进行的方式。"[1] 按照这个界定，行动含有一种主观导向的意义；因为行动包含这样的因素，才使得行动能够搭配进其情境中：行动的契机可能是为了矫改前事（如报仇），或是持续旧行（如传统）；行动可能是对于攻击的响应，或单纯只是一种反应；最后，行动也可能是对未来的一种预期（一项计划）或一种尝试去预防的行径。行动也可能以他人为导向，不论他人指的是某一特定的人（爱人）、一个有限定的团体（一个狩猎俱乐部）、一个政治团体（国家），甚至是指人类全体。一般说来，〔主观导向和他人导向〕在行动中以不同的方式结合在一起。然而无论如何，我对每一件行动都赋予意义，若无意义，〔这一项〕行动即不存在；意义内在于所有的行动中。即使在一个无谓或荒谬的举动中，我也未把意义除掉；用韦伯所举的一个例子来说，由于效法一个军官冲入火网之中，我可能激起了其他士兵的勇气。

上述这些考虑，乃是韦伯式社会行动分类（typology）的起点。首先，一项行动可能是传统型的；通过它的意义，该行动肯定过去和习俗的神圣性，从而遵从此种神圣性。行动也可能是情绪性的（affective），因为求快感的欲望或是求冥思见圣的欲望等刺激，而产生的当下立即反应。再次，行动可能具有因为价值而产生的合理性（wertrational, value-given rationality），这个时候，行动者认为基于信念或责任感，要不计一切条件去为某个理想（cause）或希望服务，只是因为在他看来，这个理想或希望是好的。最后，行动也可能具有因为目的而产生的合理性（zweckrational, end-

---

1　Max Weber, *Wirtschaft und Gesellschaft* (Tübinges, 1947), 3rd ed. Vol.1, p.1.——原注

given rationality），这是指对于可资运用的手段做估量，然后在这个基础上，去追求某一具体有限的目标，并设法预知其可能的后果。一个行动无论属于哪一类，只有在个体或集体的行动者赋予此一行动以意义后，它才首尾呼应成形。任何漠视意义这个概念的行动之现象学（phenomenology of action），必然会误解行动的本质，并且在分析的任务上不符合科学的要求。

　　既然自然科学的对象不具有意义（这并不是说它们是荒谬的），那么它的方法论也就不能直接转为社会科学所用，因为在社会科学中，意义的问题扮演着主要的角色。自然界中被动（inert）的现象，用因果性的说明（causal explanation）——亦即用其他先行现象——便可以做妥当的交代。然而，想要掌握社会现象，就得再加一项功夫，因为要交代它们，尚必须了解其动机所在，也就是那些使人们去行动的理由和他们所追求的目标。每一项行动，都有其目的——无论是好是坏——而因果说明的方法对这种目的不会有厘清之效。在韦伯看来，诠释方法，是阐明一项行动之意义的最佳途径。因此，政治方面、经济方面、宗教方面或其他方面的一个现象，经过因果的说明后（通过其物理、生物、气候、地理、甚或心理上的种种先行因素），仍有此种说明所无法照顾之处。这是因为人类的行动乃是发乎**意志**（will）的，因此也就是发乎一种做预期或抗拒的能力；这种能力让人不完全局限在纯粹物质性条件的控制之下。人并不单纯地只因机械性的刺激而行动，而是因为他基于某些理由而需求某样东西，所以才行动。他是有动机的。例如，某人成为狩猎者，可能是为了娱乐，或是为了运动，或因为他对狩猎有一定的爱好等等。这些都不能用单纯的因果关系来掌握。因此，诠释方法的任务，是填补单纯的因果说明在处理有关于人类关系的问题时，没有照顾到的地方。

　　韦伯非常清楚这种诠释方法的弱点。因为它的性格既非演证性的，亦非实验性的，它的证明失之于不确定。在应用这种方法之后，所得到的是一项诠释（Deutung, interpretation）；这也就是说，诠释方法凭借的是许多评估（evaluation）；而要从事评估，则需经过交互参照比较、据理观察以及韦伯所谓的价值参照（reference to values）——下文将再详谈此一观念——等等程序。鉴于此，诠释方法所牵涉到的程序，确实是经过在先检验的程序〔，有其客观性〕。因此，韦伯拒绝了西美尔（Georg Simmel）的观点（他把了解〔understanding〕的基础放在心理的层次上）和其他理论家的主张——他们将重点放在个人的经验或是再体验（nacherleben, relive）某一件事的能力上。韦伯常说：要了解恺撒，并不一定要变成恺撒[1]。就像其他的方法一样，了解与诠释都要合于一般的逻辑运作，而不可以诉之于直接心理经验的主观恣意（spontaneity）。然而，了解与诠释的方法，并不需要被它们所处理的对象所局限或牵制住；它们的任务固然是去诠释某个体或某团体对于一个状况如何以及因何做出了正确的评估，但在这评估不正确时，这两种方法的任务亦包括了指出其错误。简言之，既然对象**自身**并不会提供意义，亦即意义并非对象本身内在具备的一种性质，那么，使用某种旨在研究事物之性质、律则及其固定特性的方法，自然无法对意义加以掌握。反之，人类会对同一事物赋予不同的意义，也会对不同的事物赋予同样的意义。这种变化，只有用诠释的方法，才有办法加以掌握。

1　Max Weber, *Gesammelte Aufsätze zur Wissenschaftslehre*, p.428 或 p.529。——原注

有人说，韦伯认为说明与了解为两个绝对自主的——甚或完全相对立的——方法，这是最大的误解；事实上，韦伯不厌其烦地强调，这两种方法是互补的，可以兼行采用甚或同时运用。他自己经常在一个研究计划中兼用二者，或者为诠释性的说明（verstehende Erklärung, interpretive explanation），又或者为说明性的诠释（erklärendes Verstehen, explanatory interpretation）。同样，他曾指出，因为运用了解的方法，因果关系（Kausalzusammenhänge, causalrelations）方有可能同时成为意义关系（Sinnzusammenhänge, meaningful relations）。就事实而言，在社会学的领域里，所谓知识，除了对一社会关系做出因果上的说明之外，尚要求对其意义的了解，亦即其动机、理由与目的。

（二）韦伯在方法学上的另一贡献，是他的因果多元论（causal pluralism）之概念（他与帕累托是此一论点的主要理论家）。韦伯的诠释方法，不要机械而单向的因果关系的固定架构，因为这样的架构有所欠缺；他的因果多元论，和他的诠释方法适为共济。首先，他注意到在人类的行动里，原因和结果是可以互为变化的。一个目标，一旦获得实现，可以变成新企图的原因；更重要的是，任何行之有效的手段，鉴于其相对而言的成功，会自动转化成一项原先所未预见的新行动的原因。事实上，这种认识在今天看来虽然不稀奇，但在韦伯的时代里可不是如此。这种认识在今天之所以已平凡无奇，也许正证明了我们已不自觉地接受了他的知识论，因为他的知识论所要克服的，正是一味强调机械因果而完全忽略目的的科学主义（scientism）。其实，如果我们考虑到他写作时流行的思想主流的话，那么他的立场就更见其高瞻远瞩。他反对把因果关系看成充足原因（sufficient reason）[1] 的传统观点。在他看来，非但结果（effect）不是一种可以在某一个特定时刻、在某些可以指明的条件下确定下来的事物；并且任何结果的起源，都可以追溯到无限的时空中去。就像我们可以一环一环地对原因做无限的追溯，结果一环一环地相牵，也无限而不确定。况且，因果关系不过是局部的概率性说明（probabilistic explanation）。实在地说，既然世界的实相无论在范围上或在内容上都尚无定数，我们永远无法找到一个原则，道尽这个世界——即便借助因果关系也一样。纵使因果作用让我们产生了这样一个幻觉，但人的意志仍然存在，有能力——至少在社会现象的范围里——在因果的连锁中打出一个缺口。这就是为什么韦伯否定流出论（emanation）[2] 的各种理论——这一类理论想把所有事件，皆化归到一个唯一或根本的原因上去，或是想把所有事件，皆从一个原因导衍出来。在他看来，所谓因为〔事件的继续〕发展，个人或团体的〔因果〕判断会倾向于某一原因而舍弃其他原因，是一种没有科学价值的想法，因为这种想法纯粹是一种形而上的或主观的看事情的方式。因此，他驳斥法学家宾丁（Karl Binding）及哲学家贡珀茨（H. Gomperz）的理论，因为他们都主张某一类的因果关系居于主要地

---

1 西方传统哲学在对事物做形而上学的说明时，往往依照所谓的"充足理由原则"（principle of sufficient reason），以求对事物作全面必然的掌握。按照这个原则，一切事物的发生都有其理由，并且（1）除非该理由存在，否则该事物不会发生；（2）若该理由有所不同，则该事物亦将有所不同。

2 流出论是古代新柏拉图主义的一套宇宙创生论，认为宇宙中一切事物，皆系自一个完美的中心原理或存有，循必然方式推出。广义而言，任何强调严密因果关系的宇宙论及强调由这种因果关系推论得出的原始因的理论，皆具有流出论的色彩。

位。[1] 在社会科学的领域里，并没有严格的因果关系：社会科学研究的途径不以此为谋，而是注重研究者的评估，或是其资料的好坏。不学无术者与专家所建立的因果关系大不相同。但他们有可能同时都是错的，因为科学并不是至上的裁判。

不过，韦伯的批判的主旨不在此。因果一元论（causal monism）认为，对一个社会现象，可以找到其唯一的先行原因；这种单一原因之难以求得，甚至不可能求得，才是韦伯的批判主旨所企图说明的。一般说来，一个事件通常需要多项原因加以说明，而这些原因的分量轻重，则由研究者来衡量。在他那本常常被严重误解的《新教伦理与资本主义精神》一书中，他曾多次提到这点。他指出，若要探讨近代资本主义的起因，不能单纯地只考虑资本累积这个因素，而置经济生活的制欲理性化于不顾。他反对全然以经济因素说明宗教改革，他也不赞成在另一个极端上，单以宗教改革的精神来说明资本主义的产生。[2] 在他的《经济通史》里，他曾指出，除了经济因素外，造成此一新经济形式的还有诸多其他因素（政治的、宗教的、工艺的、法律的及其他种种）。[3] 这个因果多元论的概念——韦伯之后，今天许多社会学家都从他那里继承了此一概念——可以帮助我们了解韦伯在方法学上的另外两个重点。

首先，有所谓原因推断（kausale Zurechnung, causal imputation）

1 Max Weber, *Wissenschaftslehre*, pp.288—289；英译见 E. Shis & H. Finch, trans.& eds., *The Methodology of the Social Sciences*, (New York, 1949), pp.186—187。——原注

2 Max Weber, *Gesammelte Aufsätzezur Religionssoziologie* (Tübingen, 1947), 4th ed., Vol.1, p.83.——原注

3 Weber, *Wirtschaftsgeschichte*, p.239. ——原注

的过程。既然我们承认，一个社会现象的出现，是由好些个因素所造成的，我们便很难评估其中每一个因素的重要性如何。想要在某一结果与其所有的原因之间，建构起直接、必然且无可争议的关联，是不可能的。唯一的解决之道，是运用资料来显示在一个现象（或其某些层面）与先行因子之间，有某种因果关系存在，但不要奢想对此一关系的必然性有所肯定。准此，将某一系列的原因（而不是另外一系列在概率上同样相干的原因）归属为某一现象的因，是由研究者本身来判断的。因此，不确定性永远会存在；所谓因果推断，不过是将某些现象归诸某些原因；在事件进行的过程里，无法找到严格的决定论（determinism）。韦伯写道："企图对一具体现象的存在全貌，在因果关系上做透彻而无遗漏的回溯，不仅在实际上办不到，而且此一企图根本就没有意义。我们只能指出某些原因，因为就这些原因而言，我们有理由去推断，在某个个案中，这些原因是某一事件的'本质'性成素的成因。"[1]

其次，我们要谈到"客观的可能性"（objective possibility）这个范畴；归根究底而言，这个范畴是因果推断程序的附带概念。为了尽可能妥当地估量出某一原因就几率而言所具有的重要性，我们设想在一串互为因果的事件系列中，将这个因子排除掉，看看若是没有它，事情会如何发生。如果这件结尾的事件在这种情况下仍然会发生，那么，这项在想象中被排除掉的因素，极可能只扮演了次要或偶然的角色。但是，若是事件的发展过程因此会有所不同，那么可能这个原因具有决定性的影响力。让我们举两个例子来看。1848 年在柏林的革命，随着三声枪响而展开序幕。我们在心里假想，

---

1 Weber, *Wissenschaftslehre*, p.178. ——原注

如果没有这三声枪响，革命是否仍会发生？当时几乎在欧洲所有的首都都有革命爆发；以当时普鲁士及欧洲其他各地的局面来说，任何小事件都有可能引发一场革命。因此，我们有很好的理由来认定，这三声枪响，只是个偶然而非决定性的原因。就客观而言，没有这三声枪响，革命仍将发生。再举一例：一般认为马拉松战役（The Battle of Marathon）拯救了希腊文明。让我们假设，希腊人在此战役中被击败，那么会发生什么事呢？根据拥有的历史资料，我们相信，那样一来，事件的发展将会改观。准此，在希腊文明的发展过程中，马拉松战役占有极重要的地位。准此，"客观的可能性"让我们能在我们所知的范围内，进行尽可能妥当的可能原因推断。

韦伯在社会科学方法论上的思考，自有其根本的重要性，然而，他在知识理论领域里的主要用心所在，却是一个往往被社会学家忽略的题目：社会学的概念构成（sociological conceptualization）。一门学问之所以妥当（valid），并不只是由于它的方法，更是由于它所发展出来的概念。如果一门学问的概念不精确而暧昧，各种混淆与误解都会产生，它所获得的结果，也会缺乏其运用所必须具备的准确性。一个概念如果具有数个相抵牾的意义，那么它也就丧失了其科学上的若干妥当性。因此，一个真正的科学家，应该努力发展出尽可能精确而严谨的概念。韦伯致力于为社会学寻求途径，克服此一对它构成严重妨害的缺点。在此，我们要对他所寻得的两个途径——理想型（ideal type）及价值参照（Wertbeziehung, reference to values）——略加考察。

韦伯知识论的要义，可以用一句话来做总括："为了透见真实的因果关系，我们建构非真实的因果关系。"[1] 因为真实是无法限定的（indefinite），所以科学不是，也不可能是真实的翻版：它只是由零碎的知识所支撑起来的一个概念的结合体。事实上，每一个概念，都只能捕捉到实相的某一个面，因此每一个概念，都是有限制的；就算把所有的概念集合在一起，相对于无穷尽的真实而言，仍然是有限制的。因此，未知者与不可知者，皆在所难免。进一步来说，唯有在通过概念所进行的转化之后，实在的知识方能出现。换言之，我们已知的真实，乃是通过概念抽象地重新建构起来的真实。据韦伯的看法，理想型即是此种心灵建构物的一种；借着理想型的帮助，社会科学方得以用一种尽可能严谨的方法去探讨真实；不过，一个理想型永远局限在真实的一个或少数几个层面上。韦伯为理想型所下的定义，对这个问题说得十分明确，因为他直言理想型只是纯粹的思维图像（Gedankenbild, mental picture）或是一种乌托邦。韦伯写道："这种思维图像，将历史性的生活中诸般特定的关系与过程，统合到一个由**在思想上建构出来的**（gedacht, thought-out）网络（Zusammenhänge, relations）所构成的没有矛盾的秩序世界中去。就其内容而言，这种建构物本身具有**乌托邦**的性格，其来源，是因为我们在**思想上**（gedankliche, mentally）夸大了实在世界的某些因素。"[2] 为了能对韦伯的观念有较好的掌握，让我们举例来说明一个理想型是如何建构起来的。

　　经常为社会学家所用的"资本主义"这个概念，究竟有怎样的科学价值呢？尽管他们说有，然而事实上，这个概念几乎没有

1　见前书 p.287。——原注
2　见前书 p.190。——原注

任何科学价值。实际上，社会学家通常只是含糊而困惑地形容它，不加区分地把投资理论、社会学说、他们个人政治上的反感与个人的党派立场（不论是褒或贬）混杂在一起。除了缺乏科学上的严谨外，可说是什么都有了。首先，假使我们想对资本主义建构一个在学术上妥当的概念，我们必须在一开始时，便丢开个人的偏见（支持也好，反对也罢），采取一种在价值上中立的路线——我们即将讨论到这一点。其次，我们必须清楚，我们所讨论的到底是经济体系，是社会学说，还是政治理论。再次，我们必须分辨清楚金融资本主义、商业资本主义和产业资本主义。最后，我们不可混淆早期资本主义与十九世纪的资本主义或是混淆十九世纪的资本主义与今天的资本主义。当这些都被分辨清楚时，我们才有可能去建构资本主义的各种理想型——社会学说或经济体系、金融资本主义或产业资本主义。我们也可以建构工厂时代的或跨国企业时代的金融资本主义的理想型。重要的是，不可以将这些不同的视角混杂在一起。假如我们所要分析的是工厂时代的金融资本主义，那么，我们谨慎而广泛地在这个时期的经验事实里，挑选出几个分布广而互不相连的特点，将之安排在一个"统一的思维图像"(einheitliche Gedankenbilde, homogeneous mental picture)中。[1] 在这种方法下，我们对某一特定时期的这种类型的资本主义，建构出了一个融贯的概念。当然，这只是一个抽象的图像，是在经验的真实里无处觅得的纯粹概念。然而，它具有双重的好处：其一，它给了我们一个不受个人偏见影响的严谨概念；其二，我们可以估量出当时的金融体制，与此一理想型之间有多大或多小

---

1 见前书 p.191。——原注

的差别，亦即这些体制究竟采行了多少资本主义的成分。我们上面所提到的其他类型的资本主义，也可以拿来做同样的研究。事实上，正如韦伯所言："我们可能——实际上我们必须认为确实可以——勾勒出好些（实际上是相当多的）这种乌托邦，其中**没有一个**会和另外一个类似，**更没有一个**在经验实在中表现为实际运作的社会制度；然而，它们**每一个**皆声称表现了资本主义文明的'理念'：它们每一个都可以做这种声称，只要它们确实从我们文化的经验性实在中，取出了若干就其本身而言有意义的性质，整合到一个统一的思维图像中去。"[1]遵循这些方法，我们甚至可以建构出一个一般资本主义的理想类型来。

对韦伯来说，理想型绝非唯一的方法，而是许多被用来雕琢严谨并且在学术上妥当的概念的方法之一，以使在政治、经济或宗教上可能各有偏见的研究者，能取这些概念来应用。社会科学的专家，往往使用模棱两可而失之混淆的观念，例如社会主义、帝国主义、封建制度、天主教等，这是很不幸的事。这些概念，顶多只是在他们的著作里才有概念上的意义，而无法被其他研究者采用——这便有违学术界沟通的原则了。只要专家们还拒绝接受严谨概念建构的要求，社会学就没有希望成为一门真正的科学。

我们已了解到，想要建构一个理想型，就必须在真实中选取较有意义的特质，然后将之整合到一个统一的思维图像中去。这个选择的问题，在知识论的范围上，有其更广泛的意义，因为在研究工作的每一步骤里，都要面对这样的问题，尤其是当搜集来的大量资料与文件摆在面前时，我们必须将其中次要或无甚意义

---

1 见前书 p.192。——原注

者弃置一旁，而保留那些显得较为重要而且根本的。那么，用来做这种选择的标准是什么呢？韦伯认为，并无一单纯、绝对或客观的判准。只要对某一专家的研究取径有所观察，我们就会发现，他在选择时所根据的，乃是韦伯称为价值参照——原为里克特的用词——的一种过程。专家的这种做法，也说明了各个专家何以必然会有各自的主观性。确实，每个人对社会主义、教派制、国家及商业等观念的理解，并不见得完全一样。既然没有一套普遍被接受的价值系统存在，各人只好参照自己的价值排列尺度。史学家们不断对历史做出新的解释，正是因为他们总是在参照不同的价值。

鉴于此，虽然有人主张韦伯把价值从科学研究中排除掉了，然而，很明显的是：〔韦伯认为〕事实是经由价值参照拣选出来的。因此，我们大可参照社会主义的价值观来撰写资本主义经济史，亦可参照资本主义的价值观来撰写社会主义经济史——正如我们可以从赞同保留手艺性职业的立场，来分析此类工作。韦伯甚至认为，即使是一个无政府主义者，也可以因为他对法律在原则上的敌视，而使我们洞察到法律未曾被我们注意到——因为太过自明——的某些面，因为这个无政府主义者所参照的，是他的一套价值。然而，有一项先决条件是必须遵守的：学者必须清楚指出，决定他的选择的，是什么价值，以免他的读者被蒙蔽。既没有普遍的价值体系存在，那么，假如有某作者假定他自己的评断具有普遍的妥当性，他无异是在欺骗。只要对参照的价值有所交待，基于社会主义的取向来检讨资本主义并无不当，因为只有自社会主义的观点来看，这种检讨方为妥当，而自其他观点来看，这种批评即属不妥当。总之，这种检讨不会具有普遍的妥当性。在韦伯眼中，遵从此一要求，即是所谓学术良心。社会学研究，唯有在参照研究者个人在做研究时所选择的价值时，方具有妥当性；韦伯的整个知识论的主旨，即自此一看法导出。韦伯认为："骚扰着人、推动着人的文化问题，不断地推陈出新，不断地改变面貌；在无穷尽的事物之中，有一些会对我们具有意义和重要性，而成为'历史性的个体'（historisches Individuum, historical thing）；这种'历史性的个体'的范围，永远在变化。我们用以处理这类个体并学术地加以掌握的理知关系，也在改变。因此，文化科学的起点，在不确定的未来里，将始终有所变化和不同，直到心灵的生命力像中国人那样僵化，让人类不再对那永无止境的人生，提出新的问题。"[1]

二、社会学研究

我们说过，韦伯著作等身，著述范围几乎涵盖了社会学的每一个专门领域。因此，他自己的社会学研究工作，也极尽多样之能事；在此，我们只能对其大体轮廓略作鸟瞰。他大部分的研究，无论是关于古代的农业制度，还是中古时期的贸易公司，或是他在宗教社会学里关于中国、印度及古代犹太教的研究，都是以文献探讨为根据的研究。然而，我们也应该特别指出，他无疑是首先从事真正田野研究的学院派社会学家之一，譬如他即曾对易北河东岸地区农业工人的状况提出报道。这也许就是为什么他在知识论上的思考，会有像我们在上面所指出的那种深度的原因：他娴熟的至今仍为社会学家所运用的大部分方法与技术。从这个角

---

1 见前书 p.184。——原注

度来看，我们可以说，韦伯的启发作用始终不衰。

韦伯的研究范围，虽然涵盖了从古代到今天的每一个时代，并且触及若干意想不到的问题——例如他对工业劳动的心理物理学（psycho-physics）或是股票市场所做的分析——他的努力仍然具有某种统一性。这种统一性，可以说就是他的整个学术工作的总价值参照。韦伯不仅在经济学与法律方面有道地的学养，他也是个学力深厚的史学家，并雅好文学，与诗人、小说家多有往还。每当他愈想雕琢一个抽象的概念，他就愈为个别的事物所吸引。他将在学术上进行普遍化的必要，与独特个别事物的重要性，以如下的方式加以贯通：“独特的个别现象诚然有着无穷尽的面相，但在其万变之中，也只有那些我们认为具有普遍性的文化意义（Kulturbedeutung, significance for culture）的某些面相，值得我们去认识。”[1] 这种普遍性与独特性的综合，亦可见诸统一他的学术工作的那个问题上：如何对其他文明进行探讨，好让我们更了解西方文明的独特性。这绝不表示他对其他文明的研究，从属于他对西方文明的研究，因为他始终强调每一种文明皆自成一局。韦伯的用意是通过比较，以凸显欧洲文明的特质。他对非欧洲系的文化，从未表示过自大或嘲讽。相反，他的分析出自尊重之心，例如他曾说过，大盐湖区印第安人的艰苦生活和后来摩门教徒带到那里去的生活方式，无疑地在人性上具有同样的妥当性。类似的例子，我们还可以举出许多。总之，韦伯从社会学观点对西方文明的特征进行研究，只是因为他觉得这个研究课题有必要而且有用处。

多少算是理性的经济，甚至某种雏形的资本主义，在许多文

1　见前书 p.178。——原注

明里都曾出现，就像许多文明也有政治权力、系统思考、音乐、习俗以及法律的基本形式；但只有西方，发展出了像现代资本主义这种不断成长的经济体制，一种奠基于数学和实验性的科学，以科学为基础的工技，以及像近代国家这样的统一性政治结构，一套具有合理性的法律、音乐的和声和谐奏。当然，几乎在每一种文明中，都可以找到某种程度的合理性（rationality），但只有西方，发展出了深入人类活动各个领域的系统化合理主义（rationalism）（虽然今天世界各地都正在接受这种系统化的理性主义）。不过，韦伯对西方文明的这些成就，并不表示特别赞赏，因为他了解其中的代价：这个世界被祛除了迷魅（disenchantment of the world）。事实上，我们生活的，是一个理知化了的世界，一心专注于专业化与人为化。我们发现：生命已不再如以往的时代那么具有魅力，鼓荡心灵的诗和宗教上的合一皆是如此。这就是为什么有许多人，在无法调适精神以应对现代世界的变迁之余，变得毫无生气而对生命无所担当；这也说明了年轻人为什么躲到小社群里去，以求复苏生命的活力，无论多么微弱。

韦伯的政治社会学研究，主要有四个重点。第一点，关于武力与国家之间的关系。国家为了本身的利益，而夺取个人与从属团体（如封建领主）使用武力的权利，乃是近代国家的合理化过程的表现。韦伯对近代国家的定义是："一个在某固定疆域内……（在事实上）肯定了自身对武力之正当使用的垄断权利的人类共同体。"[1] 第二点，他以正当性（legitimacy）为主要的着眼点，对支配（Herrschaft, domination）的现象进行分析：所谓以正当性为着

1　Max Weber, *Gesammelte politische Schriften* （Tübingen, 1958），2nd ed., p.494.——原注

眼点，就是问是什么因素促使被统治者对掌有政治权力者具有信任。在这方面，他建构了至今仍享盛誉的正当性分类：传统型的支配、法制型的支配与卡理斯玛型的支配。第一种支配的基础，是对现行制度的神圣性的信仰，深信借传统而掌权的人具有正当性。古代的王朝政体即属此类，不过今天也有共和传统取此倾向的。法制型的支配的基础，是信赖经由合理方式而建立的法律之妥当，相信经由合法的手段——经常是通过定期的选举——取得权力的人，具有其正当性。最后，卡理斯玛型的支配，系于许多人对某一人的皈依效忠，认为他有才智或者身负某种神圣的特殊使命，或者命定完成某种英雄事迹，或者秉奇才成就某种事业。譬如当代的独裁者，或是古代的先知及群众鼓动者，甚或革命领袖等，皆属此类。这种分类，是理想型的分类，历史上从未出现过其中任何一种如此的纯粹类型。一般说来，现实中的每一个政权，都是由此三种类型以不同的比例所组合起来的。

第三点是关于政党的分析。这方面，韦伯是首创者之一。他对菁英政党与群众政党的区分（颇为后来的学者所采用）尤具新意。不过，继续研究这个问题的，是他的一个学生米赫尔斯[1]；他发现在民主机器（machine）的掩盖下，群众政党会如何地被寡头领导所控制。韦伯的主要贡献（亦即第四点），是发展出一套官僚体制的社会学，而成为所有组织社会学的起点。他认为俄国的无产阶级专政，终将转变为一种官僚的专政[2]，可见他对官僚体系会有的过度发展早有警觉；然而，站在价值中立的立场上，他看

1　R. Michels, *Zur Soziologie des Parteiwesens* (Stuttgart, 1909)．——原注

2　Max Weber, *Gesammelte Aufnätze zur Soziologie und Sozialpolitik* (Tübingen, 1924)，p.508.——原注

出这种行政系统将会支配国家及私有企业，因为它符合了近代的理性化趋势的需要。虽然他并未感受到科技官僚的日趋重要（在他的时代里，这个现象几乎根本不存在），他对官僚体制的描述仍然是正确的。

我们应将韦伯的经济社会学与宗教社会学放在一起讨论，因为他自己就常将二者合一：他那套庞巨的诸宗教之社会学，题目便是《世界诸宗教的经济伦理》（*Die Wirtschaftsethik der Weltreligionen*）。不过，我们也应该顺带说明，韦伯亦曾单就宗教社会学做过研究，分析宗教行为，区分神圣知识（sacred knowledge）与信仰的不同，探讨救赎宗教（religion of salvation）与纯粹仪式性的宗教间的差异，他也分析各种宗教执行者的类型，如巫师、先知及教士，还有制欲主义的各种形式以及性与宗教的关系。他同时还开展出一套独立的经济社会学，探讨人的需要如何被满足的现象、经济团体的结构、财富分配的问题等。不过，如果要将这些丰富的分析，以一种可以了解的方式呈现出来，势必涉及太多的细节而变得非常繁冗。基于同样的理由，他的比较社会学著作——关于中国、印度、犹太教、伊斯兰教等世界主要宗教的经济层面——我们也不得不略而不谈。

不过，想对他独特的研究方法有所认识，我们还是得探讨一下那本使他一举成名的著作——《新教伦理与资本主义精神》。此书结合了他在经济方面、宗教方面与道德方面的社会学分析。韦伯明白，资本主义的发展，大部分根源于一股内在的经济动力，不管这股动力是来自中古末期的资本累积，还是由于家计与商业营运分开计算的结果。但是，这样的说明对社会学来说是不够充分的，因为资本主义并不是一套主动取得势力的崭新而完整的经济体系。它也是野心勃勃的企业家们，一步一步逐渐发展出来的成果。这个新的（而且在当时尚无以名之的）经济体制的推动者，所具有的新心态，正是韦伯所谓的"资本主义精神"。这种心态深受道德与宗教信仰——尤其是上帝预选说（predestination）——的影响。韦伯的主要论点可以综述如下：首先，初期资本主义的主要（不是全部）人物，大都属于各种清教宗派；根据他们的信仰，他们过着严谨的个人与家庭生活，而不像那些拉丁民族的银行家，将所得利润都用在节庆、享乐和对艺术的赞助恩护上。其次，商业上的成功，对这些人来说，是一种宗教上被拣选的征兆。既然他们自己无法享用那累积起来的利润，那么，他们唯一能做的，便是将之再投资，以获得更大的利润。因此，对资本主义来说非常重要的是制欲精神在方向上的转移：中古时期只限于修道院中的僧侣们所持的"他世性的"（other-worldly）制欲主义，转变为现今的"今世性的"（this-worldly）制欲主义，因为那些资本主义的企业家，在这个社会经济的世界中，过着僧侣般的生活。

四分之三个世纪以来，韦伯的理论引起热烈的争论。有人指控他攻击旧教；反过来，也有人认为他将新教与资本主义相提并论，是贬抑了新教。有人指责他误解了加尔文（Jean Calvin），也有人认为他意在推翻马克思的唯物论，甚至还有人说他将新教精神当成资本主义兴起的唯一因素。不同的说法不一而定。事实上，虽然韦伯的研究里含有一些错误，但只要能够不带偏见地去读读这本书，就会发现，以上这些议论都没有触及它们的对象。韦伯从事的是学术研究，他无意为任何神学主张做多余的辩解。他说得很明白，加尔文并非讨论的问题所在；问题的所在，是某些（而非全部）加尔文教派，于几个世纪后所提出的关于上帝预选说的某些诠释。他一再说明：新教并非形成资本主义的唯一原因——
这是他的因果多元论所不容许的——而仅是形成资本主义某些层
面的因素之一。最后，韦伯明白表示：他从未想要以任何精神论
的史观来取代唯物论的史观——二者都可以成立，并且都有其道
理，只是必定要局限在所选择的价值参照范围内罢了。

　　韦伯的其他研究领域，我们想用数言迅速带过。在法律社会
学的领域里，韦伯试图从社会学的观点来澄清各种法律的功能：
私法与公法、实定法与自然法、主观法与客观法、形式法与实质法，
等等。他也循着他的社会学思想的主要精神——强调社会里不断
成长的合理化作用——来追溯从非理性法律发展为理性法律的各
个阶段。在此处，我们必须强调他的分析里的一个原创观点（后
来为马尔库塞〔Herbert Marcuse〕所应用）：与现今许多学者相反，
他认为自然法还具有很大的活力，因为它具有革命性的本质。革
命分子在把自然法与实定法的现存体制对峙起来时，若非直接地，
至少也会是间接地，是在诉诸自然法为凭借。韦伯的艺术社会学
还只有一个轮廓，除了曾对音乐做过比较长的讨论外，他的主要
分析对象，是从罗曼式到哥特式艺术的发展。

　　最后，我们必须指出，韦伯对一般社会学的某些问题，非常
有兴趣。他处理这些问题，是为了给社会学的基本概念，求得最
严谨的定义。通常人们在用这些概念的时候，并没有赋予它们精
确的内容，也不曾做出清楚的分辨，例如习惯、传统、习俗、法
律等。为了使它们的特性能够凸显出来，韦伯不但对它们一般性
的意义加以界定，而且仔细考察它们在特定的脉络里一层一层细
微的意义变化。用这种方式，社会行动、社会关系、斗争、群体、
经营、团体、强制团体与权力等概念，他都一一加以定义。同时，

对那些并不常用到的观念，诸如开放的关系、封闭的关系、教权制（hierocracy）等，他也尽量加以界定。尽管我们对这种概念形成的做法——这些占了《经济与社会》整个第一章的篇幅——可以有所争议，但就事实而论，对那些想要使自己的研究更严谨精密的人，或那些只是想要学习如何严密地分析字眼的人来说，它都不失为一种上好的工具。

三、社会学的界限

韦伯时代（若思及孔德，则要更早）的社会学，一如其他许多新兴的（这种学科总是越来越多）科学，号称是门具有统摄性的学科。只要社会学的内在学术基础未得到严格的定义，那么它就有一种倾向，将其研究的范围扩张到所有的领域去。韦伯从未犯此错误，而且更值得推崇的是，他以其一贯的严谨，划出了此一新兴学问的界限。于是，他的眼光极其明晰，即使到了社会学已被列为大学一般课程的今天，我们都很难对他加以批评。总之，他之所以能够如此节制，是由于他本身所抱持的知识论之故：他不断地强调，一个概念或者一门学问，所能表达的顶多只是相当特定的观点，这些观点因为特定，所以和实在的关系也有其限制；再者，价值参照——作为社会科学里一切选择的原则——也必然会对普遍主义的空想家所持的狂妄目标加以限制。此外，韦伯也清楚地意识到，没有任何一门学问，能够自行循学术途径建构本身的基础。作为一个康德派（Kantian）（笛卡儿在先也指出过），韦伯知道这是个哲学问题。就事实而言，韦伯并不将自己局限在哲学的这个批判层次上。通过尼采、托尔斯泰、陀斯妥耶夫斯基、格奥尔格等人的启发，他也建立起了一套世界观。〔不过，〕由于这种自觉（有时是对他所仰慕的人的一种反动），他发展出他的基本哲学假说：所有学问（当然也包括社会学）都无可避免地有其限制。终其一生，他对此一理念不断地加以探讨；最后，在他的晚年，终于发展出一个新的方法学原则——价值中立（Wertfreiheit, value neutrality）。

性格使然，这个世界常见各种互相竞争和抵牾的价值在斗争；这种斗争，可以只是一种紧张的关系，或者在某些场合恶化成为冲突。因此，龃龉各有其等级上的不同：它可以出之以友朋告诫的温和形式，也可以是一种不从众的姿态，或者它可以出之以理念辩驳的形式或具体育精神的竞赛，甚或极端地导致敌视及战争。这些龃龉的根源可以是个人与个人间志趣的不投合、团体之间或政治纲领的抗争，甚或源于文化上的分歧。例如，我们无法判断法国文化与德国文化的优劣，"在这里，也是不同的神祇在互相争斗，毫无疑问地永远在争斗"[1]。多少世纪以来，基督教的宏伟悲情，把这件事实掩饰了起来，但是到了我们的时代，"昔日众神从坟墓中再度走出来，由于已遭除魅，他们不再表现为拟人的力量。他们企图再次主宰我们的生命，并且又一次展开了他们之间的永恒争斗"。[2] 近代世界又走回多神论，只是这些神不再叫做朱庇特（Jupiter）、阿波罗（Apollo）、阿芙洛狄忒（Aphrodite）或尼普顿（Neptune），而是较不拟人地称为自由主义、社会主义、性、妇女解放，等等。韦伯把他的想法，用这段不平凡的文字加以总结："今

1　Weber, *Wissenschaftslehre*, p.588.——原注
2　同前书，p.589。——原注

天，我们充其量不过是又重新认识到：一件事物之为神圣的，非但不为其不美所碍，并且正是因为其为不美，同时唯在其为不美的条件下，这事物才成其神圣……一件事物，非但其为不善之处无碍于其为美，并且正是在其为不善之处，方见其美……再至于说，一件事物，非但其为不美、不神圣、不善，皆无碍于其为真，并且正是因为其为不美、不神圣、不善，所以才为真；这实在是一项日常的智能。"[1]科学与宗教之间、艺术与道德之间、政治与经济之间，都大有可能互生抵触。韦伯看出，人可以以科学为理由来排斥宗教，以道德为理由来排斥科学，因为"学术的真理，不过就是在那些希望得到真理的人看来妥当的事物"[2]。因此，人也可以拒绝学术真理。

虽然合理性在增长，但这世界上仍留存着一个无法消除的非理性的基础，并自其中孕育出信仰与信念等永不缩退的力量。价值与意义一样，都不内在于事物本身。只有靠我们的信念的强度，靠在通过行动征服或维护这些事物时所投注的热切程度，这些事物才获得价值与意义。因此，肯定一个价值，必然地蕴涵了对其他（可能正是和它相对立的）价值加以肯定的可能性。所以，霸道地证明某一价值高于其他价值，乃是不可能的。只有以信仰为基础，某一价值才会为个人或大多数人所偏好。因此，韦伯并不指望大同和谐，不管是预定在先的（pre-established），还是人为的。价值之间无从消解的矛盾冲突，只能以共存、妥协或容忍来处理。人类以政治、宗教或经济等价值为名进行观点上的斗争，在这些

1　同前书，pp.587—588。——原注
2　同前书，p.184。——原注

观点之间，科学没有能力去做裁决。

　　这就是韦伯所称的价值中立的根基所在。一些错误的诠释，认为他想要排除价值；正好相反：韦伯承认价值的根本重要性。价值滋养所有的行动；价值支配了政治、经济与宗教世界里的斗争。因此，当科学家在分析某一行动时，如果他想要了解这个行动的意义，他必须要考虑到此一行动所表现的价值，因为想要去做某事，即是在赋予此事一个价码或价值。此外，我们在讨论价值参照时，已了解到价值在学术研究工作中也有其作用，尤其是表现在资料的选择上。社会学家或社会科学家中有人认为，可以替诸价值建立起一个科学性的高下层级（hierarchy）来；当韦伯提出价值中立的时候，他的目的是要彻底消弭这种信念，以及人们在这方面对社会科学家的期待。同样的，想要假学术之名来评断各种相抵牾的价值，或者认为某一个价值比其他价值更有科学性，都是行不通的。只有妥协而非科学的演证，才能暂时调和相对立的价值。价值之间的矛盾，是在科学家的职权范围之外的问题，故尔他也无法以科学的方法来加以解决。不过，既然学者也同样是人，任何学者都可以像一般公民般，在政治或宗教事务上采取某种立场，把他个人的选择公开，并维护此一个人的选择。可是，如果他暗示说，由于他是个学者，因此他的党派立场较具有学术上的妥当性，他就对科学的精神犯下了罪。

　　韦伯对心志伦理（the ethic of conviction）与责任伦理（the ethic of responsibility）的有名区分，可以给我们一个例子。根据心志伦理行事的人，所求的是某一项理想（cause）的绝对胜利，而不去考虑外在的环境、条件或后果。例如一个严格遵从《山上训词》的人，在别人打了他的右脸时，他就会将其左脸送上；也因此，即使是他认为是邪恶的事物，他也拒绝去抵抗。反之，一个依据责任伦理行事的人，就会评估可用的手段，衡量当时的情况，计算一下人性无可避免的弱点，考虑到各种会产生的后果。准此，他为手段、缺失与可预见的后果（无论是利或弊）负起责任。对韦伯来说，这两种态度都是正当的，甚至都是值得赞赏的，虽然二者可能因为背后两种极端不同的终极价值而完全对立。因此，个人可以出于一片诚心，选取这两套伦理中的任何一套伦理。然而，科学家不能以学术之名来做这种选择的工作，认为其一是科学的，另一个则不是。因为作为科学家，他根本没有资格在道德抉择的事体上，做出科学性的评断。同样的，在政治或艺术的抉择上，也就是对于和平、社会主义、基督教、民主等事体，他也一样没有资格对抉择做出判定，因为他的专业能力，并不适用于好恶抉择的领域。当然，某人可以科学地研究一种宗教或某种艺术风格，但是，这并不表示他就有权利认定某一宗教或某一风格，比其他的要更具有科学上的妥当性。

在行动的领域里，学术并不是完全无用的。事实上，学者可以提醒一个将要行动的人，他的计划是否周全，以他所拥有的资源，是否可使该计划成功，或警告他可能会有的种种后果。[1] 不过，如果学者不想糟蹋学术，他就只能止于此。选择的问题，只能留给每个人的意志与意识去解决：“一门经验性的科学，并不能教人应该做什么，而只能告诉他**能够**做什么，或在某些情况下，他**想要**做什么。”[2] 如此，价值中立的原则，终于获得其完整的意义。拿

1　同前书，pp.496—497。——原注
2　同前书，p.151。——原注

消极的方面来说，它提醒社会学家不要给人一种错觉，认为他能够处理选择与决定的问题；从而他应该——**作为一个学者**——拒绝过问他的学科力所不逮的问题。在积极方面，它表示每一种学问，包括社会学，皆有其界限；这也就是说，一个科学命题之所以妥当，是因为学术上的理由，而不是因为武力或伦理道德上的正直等外在的因素。学术只有在自己的范围里，才有资格说话，它不能行之于政治、艺术或宗教等评价性的领域中；同理，这些评价性的活动，在学术的领域中，也必须保持缄默。

在这些条件下，我们就较能了解，为什么韦伯会拒斥整体论的马克思主义（totalist Marxism）自命科学的论调。这和韦伯对马克思主义有没有敌意没有关系，因为韦伯是最早将马克思主义引进到大学课程里的人之一，同时，为了维护社会主义派的学者，他也卷入不少争执；他只是不赞成这套学说自命科学的论调罢了。既然马克思主义始终是韦伯学术工作的潜在对手之一，简略分析一下韦伯与马克思之间的关系，似乎会有助益。这个题目，虽然已有勒维特（Karl Löwith）做过研究[1]，但至今仍往往被人忽视。韦伯首先以学术的理由来批评马克思主义，因为“即使就道地的经济现象来说，严格的经济化约论也不够完整透彻”[2]。总之，一个完全集体化的经济体制，必有官僚制过度发展的情况，而导向比在市场经济所见更糟的无政府状态。此外，马克思派社会主义的革

1　K. Löwith, "Max Weber und Karl Marx", *Archiv fü Sozialwissenschaft und Sozialpolitik*, vol.67 (1927). 当我们读到收录在 *Gesammelte Aufsätze zur Soziologie und Sozialpolitik*, pp.482—518 里关于社会主义的演讲，而且思及他并未看到在他身后才出版的马克思作品时，我们可以说，他不但对马克思主义本身，而且对马克思去世之后左派所走向的修正主义与无政府工团主义，都有深刻的了解。——原注

2　Weber, *Wissenschaftslehre*, p.169.——原注

命者，将社会抽象地划分为两个阵营；然而，历史上每一个具体的社会，都是由许多社会阶层所构成，包括无产阶级和资产阶级这两个阵营里的各个不同的阶层在内。在韦伯看来，革命常常可以让知识分子感到亢奋。不过，根据一个像消除异化（disalienation）这样含混的概念，就相信人类可以经由革命而有根本的转变，其实就是以理知的方式，堕入大破之后方能大立（catastrophism）意识形态的陷阱。但是，韦伯最不以为然的，是某些马克思主义知识分子的不宽容；他们深信自己已获知真理，强要那些他们其实在心底深处鄙视的人，接受这真理。在韦伯看来，他们是"信仰的斗士"（warriors for the faith）；因为他们已认定了一个社会的乌托邦，经验对他们已没有影响，所以和他们实在无法进行讨论。事实上，韦伯经常提到他与马克思主义知识分子的面谈，特别是那些在德国的俄国流亡人士；对他们，韦伯只有非常有限的信心，因为他感觉他们更热衷于对权力的追求，而不愿对政治活动所涵盖的各种问题进行反省。

　　我们可以指责韦伯并未一直遵守价值中立的要求。他自己会是第一个承认这点的人。事实上，一个思想家很难避免逾越自己专业的界限，尤其是在演讲的时候。真正说起来，价值中立可说是一种规范学术研究者行为的原则（regulatory principle）（因此便有可能被滥用），而非科学本身的一种构成原则（constitutive principle）。[1] 如果社会学家声称最后要指挥那通常是他能力所不及

1　所谓"规范原则"和"构成原则"，乃是康德哲学的术语。一个非经验性的概念，若在经验的构成中有其直接的参与和作用，它便构成了一个"构成"性的概念；比如说因果原则，在康德的解释下便是一个"构成性"的原则。如果一个非经验性的概念，虽然在经验的构成中没有直接的参与和作用，但它作为一种指导性的原则，给经验的构成指出

的物理学或生物学，这真会是个笑话。但是，这些还都属于学术
的领域内呢！鉴于此，社会学家对于非学术的领域——受意志、
选择、决定统辖的领域——更应该节制和慎重。准此，价值中立
的原则便具有双重的涵义：它不但要求学者对自己学科本身的界
限有所警觉，同时也要注意到学术一般的界限。无所不能者，其
实就是一无所能。

　　一个方向（比如系统性），它便构成了一个"规范性"的原则。

增订版序

钱永祥

　　《学术与政治》的第一版于 1985 年出版，迄今已经六年有余。大概是因为当时正逢所谓的"韦伯热"在台湾流行，所以初版很快便告售罄。几年来，出版者频频要求继续印行上市，偶尔也有新一代的学生抱怨欲读此书却无法觅得。但笔者始终希望一本负责的态度，待初版的编译内容有所改进后，再以修订版的形式与读者见面。惭愧的是，由于笔者疏懒成性，以及个人研究工作的牵掣，修订工作延续了三年之久。这种属于另外一个时空环境的工作效率，在今天的台湾居然有其可能，必须感谢本册的其他译者、本选集的主编康乐先生，以及远流出版公司的王荣文先生和罗丽芳小姐的宽容与耐心。

　　这个修改增订版与初版的不同，大概有下列三方面。

　　首先，我们用施路赫特的《价值中立与责任伦理——韦伯论学术与政治的关系》作为本册导言，取代初版的导言——阿隆的《韦伯论学者与政治家》；阿隆此文现在移作附录。施路赫特这篇文章对韦伯两篇演讲的论证结构有极为细腻深入的分析和重建，并取韦伯的观点与晚近社会理论关于知识与政治实践的一些新反省对观，可望对读者提供较多的帮助。

其次，我们将初版的全部译文，与原文对勘一遍，做了许多修改与润饰，以期在忠实与可读两方面能胜过初版旧译。顾忠华先生曾对原译文提出许多批评和建议，对这次修订工作助益极大。修订过程中，笔者也曾参考马克斯·韦伯著、王容芬译《学术生涯与政治生涯——对大学生的两篇演讲》（北京，1988），以及收在 Peter Lassman & Irving Velody, eds., *Max Weber's 'Science as a Vocasion'* (London, 1989) 中 Michael John 执笔的《学术作为一种志业》的新英译。对照之下，笔者相信，就韦伯的两篇演讲而言，本书在台湾读者较易利用的中英文字版本之列，可能是比较忠实而且比较有用的一个译本。

最后，我们将韦伯的一篇政论小文章《韦伯论帝国总统》，收入本书作为附录，希望让读者浅尝略窥韦伯的论政态度。这篇中译当初在《当代》杂志发表时，笔者曾撰简短的导言，除了说明韦伯晚年论政的局势背景之外，尚企图将韦伯的政治思考方式联系到最近台湾的若干现实政治争议上来。在这样做的时候，这篇导言的某些措词难免暴露急切之情，与本书的编译体例相当不合。不过，几经考虑之后，我们仍将这篇导言照原样收入，借以突显韦伯的政治关怀在今日台湾依然有其鲜活的参考价值。

当然，经过这些修改增补，并不代表本书已经近于理想。数年来，笔者虽然未曾针对韦伯进行专题研究，却仍然利用机会陆续阅读了不少关于韦伯之生平、政治思想，以及师友交谊（特别是他与卢卡奇的关系）的二手著作，深知本书所提供的《韦伯小传》以及《韦伯的政治关怀》何等不足。在翻译方面，一些段落的论证理路仍然不尽明朗清晰，一些关键词眼仍然无法找到较为贴切的中文对等字词。此外，原文中出现的几个典故、人物，也一直未曾找到出处或资料。这些缺陷和疏漏，恐怕要俟诸下一代资源更丰富的学者来弥补了。

　　这个修订版完稿之时，台湾正在内外交迫的困局中呈瘫痪之象；旧的秩序已经崩溃，新的秩序却仍无头绪。经验似乎显示，我们的价值反省能力尚无足以设定新的目标，而我们从事切事政治经营的能力，也不敷摆脱困局、开创新机之需。在这个关头，本应扮演纯粹超导体角色的翻译者，竟敢奢望他的翻译工作可以供这个社会多一个学习的机会，自然不会在意横遭非分托大之讥！

　　　　　　　　　　　　　　　　　　　　1991 年 10 月

译　例

1. 本册各篇文章的出处及译者、修订者姓名，请见各篇之前的说明。

2. 各篇文章中凡以黑体字印出者，皆为原文加重语气之字词或句子。

3. 凡在〔　〕内之字句，皆为原文所无，而由编者或译者添加。

4. 中文书名、论文以《　》示之；外文书名以斜体字示之，论文以"　"示之。

5. 除另有说明者外，注释皆系编译者所附。书中出现之人名，请读者另查本册卷末之人名注释。若干人物、事件、典故、引句难考其详，无法作注，尚请识者指教。

6. 《韦伯传》指 Marianne Weber, *Max Weber. A Biography*, trans. Harry Zohn (New York, 1975)；《经济与社会》指 Max Weber, *Economy and Society. An Outline of Interpretive Sociology*, ed. Guenther Roth & Claus Wittich, 2 vols (Berkeley, 1978)。

7. 基督教《圣经》之经文引录，悉以下列诸中译本为准：思高圣经学会译释，《圣经》（北平，香港，1946—1961）；《圣经》（台湾圣经公会，1983）；意译本圣经会，《今日圣经》（台北，1980）。

学术与政治

价值中立与责任伦理

韦伯论学术与政治的关系

这篇导言，译自 Wolfgang Schluchter, "Wertfreiheit und Verantwortung-sethik: Zum Verhältnis von Wissenschaft und Politik bei Max Weber"（1971），原文见 Wolfgang Schluchter, *Rationalismus der Weltbeherrschung: Studien zu Max Weber*（Frankfurt a. M., 1980），S.41—74，英译收在 Guenther Roth and Wolfgang Schluchter, *Max Weber's Vision of History: Ethics and Methods*（Berkeley, 1979），pp.65—116。中译由钱永祥负责第一、二节，顾忠华负责第三、四节，再由钱永祥略做整理润饰。

原作者施路赫特现任海德堡大学教授，在当前的韦伯研究中，他有许多重要的贡献。顾忠华曾将他数篇关于韦伯的论文译为中文出版，题为《理性化与官僚化》（台北，1986 年）。

一、韦伯两篇演讲的性格

1917 到 1919 年的这段时期，对整个世界、对德国，都是一个在社会方面及政治方面剧烈变动的时期。历史学家有道理称 1917 年是世界史上一个划时代的年份。对德国而言，这一年所下的一些决定，有可能让政治理性在国内国外的万难中走出一条胜利的路。在外交政策方面，和平决议旨在通过谈判而获得和平；在国内政治方面，新近在帝国议会内组成的各党联合委员会（Interfaktionelle Ausschuss），为国会制政府及魏玛联合政府，也即是从帝制到共和的转变，做下了准备工作。[1] 但是在 1918 到 1919 年之交的冬季，政治理性又告倾覆。不错，在威尔逊十四点原则的基础上，欧洲的重组和一次持久的和平，看来是有可能的。但是停战的条件，使得由谈判而获得和平的路径不再有希望。在国内政治方面，随着皇室的崩溃，共和及国会制民主的道路似乎已畅通，特别是政治上的左派，受内部派系斗争所困，在基本的国家体制问题上分裂。在这个戏剧性的时期，韦伯在慕尼黑做了几次演讲。在这些演讲中，他支持经由谈判取得和平，警告大日耳曼运动的危险；他谈学术作为一种志业、德国的政治重建以及政治作为一种志业。和其他的演讲比起来，《学术作为一种志业》和《政

---

1 关于各党联合委员会，见 *Der Interfraktionelle Ausschuss* 1917/18, ed. Erich Matthias and R. Morsey（Düsseldolf, 1959），2 vols.。关于一般的背景，见 Authur Rosenberg 1928 年所作的先驱性研究：*Die Entstehung der Weimarer Republik*（Frankfurt, 1961），及 Erich Eyck, *A History of the Weimar Republic*（Cambridge, 1962），ch.1。第一次世界大战进行到 1916 年底 1917 年初，德国军方仍然主张继续作战，割据土地，求取最后胜利。但民间政治家已知战争形势不利，要求尽快通过谈判达成和平。帝国议会（Reichstag）内于 1917 年 7 月开始形成"各党联合委员会"，由天主教中央党、社会民主党、进步党及国家自由党组成，企图对政局有独立的影响和监督。在这个团体的推动下，帝国议会于 1917 年 7 月 19 日通过"和平议决"，重申通过谈判取得和平的意愿。1918 年 1 月，威尔逊提出了十四点原则，作为谈判的基础，但鲁登道夫元帅坚持继续作战。到了下半年，战事逐渐失利，9 月开始，鲁登道夫准备接受敌人的停战条件，于 10 月辞职，德皇威廉二世也旋即退位流亡。德国于 11 月 11 日签订停战协定。新选出的国民会议于 1919 年初在魏玛召开，成立魏玛联合政府，由社会民主党、中央党、民主党共同组成。但在 5 月间，协约国拒绝了德国的谈判请求，径行提出极为苛刻的割地、赔款、裁军要求，并要求德国承认对战争的责任。德国人民大生反感，认为共和政体、民主及自由派、左派政治家出卖德国，魏玛共和政府此后即未再获得德国人民的支持，终于被纳粹党"合法"推翻。

治作为一种志业》两篇,学院性格比较强。它们的对象主要是学生,是必须要在当时仅现轮廓的一个新的社会及政治秩序中生存的年轻一代[1]。这两次演讲,都是旨在辅导学生认识"精神工作作为一种志业"的一系列演讲的一个部分[2]。主办者挑选了这位未来有可能担任教职[3]的有名学者和评论家,因为他们所关心的,不仅在于狭义的职业问题,也包括在这个社会革命及政治革命时期精神性工作的意义。不过,似乎是故意地,韦伯让他们的期待落空。举个例子来说,他关于政治作为一种志业的演讲,一开始便说明,大家不要期待他会对时下的问题有所评论。尤有甚者,两次演讲的形式和内容似乎都显示,讲者意在贬低时下问题的重要性。韦伯没有做戏剧化的表演,而是谨慎地陈述出长篇的分析。他没有对时下问题做诊断,而是跳过这些问题,在思想史及社会史的领域中,进行牵涉多方面的探讨。他不鼓励在政治上积极行动,而是在自己身边,布下一片消极不可为的气氛。

不过,对这个说法,我们必须加一些说明和限定。首先,演讲的内容和印出来的文章,并不完全一样。对于《政治作为一种志业》这次演讲,韦伯特别不满意;他对其中的论证,进行了程度颇大的修订和扩充。取他的讲稿和最后印出来的定稿对照,便可以看到这一点。再者,我们必须知道,演讲者产生的效果和写作者造成的效果,是不一样的。鉴于现实之无比复杂性,写作者

---

1 请见本书附录一。

2 请见本书附录一。

3 1919 年春,韦伯接受了慕尼黑大学政治经济学 (Staatswirtschaft) 学部的经济学与社会学教授职;这是将近二十年来,他头一次担任教授。到 1920 年 6 月 14 日去世之前,他只讲了两个完整学期的课。关于韦伯和慕尼黑政治、文化及学院界的许多关系,见 M. Rainer Lepsius, "Max Weber in München", *Zeitschrift für soziologie*, 6 (1977): 103—118。

要努力挣扎，找到最"负责任的"措词，演讲者则比较可以随己意发挥。根据时人的见证，韦伯是一个有煽动才能的凌厉演说家，使人想起《旧约》里的先知（对这些先知的演说，他曾在他关于古代犹太教的著作中做动人的描述）。在这两次"学院性"的演讲中，他亦是如此。据雷姆（Rehm）说，这两次演讲使人出神，表现出来的是"演讲者长期以来涵泳斟酌的思考，以爆炸性的力量当场成篇"（鲍姆加腾的话）。

两次演讲中消极不可为的气氛，也有不同的原因。《学术作为一种志业》对近代性（modernity）提出诊断，《政治作为一种志业》则把这诊断应用到德国的政治局面上。此外，韦伯在1917年讨论学术作为一种志业时，他尚期待战争会有可以接受的结局。他期望德国在世界政治中，能继续担当随着1871年帝国建立而必须承担的角色，即使国内和国际的状况已是另一番面貌。但是1919年初，顽固的右派沙文主义和左派的心志政治（Gesinnungspolitik）之间的无耻搭配，使韦伯这个希望大受挫折。尤其是发生在慕尼黑的事态，最原本地显示了国内及国际政治的道德化正在发展的方向——内战、分裂已濒临在即，长久的外国控制和反动势力的兴起将随之而来。在韦伯的眼中，埃思纳（Kurt Eisner）——新闻记者兼文人、比社会民主党还要"左"倾的独立社会党党员、文人圈的代表——正是这种政治浪漫主义的例子，和托勒（Ernst Toller）、缪萨姆（Eric Mühsam）、兰道耶尔（Gustav Landauer）之类的人道主义式的无政府主义者及和平主义者如出一辙。埃思纳在1918年11月7日慕尼黑革命中，已宣布自己是巴伐利亚邦临时政府的首相。在1917年到1918年之间的冬天，埃思纳曾经积极参加罢工运动，而这罢工运动的目标，在于迅速达成和平——

即使这表示德国必须承认战争的责任——以及立即成立共和政府。现在，埃思纳在国内政治中继续这种出于信仰而不顾后果的政策。《政治作为一种志业》批评的对象，便是支持这种心志政治的人，但它也批评共产主义者。后者虽然实际得多，但也一样忽视了政治在道德方面的吊诡。这篇演讲尤其是针对追随这类倾向的年轻人而发；在这一段话中，这一点说得很明白：

> 届此，在座的各位贵宾们，让我们约定，十年之后再来讨论这个问题。很遗憾，我不能不担心，到了那个时候，由于一系列的原因，反动的时期早已开始，你们之中许多人以及——我坦然承认——我自己都在盼望、期待的东西，竟几乎无所实现——也许不能说毫无所成，但至少看起来是太少的成果；到了那一天，如果实情很难免地真是如此，我个人是不会丧志崩溃的；但不容讳言，意识到这种可能性，也是心中一大负担。到了那一天，我非常希望能够再见到你们，看看诸君当中在今天觉得自己是真诚的"心志政治家"、投身在这次不啻一场狂醉的革命中的人，有什么内在方面的"变化"。[1]

这样看来，韦伯似乎是故意想挫伤这年轻一代人对生命的热情。那些把自己看成是一个革命时代的儿女的人，眼中见到的是前所梦想不到的机会，在崇高热情鼓舞之下，想遵循一套心志伦理的规准；韦伯——用西美尔的字眼——说这种人陷在没有结果的亢奋中，连眼下平实的要求都无能达成。不错，这个论定并非适

1　见下面《政治作为一种志业》，p.285。

用于所有的年轻人，或他所有的听众。[1] 韦伯似乎采取了一种防御性的策略，以躲开演讲者和听众所处的局面可能产生的要求。韦伯知道，一个渴求意义的时代，会要求有先知和预言。但是他不是这种先知。他采取的角色是学者和教师，而学者和教师，对于眼下的事件，没有什么话可以说。

对于世界提出一套诠释，是韦伯的听众强烈需要的；韦伯没有满足他们这个需求。[2] 这是我们头一个印象。但是，这两篇演讲虽然极为冷静，其中仍然洋溢着悲情（pathos）。许多段落听起来像是呼求。演讲者在向我们呼唤时，没有说该做的是什么，但是很清楚地，他想指出什么不该做。这种反面的坚持，让两篇演讲保有一种其表面的立场似乎正好不容存在的性质——它们乃是**政治**性的演讲。不过，这两篇演讲之为政治性的演讲，意思比一篇

---

1 在心志纯洁的人和自以为具有纯洁心志的人之间，韦伯有所区别。试验一个人是否真有纯洁的心志，要看这个人在面对因为故意忽视行动的后果而造成的结果时，是否能够坚持自己的立场。一个人想要当先知，却因为世界的无理性而失败，就必须能够承担失败而不丧志崩溃；他必准备为道殉身。韦伯愿意承认，卢森堡和李卜克内西比别的人有这种坚毅的性格，虽然对于这两个人的群众动员策略和他们的"街头政治"，韦伯严厉地拒绝。参见 Lepsius，前引文，pp.106 ff，特别是 p.108。

2 韦伯用比较性的分析和理想型的建构，去疏离他的听众；这种特意的技巧产生的效果，霍克海默（Max Horkheimer）曾提出亲身的见证。在韦伯于 1919 年讲授"社会之科学最一般性的范畴"时，霍克海默去听韦伯对苏维埃制度的分析，期待在时局和政治上的出路及可能性上得到一些指导原则。"演讲厅水泄不通，但大家都深感失望。我们想听的是不仅在其陈述问题的方式上，并且在其每一步骤上，都受到以理性重建未来这念头指导的理论思考和分析。然而有两个小时或更久，我们只听到对俄国体制作谨慎斟酌的界定、智巧构思出来的理想型，以供分析苏维埃制度之用。一切都是如此精确，如此具有科学上的严格性，如此价值中立，结果我们很难过地回家。"Otto Stammer, ed., *Max Weber and Sociology Today*（Oxford，1971），p.51. 不过，这种有疏离效果的方法，是一种"来自踏实态度的英雄精神"的一个部分，自有其引人的力量；这是对卡费尔（Jörg von Kapher）的证词（见《韦伯传》，p.662 f 的引录）。韦伯自己形容他的上课方式："我故意用非常抽象、纯粹概念式的方式讲课。"上引书，p.664。

对一般政治问题的评论之为政治性来得深重。韦伯把提供给他的主题，当成原则性的问题来处理；他把他的主题从其一时性的脉络中移出，而用它们来界定当代的思想局面。他对时事保持距离，借着历史性的比较，使时事显得疏离；这显示他的意图是要处理当代的一个根本问题，以进而疏解当时政治乱局的意蕴。

我们必须简短地证明这个说法。如果我们穿透这两篇演讲的外在形式，接触到韦伯的推理在底层的结构，我们可以为我们的说法找到头一个根据。不论演讲者容许自己离题多远，他遵循着一个严格的架构；在两篇演讲中，这个架构都是一样的。首先，他讨论外在的条件，也就是让学术和政治两种志业成为可能的制度方面的态势。然后，他开始讨论这两种志业对个人施加的要求。这个题目有两个层面：在一种涉及结构的"客观"角度来看，学者及政治家的角色，以及在一种主观的意义之下意义这个问题。这整个题目，进一步转化成对于作为一种志业的学术和政治本身的讨论。显然，韦伯想要表达这样一个论点：在不考虑制度方面的脉络的情况下，个人固然无法了解他的职业角色的"意义"；制度的"意义"，也只有在考虑到这些制度的一般性社会脉络时，才能够被了解。

但这尚不是全貌。韦伯不仅想显示这样的主题需要我们做社会学的分析，他更想清楚地指出，决定学术和政治的功能，乃是现代最重要的唯一问题。既然近代历史在思想方面最具意义的事件，是世界的除魅、理知化和理性化，关于学术及政治之角色的问题，直接影响到近代世界的意义这个问题。科学知识散布了一项信念:"在原则上,通过计算,我们可以支配万物"[1],从而打破了诸般救赎宗教对提供意义这个功能的垄断。学术和政治似乎已取代了宗教的地位。它们是否必须把宗教的特殊功能也接收过来呢?毕竟,一个已经不见宗教垄断的社会,依然需要意义。已除魅的世界,依然提出意义的问题。让学术和政治这两种支配性的力量,来负责解决意义的问题,岂不是最显然的想法?这两者岂不该成为唯一道地的志业,尤其是当这个已除魅的世界正进入一个革命的时期,如德国然?在这种局面下,昔日投注在灵视者和先知——这些配发圣礼和天启的人——身上的期待,会转移到学者和政治家身上,岂不是很容易了解的事?最重要的是,如果学者和政治家愿意接受这种转移,岂有可怪之处?在提出这些问题的时候,韦伯同时回答了除魅后的世界的"意义"这个问题。

这项基本的关联,让我们清楚地看出,这两篇演讲,不仅在组织上根据相同的架构,它们所处理的也是同一个主题。问题是学术及政治是否能成为一种志业;在除魅后的状况下,对世界有所知和对世界采取行动之间的统一,是否能在学术中或在政治中实现。学术和政治并非被分开来个别讨论,而是从两者之间的关系来考虑。在探讨知识本身的限制时,韦伯同时也讨论到了学术和政治的关系;而在提出政治行动的限制时,他也结合了政治和学术。无疑,韦伯对头一个角度比较注意。如果你要这么说,那么这是他对学术和政治之间关系所做的分析的缺陷之一。不过,如果我们把这两篇演讲从它们系统的统一性上来了解,这个缺陷就不那么严重了。

1　《学术作为一种志业》,本书 p.176。

把两篇演讲看成一个统一的整体，便是我要运用的一种诠释方法，以求根据这两篇演讲有系统地厘清学术与政治的关系。[1] 我要采取的另外一条诠释途径，就是把演讲中交错在一起的两个论证层次分辨开来。这两个层次，我们可以分别称之为方法论—伦理的层次以及制度的层次。在两篇演讲里，韦伯从方法论及伦理的角度处理他的主题，已无强调之必要。诸如价值中立、价值参照（Wertbeziehung）、价值探讨（Wertdiskussion），乃至于心志伦理、责任伦理等概念，莫不取自知识论和伦理学的武器库。但是韦伯尚在制度层面进行论证，就没那么容易看出来了。他对当代的社会学分析，我们曾经提及。不过，韦伯对狭义的社会学问题，尚有从另一个角度而来的兴趣。在学术和政治两个领域的内部以及两个领域之间实际存在且应该存在的"社会关系之层面"，也在他的注意力范围之内。这个说法或许有突兀之感，因为韦伯并没有处理到价值系统及其制度化；充其量，他谈的是学术的"人格"与政治的"人格"。他列出了学者和政治家必须具备哪些特质，方能取学术或政治为志业。但是此举有深一层的用意，不可泛泛观之。在韦伯的分析中，人格这个概念有双重的意义，分别相当于上面所说的两个层次。一方面，韦伯在一种方法论—伦理的意义下使用

1　除了两篇演讲以外，我们还需参考 "The Meaning of 'Ethical Neurrality' in Sociology and Economics"，"Parliament and Government in a Reconstructed Germany: A Contribution to the Political Critique of Officialdom and Party Politics"，见《经济与社会》附录 II，以及 "Wahlrecht und Denokratie in Deutschland"，收在 *Gesammelte Polictische Schrcften*，4. Aufl.（以上下简写为 PS），S. 245ff.。关于这些著作之间的关系，请参见《韦伯传》。

　　第一篇论文（初稿可溯至 1913 年）系方法论—伦理层次上的思考，特别可与《学术作为一种志业》并观（玛丽安娜·韦伯指出过这一点）；另外两篇文章，则处理制度层次的问题。

"人格"一词。这时候,他所谓的"人格",谈的是"它与某些终极'价值'及生命'意义'的内在关系之恒常不渝","这些价值与意义进而表现为目的,并从而形成依目的而言合理的行为"[1]。因为人可以在这个意义下被建构成人格,诠释社会学遂可以借着构作目的理性式的架构诠释人类的行为。[2] 人格这种**在概念上设定**的恒常性,乃是诠释社会学的一项先然预设(transzendentale Voraussetzung)。[3] 人**应该**实现这种恒常性,正是韦伯伦理的实质内容。不过,在这个方法论—伦理性的人格概念之外,另有一个社会学意义下的人格概念从开始便与之并列。这个意义下的人格指的是行为定型(Verhalten Stereotypisierung)造成的结果,从个别价值系统的性格及其在社会中制度化的形态共同导出。价值系统所产生的诸般刺激作用,对行动具有心理动力的意义,韦伯列入了考虑。[4] 人之所以能够**在经验层面上**与价值及生命意义产生某种恒常不渝的特定关系,所赖唯此途径。因此,在韦伯谈学者与政治家的"人格"时,学术与政治各自的制度化了的价值系统也在他的心目之中。有见于这些考虑,根据这两篇演讲系统地诠释他对这两种活动之间关系的看法,就必须不仅考虑到这两篇演讲的互补关系,更要考虑到在

1　见 Weber, *Roscher and Knies: The Logical Problems of Historical Economics*, Guy Oakes, trans. (New York: Free Press, 1975),p.192。

2　在上引书中,韦伯这样说:"'可诠释性'表示了更上一层的'可计算性',比不'可诠释'的自然过程尤胜一筹。"见 p.127。

3　在 "Objectivity in Social Science and Social Policy"(*Methodlolgy*, p.81)中,韦伯指出"任何文化学科的先然预设均在于我们乃是文化人,具备了能力与意志去有意识地对世界采取立场,并赋予它意义"。我相信,这个说法与上述意义下的人格概念有所关联。类似的解释见 Dieter Henrich, *Die Eidheitder Wissenschaftslehre Max Weber*, (Tübingen: Mohr, 1952),S.82f.。

4　参见 Reinhard Bendix 在 Stammer 前引书(p.158)中的论点。

方法论—伦理层次上的分析与在制度层次上的分析有什么关联。[1]

　　这样一套诠释所获得的结果，该用什么参考架构来排比组织，也是我们要考虑的问题。我拟采用的，是哈贝马斯（Jürgen Habermas）整理出来的三套关于学术与政治之间关系的最重要观点，即决断论、科技行政及实践论三种模型。[2]照他的说法，决断论模式以政治领袖和官僚之间的截然分工为基础。具有强烈意志、有能力自行采取立场的领袖，善用具备了事实信息且受过专业训练的官僚之服务，至于公民，只能对在技术上正确地执行了的领袖之主观决定表示赞同（zu akklamieren）。[3]对比之下，在科技行政的模型里，非理性的决定乃是多余的。决策之前提在决策的过程中会自行成形；它们受技术可行性的支配，对技术可行性本身却无置喙余地；〔政治〕领导遂变成了〔行政〕管理。政治参与甚至说不上是由民意来直接表达赞同，而是完全沦为接受技术上的必要。[4]至于实践论的模型，既不怀疑就技术与实践决策之间关系进行理性探讨的可能性，进行讨论的公共领域也未遭抹杀。相反，在学术与公众意见之间进行持续沟通，殆为一种公认的必要，进而促成政治的公共领域之组成；在这样的公共领域中，技术性的知识与方法可以和依附于传统的自我意识产生开通的互动。在这种观点下，实践的问题可以转变成学术的问题，而这些学术的问

1　Henrich 与 Parsoss 在 1964 年海德堡社会学大学提出的说法，借此或可获得整合（见 Stammer 前引书 pp.27ff. 与 66ff.）。

2　Jürgen Habermas, "The Scientization of Polictics and Public Opinion," *Toward a Rational Society*, tr. J. J. Shapiro（Boston：Beacon Press, 1970），pp.62ff.

3　上引书，p.63。

4　上引书，p.64f. 哈贝马斯提到，这个模型有一种类型认为最后仍有一个核心无法理性化，构成了决断的适用对象。

题一旦获得厘清，又可以以学术信息的形式，回馈给具备了了解
能力的公共领域。照哈贝马斯的说法，唯有赖这个模型，民主制
度方能如愿以对共同体有利的方式统合知识、技术和实践[1]。

采取这个途径的用意，可以分两方面来说。第一，韦伯的观
点被列为决断论的模式。第二，哈贝马斯对三个模型的描绘，兼
顾了方法论—伦理的论证层次和制度方面的论证层次。因此，哈贝
马斯将韦伯归入决断论是否正确，也应该分别从方法论—伦理的层
面以及制度的层面来考察。就前一个层面而言，应该厘清的问题
是：韦伯是把学术局限在具有技术价值的知识之生产呢，抑或在
此之外，他尚赋予学术另一项任务，就是去考察社会之依附于传
统的自我意识，"通过这种自我意识，需要被诠释成为目标，目标
则被凝聚（hypostasiert）变成价值"？[2] 就后一个层面而言，应该
厘清的问题则是：韦伯是主张学术与政治的全然分工吗？抑或他
心中所想的是学术与政治在功能上的分化[3]，从而相歧的价值取向可
以各得其所，同时借着制度化了的沟通，展开目标与手段之间的
相互修正？一旦这两个问题获得厘清，一个较大的问题也就得到

---

1 上引书 pp.68—69。

2 上引书 p.74。

3 在我看来，到目前为止的许多解释有一个共同的缺失，就是把韦伯关于理论与实践之
间关系的理论模型，用行政管理与政治领导之间的制度性关系来表达。这种做法并不意
外，因为韦伯把学者和官吏一样看作是专家。不过，我将设法显示，韦伯根据专业能力
之不同性质，在学者与官吏之间有所分辨，从而这两种人与政治的关系也需做不同的界
定。Parsons 在他那个有名的脚注中，指责韦伯关于官僚的概念将技术能力与法定职权
混为一谈，忽略了专业技术能力乃是一种独立的权威来源，从而他的社会学未能考虑
到"专业"（Profession）这个重要现象。见 Max Weber, *The Theory of Social and Economic
Organization*, ed. With an Introduction by Talcott Parsons（Glencoe: Free Press, 1947）p.58ff,
n.4。Heinz Hartmann 在他的 *Funktionale Autorität*（Stuttgart: Enke, 1964）中，将 Parsons
的想法再行扩充，重新建构韦伯的支配社会学，见该书 S.7ff。

了答案：韦伯的意图，是相对于没有方向的决断论以及没有意义地扩建一个在技术上完美的铁制牢笼，找到另外一条在理论上严密、在制度上可行的路——他这个意图成功了吗？[1] 韦伯志向在此，殊无疑问。对他来说，把技术上完美的管理与对公民提供满意照顾当成最高、最终极价值的官僚支配，和只顾权力的权力政治一样，都是可怕的[2]。但是他有没有实现此志，尚待我们来判断。

二、价值中立与责任伦理作为方法论及伦理的范畴

韦伯是否认为学术这种志业的满足与实现，在于对生活实际问题的技术性反省考察，抑或他从方法论—伦理的观点出发，超越了这种看法？[3] 要厘清这个问题，需要简洁地重建他在《学术作为一种志业》里的思考过程。他先浮光掠影地叙述了德国大学在结

1　Henrich 曾企图证明，韦伯可以达成这个目标；参见他在 Stammer 前引书中的讨论，pp.66ff.。不过更流行的意见是认为韦伯受制于他的"两橛理性观"（这是 Habermas 的用语），无法解说其中困难。本来相互对立的学者，在这个意见上却相当一致（例如 Herbert Marcuse 和 Leo Strauss）。参见 Leo Strauss, *Natural Right and History* (Chicago: University of Chicago Press, 1953)，Ch. Ⅱ，以及 Herbert Marcuse 的 "Industrialization and Capitalism"，收在 Stammer 前引书 pp.133—151；修订稿见 Herbert Marcuse, *Negations* (Boston: Beacon Press, 1968)，pp.201—226。

2　参见 Weber 的 "The Meaning of 'Ethical Neutrality'"，p.46，以及 "Parliament and Government"，《经济与社会》附录Ⅱ，p.1402。

3　这样问，并不代表一门纯以对生活实际问题之技术性反省考察为目的的学问，便是没有"价值"的。相反，技术性的反省考察，实际上要比通常的印象来得更为麻烦。诚然，从逻辑观点视之，技术只是定律性假说纯属形式的变化 (tautological transformations of nomological hypothese)，但发现这些技术，需要"大量的建设性技术狂想"。因为科技以及学术提供了技术方面的指南，故纯从其服务功能来看科技及学术的人，并未计及这一点。这个事态，Hans Albert 曾特别指出。见 Hans Albert, *Plädoyer für kritischen Rationalismus* (Munich: Piper, 1971)，S.45ff.，以及 *Marktsoziologie und Entscheidungslogik* (Neuwied: Luchterhand, 1967)，S.157ff.。

构上的改变，对学者生涯在物质方面和精神方面的冒险做了一些相当隽语式的说明；然后，他直入他的中心问题：学术在促进技术的进步时，是否找到了自己的意义？[1]

如果要按照这个问题，去探讨学术对于"人的整体生命"[2]所具有的价值，我们不仅必须反省人的"整体生命"，还必须对人的"意义"之为何物有所掌握。因为唯有在技术的进步为这"意义"服务时，促进技术的进步对于学术才有构成意义的功能；只有在这种情况下，我们才能说"学术工作得出的成果，有其重要性，亦即有'知道的价值'"[3]。

要确定人的意义为何，并将之变成学术的构成成分，有两种可能的途径。或者，学术凭借本身的资源去认定，或则，另外一种"权威"来把人的这种意义定为学术的必然成素，而当然，在这样做的时候，不可以威胁到学术本身的性格。韦伯宣称，第一条路已经行不通。过去尝试把学术提升为解读意义工具的努力已多，韦伯历数它们破灭了的期望。学术不能为我们指引通往真实存在之路、通往真实上帝之路、通往真实自然之路、通往真实艺术之路，或是通往真实幸福之路。[4]基本上，学术唯有作为经验知识，方有成果可言。但要成为经验科学，它必须有意识地断念于提供意义。

---

1 我特意用技术之进步这个概念，取代理性化之概念。韦伯心目中的理性化有不同种类，包括了主观言之正确的理性化及客观言之正确的理性化。技术进步指的乃是行动化客观意义下的正确（也就是说因果关系，定律性的知识之适用）有所增加。参见 Weber, "The Meaning of 'Ethical Neutrality'", p.38。

2 《学术作为一种志业》，p.177。以下引《学术作为一种志业》及《政治作为一种志业》两篇演讲时，将径以《学术》及《政治》代表，页码即为本书页码。

3 《学术》，p.182。

4 《学术》，p.180—181。

它之所以能够增加它的成果价值（Erfolgswert），是因为牺牲了它的心志价值（Gesinnungswert）。[1]学术的两难局面在此。据韦伯的看法，学术看来不可能凭自己的力量来解决这个困局。

这引起了一个问题：谁来取代学术的位置提供意义？首先出头的，是一个一直在配发意义的"权威"——救赎宗教。可是救赎宗教必然会与近代学术的理性标准产生冲突。在两个层面上，救赎宗教完全无法公平对待经验性学术的知识：它会强迫这种知识割舍其本身的历史，同时限制其内在的进步。学术若是有意识地以宗教为基础，它会变成神学，而神学则自足于一种"对神圣之事物在理知上的合理化"[2]。这样的学术仅有心志价值，但没有成果价值。其实，学术面临的上述困局，根本是无法解决的。这个情形主要来自一个原因：在除魅后的世界里，"一统的"基督教价值宇宙业已分崩离析，散为一种新的多神论。[3]因此，围绕着基督教理念而整合起来的价值世界，也告崩解：无论是个别的价值秩序（Wertordnungen），或是不同的价值领域（Wertsphären），都处在不可解消的冲突中。[4]其结果不是和谐共存的价值多元论，而是价值的冲突，各极展开一如"'神'与'魔'之间"的"无从调停

---

1 照韦伯的看法，一切行动，乃至于一切行动系统，均设定了其心志价值以及其成果价值。这两种价值之间的关系应该如何界定，涉及了个人终极立场的选择。成果价值关心的是实现的可能（Realisierbarkeit），也就是说必须配合已知的定律性知识。学术提供了这种知识，让当事人能循较为可行的途径去追求所设定的目标。不过，学术本身身为一套行为系统，亦有其心志价值和成果价值两方面的考虑。从这个角度来看，学术也是 Luhmann 所设的反思机制（reflexiver Mechanismus）。这方面，参见韦伯 "The Meaning of 'Ethical Neutrality'", p.24; Niklas Luhmann, "Reflexive Mechanismen", *Soziale Welt*, 17 (1966), S.1ff.。

2 《学术》, p.196—197。

3 "The Meaning of 'Ethical Neutrality'", p.17.

4 在我看来，价值秩序与价值领域应加以区分。价值秩序指的是各种"意识形态"，将整个价值领域整合为一个"一贯"的整体。韦伯所设的价值领域则是指伦理、政治，等等。

的死战”[1]。在这种情况下，学术的意义这个问题，看来已无法有定论了。既然生命的意义可以有不同的面貌，学术岂会有一种必须接受的意义？学术可以有丰硕的成果，但它必定是“没有意义的”（gesinnungslos）。

对这个消极的答案，韦伯是否俯首接受？我不认为如此。他广为人知的价值中立设准，不只有一个中心的意义，而是有双重的意义。他之要求一种不涉及价值的经验科学，在一方面关联到让“有成果的”经验科学在一个价值冲突的世界里**成为可能**[2]；但在另一方面，这种要求也关联到让“有成果的”经验科学知识成为可欲[3]。经验科学应该受到保障，不要受到价值秩序之间无可解消的斗争之骚扰，因为一种在这个意义上独立的学问，自有某种价值。这不啻是说，一门“不涉及价值”的经验科学，本身便是一项值得捍卫的价值，这种学问本身便是“有价值的”（wertvoll）。正因为它是如此，因为它“具有一种在客观上有价值的‘使命’（Beruf）”，它才能够在当今的局面之下公开成为“一个人的‘志业’（Beruf）”。[4]

乍见之下，这种诠释似乎有过头之弊。因为韦伯曾再三强调，学术诚然不是没有预设的，但是这些使学术具有价值的预设，乃是主观认定的对象。肯定这些预设的人，获得了一项志业；对这

1　"The Meaning of 'Ethical Neutrality'", p.17.

2　韦伯本人不遗余力地强调，免于价值判断（Wertfredheit）非但不等于不做价值认定（Wertungslosigkeit），更不是说价值之阙如（Wertlosigkeit）。参见 Hans Albert, *Trakta tuber kritische Vernunft* (Tübingen: Mohr, 1968), S.62ff.。

3　韦伯的免于价值判断观点不仅为方法论的原则，早已为人所知。特别请见 Karl Löwith, *Max Weber and Karl Marx* (London: Unwin, 1982)。这本名著初版于 1932 年。晚近 Ernst Topitsch 也提出同样论点，见他在 Stammer 前引书中的论文（pp.8—26）。

4　《学术》，p.194。

些预设不在乎的人，则或许只是有了一项职业，既然他不能为了学术而活，这件职业仍可以让他依赖学术而活[1]。这绝不是说，这样的人不能称职地来从事这项职业。相反，一个人可以是优秀的学者，却不赋予这种活动任何崇高的"意义"。不过，我们讨论的不是现实的职业问题，而是精神工作的意义；后面这个问题，联系到了学术研究工作的存在理由。

在这里，出现了一个出人意外的关联。韦伯对世界的除魅之特定的转折历程提出诊断，目的即在证明学术工作的存在理由。韦伯说到"我们的历史处境的一项既成事实，无所遁避，而只要我们忠于自己，亦无从摆脱"[2]，他说到"我们文化的命运"[3]，我们必须接受。这些当然都是主观的立场选择，不过这些话所要表达的不止于此。它们尚宣称这些在性格上乃是**有根据**的立场选择。

前面我们提到过这篇演讲有其政治核心；在这里，这个核心表现出来了。对那种"有'人格'色彩的**教授先知**"，韦伯嘲讽有加，并且用这篇演讲的形式和内容无情揭发[4]；但韦伯要如何不陷入这类人物的窠臼，反能为他的立场选择找到立论根据？既然韦伯的立场选择与先知型教授不同，靠的乃是这种根据，那么这个根据究竟在何处？既然一切的意义赋予均已沦为主观的，韦伯的立场要如何达到客观性？要厘清这些问题，我们必须比较深入地分析韦伯这篇演讲一直在关注的一个关系：救赎宗教与近代学术之间的

---

1 这两个概念，韦伯主要以政治家为应用对象。他曾区分为了政治而活的政治家和依赖政治而活的政治家，见《政治》，pp.216—218。

2 《学术》，p.195。

3 《学术》，p.190。

4 参见"The Meaning of 'Ethical Neutrality'"，p.4。

关系。通过这方面的分析，韦伯的立场选择所根据的基础可望展现无遗。

韦伯断言，在今天的条件下，具有积极宗教性的人必须做到"宗教行家这种'牺牲理知'的成就"[1]；这种人"对于我们时代的这种命运……无法坚毅承担"[2]。从事学术似乎可以让我们的生命和理性化之后的世界的状况取得和谐，宗教却使这样的生活成为不可能。这个说法，根据韦伯本人关于价值世界之结构的看法而言，似乎是有问题的。宗教行为与任何行为一样，有其必要的预设；这些预设必须受到信仰，行为才能取得"意义"。自然科学、医学、人文学科（Kulturwissenschaften），各有其预设：去支配世界、去维系生命、去认识文明人的来历，等等。这些学问在特定的活动领域中达成了理性化；只有在我们接受了上述预设的情况下，这种理性化的成就才是"有价值的"。就宗教以及将宗教理性化的学问——神学——而言，也显然有同样的情况。若是有人决定接受宗教的预设，他们的行动所遵循的规范，与其他价值领域及行动领域的规范会发生不可解消的冲突。不过，这个主张，并不意味着某项预设的价值逊于其他预设。照韦伯的理论前提，"贬抑"宗教行为的人，难脱放纵私人成见之嫌。[3]

但是韦伯仍然企图证明，设定价值的工作（Wertungen），有合于时代的，也有脱离时代的，端视它们提出何种论据。因此，在他看来，我们可以指出，具有积极宗教性的人不可能是"当代人"。

1　《学术》，p.198。

2　《学术》，p.200。

3　在韦伯的评价中，要求人牺牲理知的宗教心态，地位犹高于因循常规而以妥协为旨的相对之义，也高于他的同事们的讲坛先知行径。

与科学相反，神学在它那些始终必要的预设之外，"为了己身的任务，亦即为了给己身的存在寻找道理和依据，又添加了几个特定的预设"[1]。神学不仅预设世界必定具有某种意义，还预设这种意义在某些具有救赎用意的事态中昭然若揭。在此，"不是一种寻常了解的意义下的'知识'，而是一种'拥有'"[2]，构成了理知上理性化的条件。神学与科学的分别，不在于有所信，而是在于所信的内容促成了积极的信仰。

这是什么意思呢？既然人必须肯定自己所信的，信仰在这个意义上岂非始终是积极的吗？如果韦伯在"宗教性"之前加上"积极的"一词，用意不只是重复强调，那么他的意思显然是这样的：有一些预设，对认识与行动的运作空间有限制作用，另一些预设，对认识与行动的运作空间则有扩展效果，端视居于主导地位的是确定性原则抑是不确定原则。[3]一切宗教的预设，均在于同时对"客观言之正确"的知识及主观的决定有所限制。[4]知识被限制在将救赎理性化，决定则化约为献身皈依。如此，无论是一个价值多神论世界的状况，或是一个按照客观言之正确的观点理性化的社会，宗教均无法与之调和。宗教必须从世界转头而去。韦伯之所以"排斥"（Ablehnung）宗教态度，根据在于这种结果。[5]不过，韦伯如

---

1 《学术》，p.197。

2 《学术》，p.197。

3 参见 Ralf Dahrendorf, "Ungewissheit, Wissenschaft und Demokratie", *Konflikt und Freiheit* (Munich: Piper, 1972), Ch.14。

4 韦伯本人在主观言之正确的行动与客观言之正确的行动之间加以区分，我在此的说法即以韦伯这个分辨为基础。任何一件正确的行动，都必须奠基在一套具有指引功能（informativ）的理论上。

5 在韦伯的"评价"中宗教态度与时代不合，当然不表示韦伯身为学者会低估宗教取向的社会意义和影响，也不表示韦伯本人轻视态度一以贯之的宗教人。他这种评价并非某种

果是在这个意义上比较宗教态度和学术态度的价值，他岂不是简单地用对科学的信仰取代宗教信仰吗？传布科技专政意识，让工业社会借这种意识形态为背景不仅成为可能，并且成长壮大，岂不就正是科学的"使命"(Beruf) 所在？[1] 显然，倘使韦伯要排除这种误解，他就必须说清楚，关于意义的终极抉择，虽借助于学术，却非由学术来决定的。事实上，他做到了这一点。学术一方面使决定所需的空间成为可能，又对它形成限制，正好显示了学术的意义何在。学术使这种空间成为可能，是因为它在运用价值中立原则的时候，把决定转移到主观的领域。它有限制的作用，是因

(接上页注) 反宗教或无宗教基本心态的外发表现；相反，它乃是对"现代"进行文化史诊断后得到的结果。至少对于有心在这个"现代"中清醒而活的人来说，韦伯的这套诊断不可等闲视之。韦伯写给 Ferdinand Tönnies 的一封信，深刻地显示了韦伯的立场是何等明确而又错综复杂。

"……当各种宗教陈述经验事实，或是陈述某种'超自然物'对经验事实的因果性作用时，它们必定会与学术真理冲突，殆属不争之论。不过，数年前我在罗马研读近代天主教文献之际，却发现不必奢望有所谓某种学术的某项成果是这个教会无法消化的。我们的自然观和历史观所产生的实际影响，发挥了稳定缓慢的作用之后，或许可令这个教会力量逐渐退隐（只要 Ernst Haeckel 之辈蠢人不要再搅局），但任何以'形而上学的'自然主义为本的反教会立场，均无法实现这个目的。这种反教会立场，我本人在主观上便无法坦然接受。不错，我完全缺乏宗教共鸣，同时也没有需要和能耐在心中建立任何宗教性的灵魂'堡垒'——这条路对我行不通，我对它也完全排斥。但经过仔细反省，我发现自己既非反宗教，也不是无宗教 (irreligiös)。在这方面，我觉得自己有所残缺，是个发育不全的人，其命运便是诚实地承认这个事实，承认自己必须在这个条件下自处（以免堕入某种浪漫骗局的蛊惑）。我如一棵椿树，有时候虽然仍有新芽冒出，但我不可以伪装自己是一棵枝叶繁茂的大树。"

"这个态度的意义甚为重大：对你而言，一个自由派神学家（无论天主教或新教），身为骑墙派的典型代表，必然遭你深恶痛绝；但对我而言，从人性的角度来看，他的有价值和有趣程度（当然，这要看情况——我可能发现他真的不一致、混乱，等等，这不足为奇）远远超过了自然主义的理知（其实就是廉价）法利赛作风。这种作风，目前普遍到了不堪忍受的地步，可是其中（当然，这也要看情况）包含的生命力，却比上述神学家少得多。"引自 Eduard Baumgarten, *Max Weber: Werk und Person* (Tübingen: Mohr, 1964), S.670。

1 参见 Jürgen Haberman 前引文（见 p.121 注 2）pp.81ff.。

为它陈述了做决定的人必须接受的限制性条件。这类条件来自今天任何决定都会涉及的风险。基本上，这种风险有二：每个决定，都对当事人个人有影响，影响到他"灵魂的救赎"[1]，同时又对周遭的社会有影响。学术能使人对这两方面的风险有所知：价值探讨说明前者，成功几率及附带后果的预测则说明后者。学术的"意义"即在此："在今天，学术是一种按照专业原则来经营的'志业'，其目的，在于获得自我的清明及认识事态之间的相互关联。"[2]

学术在这样的了解之下，既属于现世，但同时又对现世保持批判的距离。它属于现世，因为当它区别开认识世界和影响世界（Weltgestaltung）时，即表示它已将理性化过程列入考虑；但它对世界尚保持批判的距离，因为它把借理性化过程祛除一切牵挂的自主决断行为，重新结合到自我的清明及对事实的认识之上。这种情况下，赋予学术的任务，超过了协助主观决断过程的服务性功能。一切行动，特别是政治行动，均必须承受学术用价值探讨施加的骚扰，面对学术指出来的不愉快的事实而进行修正。除魅后的世界至少必须服从学术所倡导的一个原则："应为"的条件之一为"能为"（Sollen impliziert Können）。[3]

---

1 《政治》，p.282。

2 《学术》，p.195。

3 关于这个问题，参见 Hans Albert, *Traktat über kritische Vernunft*（见 p.126 注 2），S.76。Albert 以批判的态度继承韦伯，获得了这个结论。

　　对韦伯而言，价值探讨并非深奥晦涩、远离实践、纯粹"学院性"的一回事。他在一封信里的话，显示了这一点："基于长期的经验，加上原则性的信念，我采取了这样一个看法：一个人唯有面对明确具体、攸关无比重大的问题并有所因应，从而让他的所谓'终极'立场受到考验，他才能弄清楚自己真正要什么。"引自 Eduard Baumgarten, *Max Weber: Werk und Person*, S.535f.。由此可见，价值探讨让人面对现实，而不是远离现实。附带一提：Baumgarten 在一篇运用价值探讨方法的慧心之作里，曾利用这段话，比较韦伯与雅斯贝尔斯思想的不同关怀取向。见 Eduard Baumgarten, "Für und wider das radikale Böse",

　　这个说法，似乎与韦伯的不少想法相抵触。韦伯不仅再三主张，一个决定所欲成就的目标是否能够实现，对这个决定的品质并无影响[1]；在以价值中立为主题的那篇文章中，以及在《政治作为一种志业》的演讲里，他还讨论到了心志伦理和责任伦理的相反要求。这两种伦理的分别，正好在于它们对"能为"（Können）的评价方式不同。[2] 信奉责任伦理的人，考虑他的行动之后果的价值（Erfolgswert），从而将行动获得实现的机会以及结果一并列入考虑；接受心志伦理的人，关心的却只是信念本身，完全独立于一切关于后果的计算。信奉心志伦理的人，志在一次又一次去鼓旺"纯洁意念的火焰"，他们追求的行动是全然"非理性的……这类行动的价值，只能在于并且也只应该在于一点：这个行动，乃是表现这种心志的一个楷模"[3]。不仅如此，韦伯甚至断言，唯有同时遵行两种伦理的人，才是能有"从事政治之使命"的人。尽管这两种伦理的要求互相抵触，但是没有政治家可以只信奉责任伦理。总是会有一些情境出现，政治家在其中必须遵循他的信念，后果则是委诸上帝。[4] 我们如果同意上面提出来的诠释，显然必须对韦伯的这些说法表示怀疑。

　　在这里，我们搭起了通往韦伯第二篇演讲的桥梁。在《政治

（接上页注）收在 Paul Schilpp, Hrsg., *Karl Jaspers, Philosophen des 20.Jahrhunderts*, S.324ff., S.348（注）。

1　在 "The Meaning of 'Ethical Neutrality'", p.24，韦伯明白否认政治单纯指"达成可能之事的艺术"（Kunst des Möglichen）。在同一页他补充道："毕竟，我们文化中的诸项特质，并不是昔日儒家官僚道德那样一套真正一贯的'向可能之事调适（Anpassusg）'的伦理所塑造出来的；即使我们之间有许多争议，但这些特质我们大概主观上均颇为欣赏。"

2　《政治》，p.271 ff；《学术》，p.189。

3　《政治》，p.274。

4　《政治》，p.284—285。

作为一种志业》中，韦伯同样地先考察到目前为止政治足以作为一种职业（Beruf）来从事的诸般外在条件，讨论政治家必须具备的特质，然后再把我们带到他的中心问题上。这个中心问题问的是："在人生的整体道德安排中"，政治本身能够成就什么志业（Beruf）。[1]韦伯凭借一套轮廓早已成形的价值理论，提出了答案。随着除魅的过程，政治已经变成一个"自主"的价值领域。相对于宗教及学术，它具有某种相对的自主性。政治和伦理的关系尤其不再明确无疑。这要从两方面来说。第一，在今天，政治不能再单纯看作伦理原则的应用。生命实践的问题有伦理之外的解决之道，这些途径与伦理原则毫不相干。相去最远的制度安排，都可以和正义的设准兼容。[2]第二，伦理的要求有两套，彼此并不兼容，政治行动可以任取其一为规范。根据伦理**本身**的预设，我们无法决定政治行动应该义无反顾地务求实现某价值立场，还是应该以对后果负责为原则。在今天，政治行动站在伦理的三岔路口上。它仍然需要参考伦理，但是它要进入哪一个伦理"界域"，似乎只能待它自行抉择。

可知这有什么含意？韦伯让政治行动有这个选择，不啻是容许政治行动可以自由决定是否愿意接受学术提出来的限制性条件。信奉责任伦理的人接受这些条件，服膺心志伦理的人则否。这是因为心志伦理的特色，正在于"应为"不可以受制于"能为"。因此，信奉心志伦理的人，自外于一个由近代学术协同传承的文化传统。他逃出了除魅后的世界。这意思不是说他不理会在这个世界中为

---

1 《政治》，p.266。
2 参见 "The Meaning of 'Ethical Neutrality'"，p.13f。

有效的"**保持恒常人格之要求**"（Gebot zur Personlichkeit）[1]，而是说
他无意再从这个社会的铁硬牢笼之内部，而是打算从与这个牢笼
对立的立场，达成自我清明与自主决定[2]。但认为只用纯粹独白式的
心志伦理下产生的决心本身，便可以将政治行动正当化，似乎确
实非常近于决断论模型。因此，上面对韦伯立场的诠释如果要说
得通，我们必须证明他在宗教之外也"贬低"了心志伦理。

　　在我看来，韦伯确实"贬低"心志伦理。[3]我们在上面引述
的一些他的话，认为秉持责任伦理的人在某些状况中必须按照
心志伦理行事，无足以掩饰这个事实。那些说法，主要表现了
他运用这两个观念时有暧昧的一面。一方面，他倾向于视责任
伦理为一种目的—手段之间关系的伦理（Ethik der Zweck-Mittel-
Beziehungen），有别于作为一种目标伦理（Ethik der Ziele）的心志
伦理。在另一方面，他把这两种伦理均看作伦理与政治的结合原则，
各自提供了实现价值立场的纯粹形式指南。在前一情况下，因为
目的—手段之间关系的伦理，只有在追求某项目标的时候才有意

1　参见 Dieter Henrich 前引书（注 12），S.122。Henrich 在韦伯的价值理论中，发现了人格
　　理念乃是一套客观伦理的主导原则，并借此为一般了解中的韦伯决断论提供了实质的判
　　准。一项决断的内容，必须与道德的最高要求——成为人格——不相抵触。
2　Löwith 即如此展现韦伯的立场。照他的意见，韦伯的整个构想之最高目的，在于为理性
　　化了的社会之中（而非之外）的自由找到基础。参见 Karl Löwith，前引书（注 34）。
3　在这一方面，参见 Hans Henrik Bruun, *Science, Values, and Politics in Max Weber's Methodology*
　　(Copenhagen: Munksgaard, 1972)，pp.267ff.。前面关于韦伯"贬低"宗教态度的说明，在
　　此也适用：所谓"贬低"，意思并不是说无分轩轾地全盘忽视心志伦理行动的历史意义，
　　也不是说轻视一贯地秉持心志伦理行事的人。相反，我们的分析旨在推敲韦伯本人采取
　　的评价为何，以及这些评价的根据具有何种结构。我们推断，韦伯的"信仰告白"背后
　　有一套自有其根据的立场为源头，同时这个立场具有超乎韦伯个人之上的一般性意义。
　　Gerhard Hufnagel, *Kritik als Beruf : Der kritische Gehalt im Werk Max Webers* (Frankfurt :
　　Propyläes, 1971) 进行了有趣的探讨，指出以韦伯为决断论的指责需受到限制，见 S.215ff.,
　　S.253ff., S.293ff.。

义，因此这两种伦理互补。在后一情况下，因为就具体行动而言，总是只能追循一种结合原则，因此这两种伦理互相排斥。在我看来，唯有后一种情况，才是韦伯原意的可信诠释：遵循责任伦理的人，在某些情境里表现他的坚定信仰，可以解释为他乃是在一贯地运用责任伦理的规准。因为正是责任伦理式的斟酌衡量，才让行动者在某一情境中能说："我再无旁顾，这就是我的立场。"[1] 除非一个秉持责任伦理的人没有信念可言[2]，也就是说责任伦理和权术政治（Realpolitik）混为一谈之后，借责任伦理坚持信念才是不可能的。

　　由此可以看得很清楚，从韦伯的理论基点来看，心志伦理与责任伦理之间，并没有什么互补可言。即使就他在《政治作为一种志业》这篇演讲中的论证而论，显然他个人也不承认这两种伦理有同等的地位。对韦伯来说，心志伦理和责任伦理这两个概念，终极而言不是代表实现任何价值立场的两套原则，也并非分别代表了目标伦理和目的—手段间关系的伦理；它们其实代表两种信仰结构（Gesinnungsstrukturen），以及与之相应的两种价值立场。纵使他有某些相反的说法，但在他的描述之下，这两个概念乃是两种彼此完全对立的政治伦理。他根据它们的"合时代性"对它们做评价。这两种政治伦理，我分别称之为绝对的政治伦理与批判的政治伦理。[3] 心志伦理作为一套政治伦理之所以是绝对的，主要是因为它无法接受"无理性世界"[4]。心志伦理无法看出，特别是在政

1　《政治》，p.284。

2　参见《政治》，pp.271—275，韦伯强调心志伦理并不等于不负责任，责任伦理也不是无视于心志和信念。

3　韦伯自己用了"绝对伦理"一词，见《政治》，pp.269—271，韦伯通常均以宗教伦理为例说明心志伦理，并非出于偶然。

4　《政治》，p.276。

治——其手段乃是武力——里面，善可能会产生恶，恶也可能产生善。在一个特定的意义之下，心志伦理看不到现实。责任伦理作为一套政治伦理之所以是批判的，主要是因为它不仅把世界在伦理方面的无理性列入考虑，并且它还看出，循政治途径实现价值立场，会因为必须以权力和武力为手段，从而"和魔鬼的力量缔结了协议"[1]，而有其特别的难题。在一个特定的意义之下，责任伦理心目中有现实[2]。由此可见，鉴于这两种伦理的基本结构，它们并非均有把除魅后的状况列入考虑的能力。可是这些状况已经存在：随着基督教的宏伟幻景之破灭，我们必须面对价值冲突的必然性，以及价值之实践这个伦理学上的永恒困惑。如果我们参照除魅造成的这种状况，去看上述两种对世界的基本态度，它们在基础及效果两方面的差异就格外明显可见。心志伦理的信徒是"宇宙—伦理观上的'理性主义者'"[3]。他们想把自己的价值立场，客观地奠定

---

1 《政治》，p.277。

2 对现实有所意识的政治，不可以和传统意义下的权术政治（Realpolitik）混为一谈。由于在韦伯的概念中责任伦理的立场乃是一种价值立场，遵循责任伦理的行动必然与权术政治式的行动有所分别。参见韦伯在"The Reaning of 'Ethical Neutrality'"，p.23 的讲法；"大体而言，人有强烈的倾向去迁就成果，或是迁就任何看好会有成果的事，不仅——这是理所当然——他们对于手段的选择以及对于终极理想之实现的渴望程度均受到这个因素的影响，他们甚至会因为这个因素而将终极理想完全放弃。在德国，这种放弃被美称为'务实政治'（Realpolitik）。"

3 《政治》，p.275。在此应该指出，因为韦伯将心志伦理与相去甚远的宗教伦理——亦即博爱伦理的要求——等同，结果他关于心志伦理与责任伦理之间关系的讨论，毫无必要地增加了其复杂程度。读者获得一种印象：两种伦理之间的对立，乃是宗教伦理与俗世伦理——尤其是政治伦理——之间的对立。韦伯在《政治作为一种志业》中取'山上训词'为例说明心志伦理，更加强了这个印象。韦伯没有妥善区分开宗教性的心志伦理和非宗教性的心志伦理，当然与他的研究方向有关。他在学术方面的着眼点在于探讨宗教在什么条件之下蜕变为心志宗教（Gesinnungsreligion），而这种发展对于人和世界的关系又产生了什么样的影响。不过，在 1920 年的"Religions Rejections of the World and their Directions"中，即 H. H. Gerth and C. Wright Mills, *From Max Weber*

在一个客观存在或可以客观认知的原理上，这种原理使价值世界
一套永恒的层级秩序成为可能，同时并在伦理上化解行动之后果
与当初意图相悖的吊诡。他们倾向于采取根据原则、按照独白方
式进行的行动。这类行动在性格上均为从世界逃遁（weltflüchtig），
或是对世界发动革命性的改造（weltrevolutionierend）：它把回到内
心或是卡理斯玛式的突破，抬高到"神圣"的地位。这种伦理在
政治方面的箴规是："要就全有，不然全无。"反之，责任伦理的
信徒是批判—伦理意义下的"理性主义者"。他们想把自己的价值
立场，主观地奠定在两种状况之间的辩证关系上；这两种状况就
是相互矛盾的要求既无法调和却又必须调和。这种辩证关系所能
产生的价值层级体系，至多一时有效，并且随时可变，而行动的
后果与意图相悖的吊诡，更因而显得对比强烈。责任伦理的信徒，
倾向于采取根据情境、按照对话方式进行的行动。这类行动的基
调是支配世界；它放弃了终极的一体和谐，也放弃了在伦理上自
由选择手段的权利。这种行动以现存状况为条件，其进行则充分
意识到，虽然一切皆可改变，但不可能在没有互相抵触的后果的
情况下同时改变一切。这种伦理在政治方面的箴规是："即使如此，

（接上页注）（New York：Oxford University Press，1947），p.341，韦伯自己也指出了宗
教性心志伦理与非宗教性心志伦理有别。他提到宗教的博爱伦理与先验严格主义——意
思应是指康德伦理，因此也是指某一型理性伦理——不同。唯有靠这种区别，我们才了
解，韦伯的责任伦理概念有助于澄清康德式的伦理问题。不过，这个工作需要我们先
将宗教性心志伦理与非宗教性心志伦理分辨开来，再将二者与责任伦理一起放入一个
发展模型中加以历史化（historisiert）。请参见 Guenther Roth，"Religionand Revolutionary
Beliefs"，以 及 Wolfgang Schluchter，"The Paradox of Rationalization：On the Relation of
Ethics and World"，二文均收在 Guenther Roth and Wolfgang Schluchter，*Max Weber's Vision
of History*：*Ethics and Methods*；Schluchter 之文已有中译，见顾忠华译《理性化与官僚化》。

没关系……""（dennoch）[1]

差别尚不止于此。宇宙—伦理观的理性主义者，在评估近代学术对行动之理性化所能做的贡献时，不是过头就是不及。他之所以会高估是因为他的假定，以为终极原理是可以得知的。在这个假定之下，他会认为学术可以"把万有整体以某种方式了解为具有有意义秩序的宇宙"[2]。如此一来，学术的概念，必须同时发挥描述和规范两重功能。一个例子就是韦伯在他处所举的"进步"这个概念[3]。至于低估，是因为宇宙—伦理观的理性主义者的另一个假定，认为终极原理是客观存在的。既然客观存在，那么对于信仰的斗士来说，学术工具所能预测的行动后果，它所显示的为实现一元论价值而必须付出的个人及社会代价，并没有意义：它们均属于世界的无理性，承认它们，只会破坏心志伦理设准的纯洁性。相形之下，信奉责任伦理的人，不仅仰仗近代学术，并且必须对近代学术的可能性及有效范围做出正确的评估。他需要一种具有相对自主并且"价值中立"的学术，对目的—手段之连锁关系进行经验性的分析，对行动准则进行逻辑与意义两方面的分析，以便为责任伦理式的行动创造先决条件。严格言之，在一个社会里，如果关于因果关联及价值关系的"客观"知识并不存在，那么便

---

1   这套思考方式与批判理性主义（critical Rationalism）的类似极为明显，特别请参考
    Karl Popper 及 Hans Albert 的著作。Albert 的英译作品见 "The Myth of Total Reason",
    in Anthony Giddens, ed., *Positivism and Sociology*（London: Heinemann, 1974）, pp.157—
    195；"Behind Positivism' s Back?", in T. W. Adorno et. al., *The Positivist Dispute in German
    Sociology*, trans.G. Adey and D. Frisby（New York: Harper, 1976）, pp.226—257。

2   见前引 Stammer 书中 Ernst Topitsch 的文章，p.12。

3   参见韦伯"The Meaning of 'Ethical Neutrality'", p.25ff., pp.35ff.。又见 *Roscher and Knies*（见
    注 10）, p.229："'进步'这个概念之所以成为必要，是因为人的命定处境在丧失其宗教
    方面的源头活水后，需要取得一种属于此世的并且是客观的'意义'。"

也不可能有责任伦理式的行动。唯有在价值上中立，但与价值有参照关系的知识所呈现的事态，才有办法从责任伦理的角度来评价。如此，近代学术和合于责任伦理的行动之间的关系，不仅属于必要，亦有其批判的一面。在除魅的状况之下，价值中立与责任伦理是一体的。[1]

　　这样说，并不表示韦伯认为心志伦理式的行动在当代已无可能。相反，他看出，无论是整个当代世界，或是特定就 1917 到 1919 年之间的德国而言，都面对着心志伦理横流的危险。韦伯两篇演讲的主旨，在于借分析近代人的社会结构与价值结构，展现这股狂流的起因及推动力量，同时说明何以它不值得肯定：原因在于心志伦理式的行动——不论所根据的是宗教或非宗教的动力——最后均会导致社会关系的封闭结构性多元和价值冲突的毁灭。韦伯提到唯有先知才能克服除魅后世界的内在冲突，殆非偶然；他对卡理斯玛型领导的界定里，也表达了这层意思[2]。在政治领域里运用的心志伦理式行动，不论有多少理由，也不论其内容为何，均与当代的状况背道而驰：它们要求牺牲掉理智，或是牺牲掉"经验"，或是同时牺牲掉两者。在政治领域里运用的心志伦理式行动造成两极化：它化政治上的追随者为门徒，化政治上的对手为敌人。在政治

1　关于"价值中立原则"与责任伦理之间的关联，请参考 René König, "Einige überlegungen zur Frage der Werturteilsfreiheit bei Max Weber", *Kölner Eeitschrift für Soziologie und Sozialpsychologie*, 16 (1964), S.1ff., 特别见 S.22；又请见 Hans Albert, "Wissenschaft und Verantwortung: Max Webers Idee rationaler Praxis und die torale Vernunfr der politischen Theologie", in Albert, *Plädoyer* (见注 23), S.76—105。

2　遵照 Reinhard Bendix 的建议，我特意排除"卡理斯玛型支配"，改采用"卡理斯玛型领导"，见 Reinhard Bendix, *Max Weber* (Berkeley and L.A.: University of California Press, 1977), pp.298ff.。另外请见 Wolfgang J. Mommsen, *Max Weber: Gesellschaft, Politik und Geschichte* (Frankfure: Suhrkamp, 1974), S.97ff.。

领域里运用的心志伦理式行动造成垄断：它无法容忍有批判作用的近代经验学术作为独立的力量。因此，对于那容许价值中立的学术自行取得其使命的文化传统，它必须不加理会。这些，便是韦伯对当代情境的诊断，但它同时也代表着一项信仰的告白："今天人的命运，是要活在一个不知有神也不见先知的时代"[1]，乃是确凿实情。

　　一种能够断定宗教性的以及非宗教性的心志伦理态度均在政治上不符合时代的学术反省，诚可称作实践的学术（praktische Wissenschaft）。不过，它之所以是实践的，并非如马克思所说，系通过对自身的扬弃（Aufhebung）来完成，而仅仅是借由自我坚持（Selbstbehauptung）；它更不是要扩张为整体哲学（Totalitätsphilosophie），反而要局制在专业学科范围之内。唯有如此的自我坚持与自我限制，始令它成为实践的学术。它所抗争的对象，"并非存在与分析的整体，而是某种特殊局部凝结成全体（Ganze）的可能，也就是某一种特定形式的——假性的——整体"[2]。它以学术之名对自己进行抗争，也和其他领域进行这种抗争。因此，这种学术反省有赖于一个在制度结构上能够与之配合的社会形式，方得以存在。

三、价值中立与责任伦理作为制度化的价值系统

　　上面的论证引领我们进入制度层次的问题面相。即或韦伯对学术与政治之间关系的想法，由方法论—伦理角度来看，只有十分勉强才能冠上哈贝马斯所指的决断论模型，但是韦伯对这两个

1　《学术》，p.195。
2　Löwith 前揭书（注 34）p.65。

领域间制度上的扣连，以及学术次系统与政治次系统之间自主与互惠的设计 [1]，仍不免落人口实。即或韦伯的政治信仰是期望政治会受到学术的影响，但是他设想一个由学术共同管理（mitbestimmt）的社会，在制度层面上也可能会转变成"不好的乌托邦"（eine schlechte Utopie），因为在其中有着现代的国家机器，且当传统政治势力瓦解后，选举机会反而易与合法暴力的垄断力量相互挂钩。[2]我们对韦伯究竟如何论及学术与政治间之关系的考察，因此不应停止在方法论—伦理关联的层次，而必须设法找出韦伯心目中或许勾画过的制度设计。

　　到目前为止的分析提供了两个切入点，第一，我们可以确定韦伯将价值中立原则与责任伦理不只视作方法论或伦理的原则，而且还当作人们意识上必须坚信的价值。另外，我们也看到韦伯辨认出互相分离的不同价值领域，正因如此它们可能对个人做出十分不同的要求。将上述两点相结合，可以说学术与政治乃是由两个不同的价值系统，对应于这两套价值系统分别有特定的制度结构和行为期望与之配合。两者皆是通过"外在的与内在的（动机）选择"，而意图使某一种特定的"人类类型"（menschlicher

---

1　关于自主与互惠的概念以及这两者间的关系，请参阅 Alvin W. Gouldner, "Reciprocity and Autonomy in Functional theory", *Symposium on Sociological Theory*, ed. L. Gross (Evanston: Row, Peterson, 1959), pp.241ff. (中译见黄瑞祺：《现代社会学结构功能论选读》，巨流，1981)。

2　《政治》，pp.212—213 ff.，关于韦伯对"国家"概念的使用，尤其他对国家与社会这种旧有二分法的社会学式转换运用，请参阅 J. Winckelmann: "Max Weber: *Das Soziologische Werk*", *Kölner Zeitschrift für Soziologie*, 17 (1965), S.761ff.，和他的 *Gesellschaft und Staat in der verstehenden Soziologie Max Webers* (Berlin: Duncker, 1957) S.38 ff.；R. Bendix, *Max Weber* 第 15 章。现代国家所维持的社会关系秩序，其主要特征乃具有了可做出对全社会有效决策之位置 (Positionen)。若政治主要指这些位置占有者之行动，而若科学家们面对的是充满权力欲的"政治领袖"们，那么学术对政治的影响似乎一开始便极其有限。

Typus）成为支配典型的社会规范秩序[1]；两者也都是社会中的势力，彼此间存在着某种政治性的关系[2]。韦伯曾提到过“政治作为一件‘理想事业’（Sache）所具有的精神风格（Ethos）”[3]。照本迪克斯（R. Bendix）的说法，这句话若以现代社会学的专有名词来诠释，正是指称“政治”之为文化次系统的意义所在。此一“精神风格”在行为态度方面意味着“每个参与者在社会上都有着联系于某个特定地位团体（Statusgruppe），而无论是行为模式上或此团体物质及理念利益上的个人义务”[4]。这令我们推测在韦伯的演讲中或可找到科学家与政治家的角色期望，以及两者间进行社会沟通的方式。[5]

事实上也的确如此。《学术作为一种志业》的演讲不但是一次政治演说，而且还是一次关于政治教育的演说。我们光由外在的表象便可以证明此点。虽然韦伯在讲词上首先视科学家具有研究者和教师的双重角色，但他论证的重点仍偏向于作为教师的功能。再者，虽然韦伯宣称古典式的德国大学已经消失了[6]，他努力解释的仍是如何在专业化的条件下，可以实现学术作为教养（Bildung）而保持实践性格的理想[7]。韦伯不再像理想主义者仍相信着专业训练

1　见“The Meaning of ‘Ethical Neutrality’”, p.27。

2　事实上，《经济与社会》一书第二部分的标题便是“经济与社会规范秩序与权力”。

3　《政治》，p.266。

4　Bendix, *Max Weber*, p.260.

5　在这层意义下，Parsons 曾分析过从韦伯方法论所“导出”的科学系统，见 Parsons, “Value-Freedom and Objectivity”，in Stammer 前引书 pp.27 ff.。不过这不该变成要将韦伯标志为“化约的社会学主义”论者之尝试。Winckelmann 对上述的做法表示过保留的意见，见其“Max Weber：Das soziologische Werk”S.755 f.。

6　《学术》，p.165：“在本质与外观两方面，旧式大学的构成方式都已成为幻影。”

7　这个立场曾由费希特（Fichte）最清楚地表达过。根据费氏的想法，科学家正因为他所受到的教育，可以将获得的知识“应用到生活的具体事例上，并使知识成为成就（Werke）；

与通识教养可以相融为一，不过他却视那些能教导学生必须"对
自己的行为的终极意义提供一套交待"的教师乃"为道德的势力
服务"[1]。当然韦伯马上相对化了这种论调：关于教师们在经验科
学所提供的有限之可能性中，是否"愿意"负起教养或通识教育
的任务，这毕竟属于"实际的大学政策"的问题，只是专业性的
训练在韦伯眼中不仅用一种化约的，而且还是"高度浮泛"的方
式进行着。[2]若一旦决定献身于教育，那么教师的目标应该不是只
做一个"专业人"（Fachmensch），他多少必须意识到生活的根本
问题并不是单纯靠专业知识便足以解决的。这样的一种理解，倒
是在价值中立的经验科学基础上可以学到的——与它真正不合
的，是想借科学来"宣传政治、伦理、美学、文化或其他信仰
（Gesinnung）……"[3]由科学负起的教育工作在今天只能强调:看清
楚科学本身的限界。对教师而言，这要求着他放弃任何信念宣传，
力求自我节制。[4]

　　上述形式的科学教育在两方面和政治教育有关。它既保障
了学术研究过程不受泛政治化的影响，也助长了一种性格特质
（Eigenschaft），正是在一个业已除魅的理性社会中，对所有生活问
题皆能清醒处理的态度——尤其以政治领域为然。根据韦伯的意

（接上页注）它并非只重复所知，而是不断创新；因此这里追求的终极目标绝非知识本身，
　毋宁是运用知识的艺术"。引自：Ernst Anrich, *Die Idee der deutschen Universität* (Darmstadt:
　1959), S.130。
1　《学术》，p.194。
2　"The Meaning of 'Ethical Neutrality' ", p.3.
3　同上注。
4　同上注，p.5。借由 Hermann Heller 的例子，我曾指出"自我节制"的概念可能是当
　时流行之政治哲学中的重要元素。请参见 W. Schluchter, *Entscheidung für den sozialen
　Rechtsstaat* (Köln: Kiepenheuer & Witsch, 1968)。

见，一个认为自己"有资格把手放在历史舵轮的握柄上"[1]的人，必须在权力欲外具备三种特质：热情、责任感与判断力。热情指的是对"事"的献身（Hingabe an eine Sache），责任感代表对这件事的坚持，而判断力则是"心沉气静去如实地面对现实的能力；换句话说，也就是一种对人和对事的距离"[2]。虽说韦伯主张每个政治家都应该具备这些特质，但据我们到目前为止的分析，可以肯定这些特质分别有着不同的心志伦理与责任伦理的比重：尤其判断力一项乃是唯有责任伦理方能彰显的特质。同时，若它和正确运作的学术相互交往，将会获得莫大的助益。[3]以今天的专门术语来说，价值中立的学术敦促了某种价值倾向，而这则是受到责任伦理导引的志业政治家必备的价值态度。

既然韦伯相信学术可以对政治领域的价值倾向有所贡献，或许有人会推论科学家可以作为理想的政治家。但韦伯却不作此想：他指出若干职业才是从政的踏脚石，尤其是律师及（较有保留）新闻从业者。[4]他在此并非以价值倾向的理由来考虑，而是着眼于上述职业对能力的要求：以表达及书写的语言文字作为阐扬自己立场的工具，并借此大作宣传的能力。因为今天一个成功的政治

1　《政治》，p.263。

2　同上注。

3　这个论点似乎会与韦伯另一个说法相矛盾：韦伯表示过，学者常倾向于不保持距离（Distanzlosigkeit），而虚荣（Eitelkeit）则是他们的职业病，见《政治》，p.263—264。如果真是如此，那么就政治家来说——虚荣有如他们的重罪一般，必须避免——判断力无法在大学中习得。这的确也是实情，但却不应用来反对上述论点，毋宁是反对教师们平常扮演角色的方式。韦伯认为大学中的政治教育之所以缺乏，正因为有不少成员以虚荣式的自我高估来行事，好像教授便是"背囊里有着决策者（或文化改革者）之指挥令牌"的角色（见"The Meaning of 'Ethical Neutrality'"，p.5）。其实只要学者把持住与价值中立的学术相符合的教学态度，他同时也即是政治教育者。

4　见"Wahlrecht und Demokratie in Deutschland"，PS p.287.，《政治》，pp.234—239。

家即或再有责任伦理式的意图,他也不能不靠"煽惑"(Demagogie)来达到他的目的。就算目前对政治家要求的是知性上和情感上的自我纪律,政治仍旧是"采取立场、斗争、有所动情"[1]的场所。如何在这种场合中自我坚持,正是学术所无法提供的。学者的角色与政治家的角色彼此只在规范要求上与制度安排上有部分重合的地方。对于这其中的关联做进一步的分析,将有助于理解韦伯对学术与政治在制度上如何挂钩的构想。

　　论及此,首先我们注意到一个有趣的细节:每当韦伯特别提到政治家的职业形象时,他并不是拿来和学者而是和行政官僚(Beamten)相比较。这绝非偶然,而是一方面既和韦伯对基于资本主义生产方式之理性化社会的发展估算有关,另一方面又和他对俾斯麦退职后,德国政界情况的看法相呼应。朝向理性化的社会发展使得行政官僚成为与政治相关度甚高的类型。韦伯认为"任何支配现象在功能上皆表现为行政的性质"[2]。在一个以实现人与自然或人与人间"客观—正确"之行动关系为理想的支配团体中,支配的功能主要表现在官僚式的行政(bürokratische Verwaltung)上。这种类型的行政组织最适合目的理性倾向的社会及经济系统,以及程序理性式的法律系统。[3]这种行政类型同时也需要一批受过"理

1　《政治》,p.233。
2　《经济与社会》p.948。J. Winckelmann 曾特别提醒要注意支配与行政之间的联系,参见 "Max Webers historische und soziologische Verwaltungsforschung", *Annali della Fondazione italiana per la storia amministravia*, (1964) p.27 ff.。在支配社会学中将组织社会学与"意识形态"的分析相结合之尝试,则请阅 R. Bendix, *Max Weber*, p.290。
3　韦伯组织社会学方面的分析,在狭义上,尤其是他关于官僚行政效率的陈述,若不将其置于原先的架构中来看便易引起误解。韦伯在分析官僚制度时运用了三个不同的观点:(1)世界史的观点(家产官僚制相对于现代公务员制度),(2)支配社会学的观点(政治的支配相对于官僚支配)以及 (3)组织社会学的观点(官僚科层原则相对于民主志愿原则)。

性专业的训练和教育"的公务员 [1]，加上职位与个人分离、行政资源
独立，方足以十分专业且就事论事地（fachgerecht und sachlich）将
当局交待的任务付诸实现 [2]。但在德国，由于情况特殊，社会的理性
化却造就出一个成为支配性政治类型的官僚阶层。俾斯麦所遗留
下的，是一个"完全没有任何政治教育和完全没有政治意志" [3] 的国
家。这导致德国并非是通过官僚行政机关来治理的国家，而却是
一个由官僚行政阶层所统治的国家。在韦伯眼中，德国乃是臣服
于官僚支配（Beamtenherrschaft）的地方。[4]

政治的事务被具有"官僚心态"（Beamtengeist）[5] 的人把持，在
韦伯眼中有着严重后果：它造成大家无心公开论政而无人愿为政

（接上页注）他对于官僚效率的评价各依不同的观点而异。这一多层次的架构常被诠释者忽略，尤以美国学界为然。有几个"创造性误解"的面相曾由 Renate Mayntz 加以分析过，参见"Max Webers Idealtypus der Bürokratie und die Organisationssoziologie", in R. Mayntz, Hrsg., *Bürokratische Organisation* (Köln-Berlin: Kiepenheuer & Witsch, 1969), S.27 ff.。

1 Weber, "Parliament and Government"，《经济与社会》，p.1401。

2 《经济与社会》，p.980。就像区分日常与非日常性、稳定与不稳定性、开放与封闭、利益集合与权威等等，人格的（persönlich）与事理的（sachlich）的区别也是韦伯用来分析支配关系的相对概念。这组概念不应如偶尔会混淆的情形般，被视作为区分心理的与社会的这两个领域之同等用语。"人格的"与"事理的"分别处，代表了可确定具体支配结构的面向。

3 "Parliament and Government"，《经济与社会》，p.1392。

4 韦伯区别过三种不同的官僚型支配：（1）通过行政幕僚的支配；（2）行政官僚的支配，经由独占的地位（或业务知识）或是对目标的自行决定；最后，（3）由具有官僚心态之领袖来支配。韦伯认为德国的政治自从俾斯麦退位后便始终无法振作，因为政策皆由官僚体系里来的人以及有官僚心态的领导阶层所决定。特别是在外交政策上，韦伯批评这群政客将德国占有世界大国地位的机会孤注一掷："就在关键时刻，保守的官僚支配竟然安排那些有官僚心态的人坐上领导位置，那些职位原应该是属于政治家来担当的。"（同上注，p.1438）韦伯为议会化所做的辩解，主张应该要确保能选出有力的政治领袖，在前述的背景下不免也被诠释成赞同德国帝国主义之措施。尤以 Wolfgang Mommsen, *Max Weber und die deutsche Politik 1890—1920* (Tübingen: Mohr, 1974)（英译：*Max Weber and German Politics*, Chicago: University of Chicago Press, 1984）一书为代表。

5 参见"Parliament and Government". *ES.* p.1438。

治决定负责。因为官僚或公务员的养成，并不被教导要在政治上有独立信仰并公开表明自己的立场。他们的最高美德乃是对于机关的服从义务，抑己以任事，并且就算上级命令违背了他个人的信念，他仍须坚持忠于职守的义务（Amtstreuepflicht）。[1] 官僚不适于处理政治的理由并非所学的技能有何问题，而毋宁是他们价值取向的关系：为使行政得以发挥确实效力，他们必须"依事理来管理"（sachlich zu verwalten）。由于唯有当他们"超越党派"时方能做到这个原则，但这实际上代表着"置身于权力斗争之外"。[2] 因此，韦伯认为官僚的职责正止于真正的政治任务开始之处：提供领导并对领导原则负起个人责任。这样的任务只能由"在政治斗争中学习到权衡公开言论的后果，并有着主要是一个领袖政治家的责任感，而非仅是奉公守法却有着唯唯诺诺之臣属感的官僚"[3] 来完成。官僚行政人员与政治家最重要的差别在于：官僚要学习即使在不情愿的情况下亦须服从于外加的规章，忠于他人之事；政治家则必须学习如何将他视作应尽义务的事项完全承担下来，并为自己的主张坚持到底。

在此须先划分清楚，什么叫作官僚忠于他人之事而政治家忠于己事？据韦伯的意思，唯有将事务在主观上把自己与它相联系，并以热情献身于此，方能称得上是一种"志业"（Beruf）[4]。在这点

---

1 参见《经济与社会》，p.959 以及同上注："官僚必须为他的服从义务而牺牲他的个人信念。"（p.1438）

2 参见"Parliament and Government"，*ES*, p.1404。

3 同上页注 5，亦见 Mommsen 前揭书之附录三，p.425 f.。

4 前述标准区分了从事一项志业（Beruf）或只是谋一个糊口职业（Beschäftigung）。韦伯曾通过区别外在及内在的"志业"来强调这个标准。如 Henrich 所说，热情（Leidenschaft）的概念可用来融理智（vernunft）与体验（Erleben）为一体，见 D. Henrich 前引书（注 12），p.127。

上政治家与官僚是一体适用的。那么究竟分别在何处？看起来只
有一点：官僚行政人员必须以社会所认可的目的为主，在其中找
寻自己主观的行动意义，而政治家则为他自己行动的意义关联去
创造出社会的认同。官僚或公务员接受一个被认可的标准，政治
家则是让某些事成为众人之事，他唯有为社会认同而战且愿意就
他所争取之事务公开地负责。政治家的生命情调是"为个人权力
而战斗，以及承担起由权力而来的个人责任"[1]，当他成功地赢得了
公众对某件事的认可，这个决定就变成行政人员的事——"公仆"
的意义便是为他人之事服务[2]。

　　政治家争取的事也会成为科学家的事吗？这显然不在韦伯考
虑之列。虽然官僚与政治之间的关系，和科学家与政治之间的关
系有着相似之处，但更有明白的区别：两者对政治的态度都是"价
值中立"的，但一个是他"价值中立"无条件地接受政治指令，
另一个则将政治当作"价值中立"的认知研究对象。两者都会对
政治提供"服务"，但一个是执行政策，另一个则是批评政策并清
楚凸现与政策相关联的责任问题。官僚行政人员的专业伦理在于
有效实现支配性的理念，相反，科学家必须"对任何支配性理念，
即或是多数决定的结果，仍保持清醒的头脑并保有个人判断能力，

1　同上页注2。

2　这是韦伯所以认为政治家的地位较行政人员重要的理由之一。只有能借助其在体制中的
　位置，成功地以自由竞争方式而为自己的理念赢得社会认同的政治家，方才有资格来决
　定支配的内容。除此以外还有另一个理由：与行政人员相比，政治家拥有更大的自由，
　因此使他得以担负决策的任务。政治家只服从他自己的"魔神"（Dämon），并视其决策
　能否获得喝彩来主个人浮沉。政治家也即是最接近必须成就其"人格"（Persönlichkeit）
　之伦理要求的一类人。在此意义下，制度层次与伦理层次的观点彼此限定，这导致对政
　治家形象的理想化，而不免影响到韦伯对宪政改革所提出的建议。

必要时且须逆流而泳"[1]。虽然两者在完成角色时需要有相似的技能，但他们的价值取向完全不同。[2] 不是对上级的忠诚义务，而是知识上的正直，不是在一个既定的目标下顺从，而是保持一定距离感与清楚判断力才算科学家的德性。所有这三种职业形象：政治家、科学家和官僚行政人员在某些部分重叠，相互间却又有尖锐的对比。他们因此不能在同样的，而是各有不同的制度结构中习得其应有之模式。

有一点至此已经明朗化：即使韦伯在制度层次上主要分析了政治家与官僚的关系，并且定义其为主观决策与专业执行政策之间的一种关联，但这并不表示韦伯在理论上认定的、联系实际评价（praktische Wertung）与价值中立之知识间的关系只能在上述的制度中实现。对韦伯而言，科学家的角色并不等同于官僚，而学术的功能更非只是行政管理。他本人在一次大战将近结束前明白表态，认为让政治家执政之路（在德国）终须开启，且因此赞成议会民主化与民选领袖之方式，为的是去除掉始终阻碍着政治家在德国可以主导政治的障碍。[3] 不过这也没有让他自认科学家要

---

1 参见"The Meaning of 'Ethical Neutrality'"，p.47。

2 譬如说，行政人员与科学家两者都得运用科学的方法，但却是基于十分不同的价值倾向。科学追求着知识的进步，与此同时，行政人员只尝试实际应用知识。行政人员因此发展成一套"特殊的艺术技能"（Kunstlehre），见 ES, p.958。

3 韦伯对大众民主制度下政治组织的建议，尤其是他为民选领袖辩护的主张，因为魏玛共和国的命运和纳粹兴起的历史发展而引起不少争论。在德国，"二战"后对韦伯的评价问题还演变成政治冲突。关于这方面的介绍请参阅 Guenther Roth, "Political Critique of Max Weber: Some Implications of Political Sociology", *American Sociological Review* 30, no.2(1965)。在 1952 年时 J. Winckelmann 已经通过对韦伯支配社会学的系统分析与扩充，尝试区别出他和 Carl Schmitt 在民主概念上的不同，见 *Legitimität und Legalität in Max Webers Herrschaftssoziologie* (Tübingen, 1952)，而 W. Mommsen 前揭书再一次引起大家对此问题的注意。虽说 Mommsen 发掘出韦伯有着国家主义式的立场，包括"一个霸权

扮演一种为政治服务甚至辩解的角色：正如前述的三种职业模式显示，科学家与官僚不同，他面对政治家时应保持着相对的自主性。

　　自主性与分化有着意义上的不同。在官僚与政治家之间亦存在角色分化的现象。但此处所谓的自主性首先表示科学家可以免于政治干涉的自由。帕森斯曾在诠释韦伯方法论时正确地将价值中立理解为"科学家的自由"，也就是"在与学术相关的领域中服从学术价值"的自由，"而不会受到其他违背学术研究或不相干价值之干扰"。[1] 不过，自主也意味着科学家有为政治效力的自由，这至少在两层意义上有其理由：一是科学家就如同每个公民般扮演了多重角色，而他自己必须整合这些不同的角色，另外则是他可以站在学术的价值立场来面对政治。价值中立指涉的不只是学术的界限，也是学术的文化使命（cultural claim）。免于价值判断的自由本身便是科学家可以起身维护学术之价值的立足基础。[2] 此一价值是某种特殊文化传统中的重要质素，它使得现代科学得以成立和发展，更表现为这种文化之"价值普遍主义"（value universalism）[3]

（接上页注）民族国家的理想"（p.319），但他的论述混淆了历史—政治观点和系统的观点，并非无懈可击。对于 Mommsen 此书的第二版，Jürgen Kocka 有较持平的书评，见"Kontroversen über Max Weber"，*Neue politische Literature*21（1976），p.296。Karl Loewenstein 的 *Max Weber's Political Ideas in the Perspectiv of Our Time*（Amherst: Univ. of Mass. Press, 1966）提供另一个角度来看问题，我们在此只能点到为止。在本文的分析中，并不关心韦伯是否对他的国家有着家臣式的忠心，而是由系统的观点来理解韦伯如何能"面对着自己国家仍保持头脑清醒"，如 Eduard Baumgarten 所形容，引自 O. Stammer 前揭书 p.126。

1　Talcott Parsons，"Value-Freedom and Objectivity"，in Stammer 前揭书，p.33。

2　Parsons 倾向把这种双重面向当作是从价值关联而非价值中立这个概念本身所发展出来的。但依笔者之见，如此一来科学系统之价值之所以可以普遍化的特殊基础，以及此一价值系统与政治相关涉的理由便无法清楚阐明。

3　Parsons，前引书，p.38。

的基座，允许学术一方面根植于此文化中，却又保证它面对周遭整体的文化时有着批判的距离（critical distance）。在"价值中立"的价值里，即已设定了学术文化与整体文化间的类同与差异。这种自由并不会使得学术成为政治上支配性的力量，却的确使学术成为祛魅的社会中与政治相关的力量。这样的一种设计唯有当学术取得高度的制度性自主地位时方得以实现。

　　诸如这种自主组织在对外与对内方面应如何架构，韦伯并未继续探讨。[1]当他密切注意官僚在科层行政机关中和政治家在政党与在议会运作中的职业角色[2]，并十分关切这两个领域间关系的同时[3]，似乎欠缺了对科学家与学术制度这方面的分析。大学自然可视作学术自主性最重要的承载者，但韦伯并未对它进行一种组织社会学式的研究。他确曾将朝向科层化的普遍趋势这个论点应用到德国大学的发展上，也提到过德国大学生活的"美国化"——这使古老的大学宪章日渐不切实际。[4]不过我们很难再找到比此类随笔式议论更严谨的陈述，因此只能尝试重建韦伯可能的意见。对外而言，韦伯似乎倾向将科学看成职业地位团体的组织（berufsständische Organization），在这种组织中，基于正规教育、生活方式和职业声望而同质化的平等成员可以诉诸他们的专业权威来充当顾问。[5]这

1　只有《经济与社会》中的两段文字与科学的组织问题有关。第三处则见于 Winckelmann 由韦伯未完成之《国家社会学》篇章中整理出来的部分，见 *WuG.*（《经济与社会》一书德文本）Part Ⅱ，Ch.8。

2　关于政治上"有工作能力之议会"的概念（arbeitendes Parlament），请参阅"Parliament and Government"，p.1414。

3　同上注，pp.1381 ff.。

4　《学术》，p.165。

5　参见 Weber, *ES*, p.305。"专业权威"的概念非由韦伯所创，但可以承接上他对于职业地位团体的分析。

一类型的职业团体在韦伯眼中可能最适合"提供专业评鉴之意见或纯粹常规化的科学行政工作"[1]。至于对内的关系,就像他对学院(faculties)的态度那样[2],认为协同原则(collegiate principle)有其效果,既适用于学院间分权的情形,也适用于学院内部的领导原则[3]。通过这两种特色:职业地位团体之代表性以及协同式的组织,科学"结社"(Verband)可以想象成相当独立自主的组织形式[4],但也与志愿性的政治斗争团体截然对立——后者乃是纯粹的"利益经营体"(Interessentenbetrieb),并且竞逐着政治市场上的权力机会[5]。这样的对立正可以说明韦伯为何不断强调政治不属于讲坛的道理:课堂在设计上根本是基于反对市场原则的支配而组织起来的制度中的一部分。政治上的意见态度,其"正确性"唯有经由动员追随者来证明,在这里则是制度上不允许的,正如"教学学说"(Lehrmeinung)的正确与否绝不能仅取决于多数的赞成而已。韦伯对"讲台先知"(Kathederprophetie)的批评,其实是要保护科学的自主性,使它不致被误用、滥用。他不希望见到大学被误作教会的、教派的或官方的附庸机构。[6]

科层组织与一元化领导,志愿性组织与民主式领导,以及专业性组织与协同式领导[7],似乎可说是韦伯对行政、政治与学术在制

---

1 Weber, *PS*, p.261。

2 见《学术》,pp.164—165。

3 参见 Weber,《经济与社会》,pp.271 ff.。

4 参见 Weber,《经济与社会》,p.49 f.。

5 同上注,p.284 f.。

6 参见"The Meaning of 'Ethical Neutrality'",p.9,亦见 Käthe Leichter 对韦伯谈论到教学自由的引述,"Max Weber als Lehrer und Politiker", in R. König & J. Winckelmann, Hrsg., *Max Weber Zum Gedächtnis*, (Köln, 1963),pp.125 ff.。

7 依笔者之见,这三个模型可以从韦伯的支配社会学和他的政论文献中导引出来,并视作

度层次上的构想。如果同意上述的诠释，那么可以说这三种模型之间的关系既是互补又是竞争的：它们乃是根据其各自的特殊职务，亦即执行、决策与顾问的职务而相互支持，却又通过它们独特的——行政上的、政治上的与专业上的——权威而相互竞争。行政的和专业的权威同时指向对抗政治权威，这两者的共同策略在试图使政治家沦为外行或非专业者（layman）。政治家在应付上述的策略时，唯有在科学领域外创造出他自己的正当性基础，并借着参与有效的议会工作来吸收行政部门的业务知识。不过，政治家之所以能够获得外在于学术和行政的自由，端赖在这两个领域中制度化的价值规范和自我节制，也就是尊重（政治上）正当支配的职权范围。这对学术而言不是一件容易的事，因为在一个常需要搬弄理由的时代——学术本身便是这种时代的始作俑者——它会受到各方面的要求想诱使它"越位"。基于此，学术需要一种特别的制度性保障。不只在保护它免于外力干扰，同时也防范它自己的不知节制。

（接上页注）法制型支配架构下的三个组织形式。由此亦可证明韦伯的组织社会学有时被批评太过单向性（one-sidedness），其实并不公平。不过韦伯确实对专业原则作为一种组织原则这方面未曾予以足够的注意。关于循着专业理念的线索来分析学术的自主性，可参阅 Rainer Lepsius, "Die Autonomie der Universität in der Krise", in Gerhard Schulz ed., *Was wird aus der Universität? Standpunkte zur Hochschulreform* (Tübingen, 1969), pp.179 ff.。这一类的分析所遭遇的特殊难题是因为研究与教学工作不太适用于同样的专业原则来评量，而且学术服务的"顾客"往往即是组织的成员。对前一个问题的讨论见 Harold L. Wilensky, "The Professionalization of Everyone?" *American Journal of Sociology*, 70 (1964), pp.137 ff., 后一个问题则参考 Talcott Parsons, "Some Ingredients of a General Theory of Formal Organization", in T. Parsons, *Structure and Process in Modern Societies* (New York, 1967)。（下略）

四、韦伯模型的优点与局限

经过了上面的讨论，我们可以回答原先的两个问题，即韦伯是否在理论思考的层次上，倾向将理论对实践的贡献局限于实用知识的生产上；以及他是否在制度层次上，赞成把决策与技术执行这两者极端地区分开来。我们的分析显示，任何答案必须比以往认定的见解更为细致。因为韦伯对学术的期许远超过仅仅是技术性的批评，而他所设想有关知识与决策的理论性关系，也并不见得能由政治与行政的制度关系来完全实现。就理论思考的观点来看：学术不只可以借着理性与实证方法的程序来检证政治家实际所下的判断[1]，也不只可以让政治家与公众意识到某一个政治决策具体的责任何在；它还承担着将价值倾向加以沟通充当媒介（mediation）的任务，缺少了这一点，在祛魅之条件下的政治必然不成气候。而且尤有甚者：学术的任务包括传播责任伦理的心态，唯有当公民以及特别是政治家接受了这种心态，学术方足以真正实现它对于政治可能提供的功能。学术所促成的因此是正好与决断主义式（decisionist）和技术官僚主义式（technocratic）的政治观针锋相对的社会集体意识。它强调的不是政治决策必须完全独立于或依赖于学术，而是掌握政治特别相关于学术的面相。政治必得面对学术判准的考验，但绝非由学术完全决定。纯由理论观点来研究政治与学术的关系，会发现它们之间并非技术的或单向的关系：对实际政治立场和学术批判包含对文化价值的自我批判

1　针对学术在实际评价的讨论中可以做到什么，韦伯有过详细的汇总说明，见"The Meaning of 'Ethical Neutrality'", p.20 f.。

在内，这可以刺激学术去处理新的、与政治相关的问题。尤其是借助文化理念与价值参照来建构其研究对象的社会科学[1]，它本身便涉入这整个辩证过程之中。譬如对社会科学而言，"价值探讨"旨在"发展出对既定之决策可能的、有充分意义的立场"[2]。亦因此，就制度的观点来看，学术必须保持其相对的自主地位。行政组织只有依附于政治方能为政治所用，学术则不同，它必须独立于政治之外，才有可能为政治提供服务。这种自主性之所以必要，并非为了在象牙塔中从事科学研究，然后让成果——借用帕森斯的用语——"无瑕地被运用"，却是为了让学术与政治之间的沟通能够建设性地进行，从而达到"价值探讨"的典范意义。无论从理论（即方法论—伦理层次）或从制度的角度而言，韦伯关于学术与政治关系的模型若被划归成决断主义式的性质，都是十分勉强的。他的模型具有实践论（pragmatic）的特色，当然它仍不是十分等同于实践论（或批判理性主义）的模型。

这又基于下列两个理由：理论层面上，韦伯过分低估了实践立场可以被理性批判的可能性；制度层面上，他则过分高估了个人行动对集体性之行动关联所具的影响力。这两者都源于同一种缺憾，亦即韦伯对古典的理性模型太过执著。阿尔贝特（Hans Albert）及卢曼（Niklas Luhmann）分别曾就"价值探讨"及科层官僚模型为例，发现过这类缺失并且尝试加以弥补。[3]如果将他们

---

1 关于价值关联的方法论意涵，请参阅 Dieter Henrich 前揭书（注 12）pp.16ff.，由知识社会学的角度看价值关联则见 Talcott Parsons, "Value-Freedom and Objectivity", in Stammer, 前引书，p.34。

2 参见 "The Meaning of 'Ethical Neutrality'", p.22. n.5。

3 见 Hans Albert, *Traktat über kritischen Vernunft*（注 33）, pp.68 ff.。Albert 认为古典的理性模型立基于充足证成原则（principle of sufficient justification）以及理论性的一元论

的主张整合进韦伯原来的构想中，则韦伯模型里决断主义的色彩将更为减弱。

阿尔贝特将韦伯有关"价值探讨"的构想置于一个用批判检证原则（Prinzip der kritischen Prüfung）取代了充足证成原则（Prinzip der reichenden Begründung）的架构下予以发挥。[1] 当我们在这个架构中衡量韦伯"价值探讨"模型的可能性及限制时，立刻能察觉到韦伯所持的立场是"存在主义式的理性主义"（Der existentiellen Rationalismus），而以一种独特的方式联系了"伦理的极端主义"（Der ethsche Fundamentalismus）与多元主义。[2] 所谓极端主义，指的是韦伯承认任何基本立场中存在着批判无法触及的核心教义；至于多元主义，则是因为韦伯以基本立场在现实中存在的以及理论上可能的多样性为出发点，认为它们之间应该有针对各自的前提和结果进行理性对话的可能性。这种论点一方面承认任何价值立场都是可被批判的，另一方面却又强调批判的界限止于真正的教义核心之前。对阿尔贝特而言，这显得模棱两可不够彻底。据他的看法，虽然我们无法否认人类常会拒绝对于他基本信仰内容的批

（接上页注）（theoretical monism），即在一个情况下始终只会有一个真的或正确的理论，而不可能有其他替代性理论。Albert 批评古典的理性模型有着教条式的特征，他指出"对直觉洞察与经验观察的教条化，如我们在古典知识论中所看到的方式，限制了知识来维持现状并遮蔽了让新的理念烛照知识的机会"（p.30）。Albert 也批评韦伯假定个人终极的价值信念并不是批判分析原则的适用范围，而"一旦我们将不同的可能立场视作一致，那么批判论述的局限很快便会到达"（p.70）。根据批判分析的信条，"伦理陈述和系统不是被当作教条，而是假设，然后原则上必须容许考虑其他方案和描绘新的观点，以提供对伦理问题不同于世俗成见的解决办法"（p.75）。亦请阅 Niklas Luhmann, "Zweck-Herrschaft-System", in *Bürokratische Organization*, ed. Renate Mayntz（Köln, 1968），pp.36 ff. 和 *Zweckbegriff und Systemrationalität*（Frankfurt, 1973），Ch.1.。

1　Albert, *Traktat*, pp.29 ff..

2　同上注，p.70。

判检证，但这只表示了人们接受批评之雅量的界限，却绝非批判方法的界限。为了使韦伯的构想能够前后一贯，我们必须舍去其中极端主义的成分而保留多元主义。这样的话，价值倾向可以全面开放给批判检证，检证的尺度则主要取决于实际立场的可实现性（Realisierbarkeit）。因为，可实现性原则是许多连接原则中，最能有助于克服"应然断言与实然陈述之间，亦即伦理与科学之间距离"的一种原则。[1] 虽说批判并不能取代最后仍须下决定的需要，但批判至少理性化了决策。

上述对韦伯构想的批判性修正，乃立足于先前分析中的一个中心思想，即责任伦理相对于心志伦理的"优越性"。当我们认定韦伯的确曾把责任伦理置于心志伦理之上，那么便不难将阿尔贝特的论点纳入韦伯的模型。因为责任伦理提示了一种道德原则，这同时也正是批判理性主义所主张的：你应当将自己终极的信仰公诸批判，并且让其可实现性接受检证[2]，理由是并不存在任何最绝对的问题解决方案[3]。诚然韦伯对于知识与决策之间关系的看法含有极端主义乃至决断主义的成分在内，但仍以批判主义的成分居多。韦伯的模型在理论层次上不需太大功夫便可以转换成实践主义（或批判理性主义）的模型。

1　同上注，p.76。不过玛丽安娜·韦伯曾引述过韦伯在信上的一段话，表示韦伯不拟为讨论设限，倒是主张皈依信仰应有一定的界限。只有先知、圣人与艺术家不用在意这些限制，而韦伯自忖绝非这三类人物中的任一种。《韦伯传》，p.599。

2　见 Albert, *Traktat*, p.73 所云："信仰系统的封闭因此并非逻辑或任一客观存在之机构的要求，而是意志、利益与其后之需要的独裁。我们可以说，信仰系统的开放本身便是一个道德的议题。"

3　这表示追求确定感与追求真理并非同一回事。虽然不确定原则通常都先设定了具规约意义的真理原则，但是认知从来无法引领到最后的确定性。正基于这个理由，作为行动原则的确定感与作为认知原则的不确定感必须相互修正、相辅相成。

在制度方面则并不如此单纯。韦伯在落实他的构想到制度上时，确实过度地偏重决断主义的元素，而似乎不见得完全兼容于他的理论观点。光是他在制度层次大多只讨论政治家与官僚行政人员的关系，便可视作一个证明。这种处理方式本身也带有韦伯个人的文化批判色彩：他总担心要如何在官僚化的压力之下，拯救个人主义的自由空间。[1] 韦伯眼中看到理性化过程建立了"目的理性行动的次系统"[2]，有着自身运作的法则性并因此和人类的需求发生了脱节的情形。想要这样的次系统能真正"合于目的"（zweckmäßig）地来运作，对韦伯来说只有靠"领导精神"（leitender Geist），即杰出人格的领导者方能克竟其功。国家或经济的领导阶层因而需要由具备这类人格的人才出任。政治家与企业家在一个受到系统强制（Systemzwänge）所压缩的社会中，必须以道德质素来设定目标，并以他们对目的理性行动之次系统的有效支配来实现这些目标。正如卢曼所指出，韦伯诠释政治家对官僚的关系或企业家对经营体的关系，是以一个在单独行动层次构想出的"目的—手段—图式"（Zweck-Mittel-Schema）为基础，也可以转

1 参见"Parliament and Government"，ES, p.1403。
2 有关这个概念请参阅 Jürgen Habermas，前引书（注15）p.65。Habermas 区分工具理性行动的系统以及制度的外在架构，这是由一般化马克思"生产力"与"生产关系"这组概念而得来的，并将其与工具行动和沟通行动的区分相提并论。Habermas 应用这项区别以期把韦伯关于理性化社会的分析整合到扩大且修正过的马克思主义框架中，同时企图超越前人做过的贡献。借着这番努力，Habermas 希望解决马克思与韦伯理论中某些明显的困境，也让这两套理论得以用来分析"后期资本主义社会"的技术官僚式基础。但这似乎反而增加了困难的程度。因为行动与系统层次之间，与行动类型和系统类型之间的具体联系仍然是恣意的（arbitrary）。Habermas 的分析所以会导出一种十分模糊的实践主张，也就不足为奇了。Habermas 的建议，想经由免于支配式（herrschaftsfrei）的讨论沟通使公共领域政治化，而重新建立技术与实践间的分际，顶多使实用主义模型换个样子，却无法让此模型更具体化。

化为一个"命令模型"(Befehlsmodell)。[1] 这解释了为何韦伯对"系统"理性的分析牢牢地结合于政治家与企业家在除魅之后的条件下的行动理性。这也解释了韦伯为何在他那个时代，只寄望那些能将群众的信任感在"系统"中激发出来并安抚稳定之的大人物。[2] 因此，在制度层次的考虑上，韦伯的模型仍是相当暧昧的，他将行动理性与系统理性、个人忠诚与系统忠诚在某种程度上加以极端化，并从而将志愿主义放在结构决定主义之上，让个人指令高于制度规约。[3] 不过，即便这些是韦伯制度模型的基本特征，我们依旧不应忽视它亦有符合批判主义的部分，尤其在价值探讨落实为制度的例子上可以看到这一点。总而言之，若欲强调韦伯与决断主义特质不同的地方，那么除了将他的模型与当时现实考虑的关联切断外——但这仍是其提出时的背景——并且还得将结构—历史的分析置于人格性分析的前面。能做到这一点，韦伯的模型在制度面上也会稍近于实践主义的理想模型。

韦伯关于学术与政治之间关系的模型确是有模糊与疏漏的地方。这迫使后人不只以诠释其基本特色为满足，而还得进一步去发展修正它。无论如何，韦伯在五十年前借两次演讲仅仅概略陈

---

1 见 Niklas Luhmann, "Zweck-Herrschaft-System"（注 12），p.42："在原来是给予实质目的的内容的地方，由完全接受支配者决定的任何目的所取代了。一个如此普遍化的目的概念（因此也不再指向实际问题）便与命令的概念扣连起来。根据这种推论，一个社会系统只要确定它在系统本身允许的一定界限中能完成支配者下达之目的，它便是理性的。手段不再通过逻辑演绎与目的相联系，而是通过命令。"

2 关于信任的概念，见 N. Luhmann, *Vertrauen:Ein Mechanismus der Reduktion sozialer Komplexität* (Stuttgart, 1968)（英译见 *Trust and Power*, Chichester / New York, 1979)。信任的概念或有助于澄清在某些面向并不十分明晰的"正当性信仰"(Legitimitätsglauben) 概念。

3 对于这项在总体社会学分析中的基本问题请参阅 M. Rainer Lepsius, *"Demokratie in Deutschland als historisch-soziologisches Problem"*, in Theodor W. Adorno, ed., *Spätkapitalismus oder Industriegesellschaft*? (Stuttgart, 1969), pp.197 ff., 特别是 p.202。

述过的模型，到今天仍有着相当现实的意义。这中间是以一种典范式的方式——即批判理性主义的典范——论及学术与政治之间的关系，这使韦伯的模型不只是一具科学传统的遗骸而已。他所处理过的问题今天仍然是学术反省与政治实践亟待面对的根本问题。

第一章

学术作为一种志业

韦伯这篇关于"我们的历史处境""我们这个时代的宿命"的演讲，中译初稿系由罗久蓉根据 H. H. Gerth & C. Wright Mills, trans.& ed., *From Max Weber : Essays in Sociology*（New York, 1946），pp.129—156 的英译译出，翻译中间参考弗洛因德的法文译本（见下）。罗女士的译稿，由黄进兴校读一遍，再由钱永祥根据英译本及 Max Weber, *Gesammelte Aufsätze zur Wissenschaftslehre*, 5. Auflage, hrsg. von Johannes Winckelmann（Tübingen, 1982），pp.582—613 德文本校订后定稿。在校订的过程中，梁其姿和张炎宪分别根据 *Le Savant et le Politique*, trad. par Julien Freund（Paris, 1982），pp.53—98 的法文译本，和尾高邦雄译《职业としての学问》（东京，1980）的日文译本，帮我们解决了一些疑难和困扰。张先生还帮我们译出了日文译本的若干译注。

本文段落主要依据德文本，鉴于这是一篇比较长的文章，为了便利中文读者，我们将全文分成六个部分（以中国数字表示）三十三节（以阿拉伯数字表示），各节均冠以小标题。我们要特别提醒读者：这些分法及小标题，均为韦伯原文所无；它们只代表编译者个人如何了解韦伯论证的发展，目的纯粹是供读者参考。

　　[§1　开场]　各位希望我谈谈"学术作为一种志业"[1]这个题目。
我们国民经济学者通常有个学究习惯,总是从问题的外缘条件讲
起,我也预备从俗。因此,首先我要提出一个问题:学术作为一
种物质意义下的职业,具有怎样的面貌?基本言之,这个问题在
今天实际问的是:一个决心取在学院里从事学术工作(Wissenschaft)
为职业的研究生,居于怎样的处境?为了解德国情况的特殊性,
通过比较方式,知道一些外国的情形,将是有助益的。在这方面,
美国与德国恰成最鲜明的对比。就让我们把焦点放在美国方面。

一

　　[§2　年轻学者学术生涯的外缘条件:德国与美国]　大家都知
道,在德国,有志献身学术研究的年轻人,通常都是从"私讲师"
(Privatdozent)[2]的职位做起。经过与某大学里的本科专家学者讨论
并得到他们同意之后,他提出一本著作,通过教授团所举行的一
场通常属于形式的面试,然后才具备这所大学的正式教书资格。
接下来,他可以按照自己的专长选开一门课。但是,除了学生的

1　1918年到1919年之交的冬季,对慕尼黑大学的学生,就志业问题作辅导,而发表的演
　　讲。——德注
　　　　"Wissenschaft"(science)一词,随脉络不同,译作"学术""学问""学术工作""学
　　术研究""科学""知识"等。"Beruf"(vocation, calling)一词,则译作"志业""使命""职
　　业""去从事某事的召唤"等。在德文中,"Beruf"是一个很普通的词,一般用来指我们
　　所谓的职业,不过因为马丁·路德译基督教《圣经》时,给这个词提供了强烈的基督教
　　背景,强调"奉神所召去从事某事",因此它有强烈的价值意涵。关于"Beruf"这个概
　　念的宗教背景,参见周伯戡,《韦伯的"天职"观》,《食货月刊》,第十三卷11,12期合
　　刊(台北,1984年3月),pp.36—58。
2　"私讲师"是德语国家的大学教职中最低的一级;私讲师没有大学所发的薪水,而是直
　　接向听课的学生收费以取得收入。

听讲费之外，别无薪水可领。在美国，学术生涯通常是以一种完全不同的方式开始，即先以"助理"（assistant）身份受聘。这种身份，类似德国自然科学与医学大型研究机构里的助理，其中只有一部分助理可望获得私讲师的正式职位，而且这种机会经常来得很迟。这种制度上的不同，实际上表示，一般而言，德国学者的事业是建立在金权取向（Plutokratie）的前提上。事实上，一个身无恒产的年轻学者，要面对学院生涯的这种现实，必须承担极大的风险。至少几年之内，时间长短不定，他必须想办法维持自己的生活。在这同时，他对自己将来是否能够得到一个职位，使生活过得比较像样，却毫无把握。相反，在官僚制度已经建立的美国，年轻人一踏进学术圈，就开始有薪水可领。当然，他的薪水很微薄，几乎比不上一个半熟练劳工的收入。可是，表面上他已经有了一份稳定的工作，因为他有一份固定收入。不过，通常他也和德国的助理一样，有被解聘的危险；如果他的表现不符期望，他得经常有这种心理准备，不必奢望同情。这些期望是什么呢？很简单，他必须招徕众多学生。类此不幸事件，不会威胁到德国的私讲师。他的情形是一朝在位，没有人可以请他走路。当然，他不能提出任何"要求"。但是，基于颇自然的想法，他会期望在工作几年之后，别人会给予他某种考虑。在他，这可以说是一种道德权利。同时，他也预期——这点常常是很要紧的——别人在讨论其他私讲师的进用问题时，会想到他。所有条件符合的年轻学者，原则上均应取得教书资格抑或考虑"教学需要"，因而让授课成为在职私讲师的专利，是一个令人困扰的两难问题；这和学院这门行业的双重性格有关，我们稍后即会谈到。多半时候，人们会赞同第二项选择。但是它也增添了若干危险，也就是相关的专任教授，无论用心多么嶔崎磊落，都不免要袒护自己的学生。我个人的做法，奉行下面这个原则：我要求经我指导完成论文的学生，在另一所大学获得另一位教授的认可，给予他私讲师的位置。这样做的结果，我的一位学生，而且是最优秀的学生之一，没有被别人接受，因为没有人**相信**我所说的理由是真的。

德国与美国另一个不同的地方是，在德国，一般情形是私讲师开的课比他希望的要少。照规定，他有权开他研究范围之内的任何一门课。但是，此举若付诸实行，将会被认为是对资深的先生们不恭敬。因此，"重头"课都留给正教授，私讲师则开次要课程。这种安排的好处是，学者在年轻的时候，有充裕的时间作研究，虽然这不一定出于当事人自愿。

美国的情形与此有基本上的差异。最初几年，正是助理教授学术生涯中工作负荷超重的时候，只因为他**拿了薪水**。例如，在德文系里，正教授只要开一门三小时关于歌德的课就够了。可是对一位年轻的助理教授，每周十二节课之中，如果除去德语听讲实习，能够获准教一些如乌兰德（Ludwig Uhland）之类的作家，他就很高兴了。学校当局决定课程表，而助理教授和德国研究机构里的助理一样，得向它屈服。

[§3　**学术研究机构的"国家资本主义化"**] 最近，我们可以清楚地看到，在学术的许多领域里，德国大学也走上美国大学的发展路线。大型医学或自然科学的研究机构，本是"国家资本主义形态"的企业；如果没有庞大经费，这些机构即难以维持。这里，我们碰到一个一切资本主义企业滋长之后都会造成的情况："工人与生产工具的分离。"工人，即助理，完全仰赖国家交给他使用的工具；如此一来，他之依赖所属机构的负责人，就如同工厂工人

依赖雇主。机构负责人诚心地认为机构是"**他的**"机构，用他的方式去管理。因而助理的位置，经常和"准无产阶级"或美国大学助理的差事一样，缺乏保障。

在一些重要的方面，德国大学和德国人的一般生活一样，正在美国化。我相信，此一发展终将波及那些研究人员自行拥有工具的学科，这里工具主要是指个人图书馆。目前，在我这行里，研究人员多半仍是这种状况，如同过去工匠曾经有过的情形。不过，资本主义化的发展，现在已成为全面的趋势。

[**§4 学术生涯中的机运问题**] 不可否认，就像所有官僚化的资本主义形态企业一样，这一切的确有它技术层面的优点。但是，这种新"精神"，却与德国大学传统的气氛不同。无论就外观还是本质而言，这些大型资本主义企业形态大学的主持者，与一般旧式的教授之间，都有一道鸿沟，心态方面也呈现同样的对比。关于后面这个问题，我不拟在此深究。在本质与外观两方面，旧式大学的**构成方式**都已成为幻影。唯一不曾消失并且有变本加厉之势的，乃是**机运**（Hasard）在大学学术**生涯**中所扮演的角色；也就是说，一个私讲师，乃至于一名助理，是否有朝一日能够升成正教授，甚或当上学术机构的主持人，纯粹靠**运气**。当然，在这场赌博中，机运不是唯一的决定因素，但却占有非常高的比重。我几乎不知道世界上还有哪种行业，机运在其中扮演如此重要的角色。我尤其有资格说这种话，因为当我相当年轻的时候，纯粹靠着一些意外的机运便被聘为正教授，而在这个学科中，一些与我年龄相若的同行的成就，无疑早超过我。我猜想，因为有这段个人亲身经验，我特别有锐利的目光，看出许多人尽管才气纵横，但因时运不济而不能在这套选拔制度里，取得他们应得的职位。

　　机运，而非真才实学，之所以扮演如此重大的角色，不能完全归咎于人性，甚至我们不能说人性是主要因素。学术界的选拔过程和其他选拔过程一样，必然会牵涉到人性因素。但是，如果把众多才智平庸之士在大学里扮演重大角色这个事实，归罪于学校教授或教育主管个人程度低劣，却是不公平的。造成凡才当道的原因，要到人类协作的法则中去找，尤其是好几组人的协作的法则。在这里，这是指负责推荐的教授与教育官员之间的协调合作。几个世纪以来选举教宗的情形与此相似。教宗选举的性质与学界选拔人才相同，是同类选拔中最重要的可以控制的例子。"众望看好"的枢机主教，很少有机会脱颖而出，获胜的反而往往是那排名第二或第三的。美国总统大选也是一样：如果最杰出的一流人才得到党代表大会提名，那是例外。多数情况下，都是名列第二、经常是第三的候选人获得提名，参加最后的大选。美国人早已发明了一套技术性的社会学名词，来替候选人分门别类。以这些例子探讨集体意志进行选拔的法则，将会十分有趣，不过这不是我们今天的课题。这些法则同样适用于德国大学里的合议制。我们不应对经常出现的错误感到吃惊，而应对**所择得人**的次数诧异。尽管在种种困难之下，这种情形仍然占了相当的比例。唯有当国会（如在某些国家）或君主（德国到目前为止）——二者结果相同——或取得权力的革命者（如德国当前），因**政治**原因干预学术界的用人时，我们才能确定有人和的平庸之辈及一心向上爬的人会垄断贤路。

　　没有一位大学教授喜欢回忆任命案中所进行的讨论，因为这种事很少令人感到愉快。但是，我可以说，我所知道的许多例子，**用心**都是尽量依据纯粹客观的理由来做决定，没有一个例外。

[§5　**学者与教师的难以得兼**]　除此之外，我们要明白，学术命运的决定主要凭"机运"，并非仅只是因为借集体决定拔擢人才的方式有所不足。每位受到召唤、有志从事学术工作的年轻人，都必须清楚地认识到，他所肩负的重任具有双重面貌。他不仅需要具备学者的资格，同时也必须能够做一位好老师，而这两种条件并不一定全然吻合。一个人可能是十分杰出的学者，同时却是一位糟糕透顶的老师。说到这里，我想起赫尔姆霍茨（Hermann von Helmholtz）与兰克这些人上课的情形，而他们绝非罕见的例外。不过，目前的情况已演变成我们的大学，尤其是小的大学，竞相招徕学生，这真是极其可笑。大学城里的房东，在学生人数突破一千大关时，要举行庆祝会，到超过两千时，他们必然兴奋得要办一次火炬游行。学费收入会因为相近学科聘请到了有办法"吸引大批学生"的教授，受到可观的影响，这点我们必须公开承认。除此之外，学生人数的多寡，乃是一种可以用数字来表示的通过考验的标志，而学者的素质却不可测量，碰到勇于创新之士时，更大有争议余地；这是十分自然的。结果，几乎每个人都为学生众多及因此而带来的好处而眩惑。说某某教授是个糟糕的老师，通常无异宣布他学术生命的死刑，即使他是举世数一数二的学者。可是他是好老师还是不好的老师，却要看学生老爷们上他课的人数多寡而定。事实上，学生是否涌向某位老师，多半——比一般人认为可能的程度要大——取决于一些纯粹外缘的因素，诸如性情，甚至声音的抑扬顿挫。根据我个人算得上相当丰富的经验，加上平静的思考，我对那些能够吸引众多学生的课程，有很深的怀疑，虽然这类现象也许是不可避免。民主，只能在该谈民主的场合推行。至于学术训练（如我们在德国大学传统下推展

的），是**精神贵族**的事；对这点，我们无需讳言。确实，以适当方
式呈现学术问题，而使一个未曾学而能学的心灵，对这些问题有
所了解，并且——这在我们看来是唯一重要的——对这些问题作独
立的思考，或许是教育使命里最艰巨的一项工作。但是，这项使
命有无达成，并非取决于学生人数之多寡。再回到我们的主题上，
教学这种艺术涉及个人的天赋，并且绝非与学者研究学问的能力
相吻合。与法国相对比，德国在学术上并没有一群"不死之士"[1]
的制度。依照德国的传统，大学应同时肩负研究与教学两种责任。
至于一个人是否同时兼备这两种能力，完全得靠运气。

[§6　学术生涯外缘条件的总结]　因此，学术生涯乃是一场疯
狂的冒险。当年轻学者要我对他们进大学教书做些建议时，我几
乎没办法负起鼓励之责。如果他是犹太人，我们自然可以说："放
弃一切希望。"[2]但是对其他的人，无论基于感情或良心，我们都必
须问这样一个问题：你真的相信，你能够年复一年看着平庸之辈
一个接一个爬到你的前面，而既不怨怼亦无创痛吗？自然，我们
得到的回答总是："当然，我活着只是为了我的'志业'。"然而，
我发现只有少数人能够忍受这种情形，而不觉得这对他们的内在
生命是一种伤害。

关于学者这行的外在条件，所必须说明的，也就是这些了。

1　"不死之士"（die Unsterblichen）指法兰西学院（Académie française）的四十名院士。所谓"不
　死"，是指院士死亡之后，随即递补新院士，永远维持四十人在位。院士所从事的唯一工作，
　便是有保障的终身研究工作。——日注
2　但丁《神曲》之《地狱篇》第三章；在《神曲》中，进入地狱的门上写着这句话："进
　入这里的人，放弃一切希望。"参见本书《韦伯的政治关怀》p.52 注 2。

二

[§7　学术的专业化]　我相信诸君实际上希望听我谈一些别的东西，那就是：学术作为精神上的志业。今天，相对于学术作为一种职业的经营，以学问为生命志业首先受到的限制，就是学问已进入一个空前专业化的时代，并且这种情形将永远持续下去。从表象与实质两方面来说，我们都必须认清，个人唯有通过严格的专业化，才能在学术研究的世界里，获得那种确实感到达成某种真正完美成果的意识。与相关领域重叠的研究工作——我们不时涉及而社会学者必须经常从事的——都带有几分莫可奈何的味道，因为我们知道，我们至多只能**提供**专家一些有用的**问题**，这些问题是他从专业角度不容易想到的；我们知道，不可避免地，我们自己的工作离完美之境太远。唯有凭借严格的专业化，学术工作者才有机会在有朝一日充分体认到，他完成了一些可以**传世**的成就，但是这种情形一生也许只有一次。今天，真正确定并且重要的成就，无不属于专业性的成就。任何人如果不能，打个比方，戴起遮眼罩，认定他的灵魂的命运就取决于他能否在这篇草稿的这一段里做出正确的推测，那么他还是离学术远点好。他对学问将永远不会有所谓的"个人体验"。没有这种圈外人嗤之以鼻的奇特的"陶醉感"，没有这份热情，没有这种"你来之前数千年悠悠岁月已逝，你来之后数千年岁月在静默中等待"的壮志——全看你是否能够成功地做此臆测——你将永远**没有**从事学术工作的召唤；那么你应该去做别的事。因为凡是**不能让人怀着热情**(Leidenschaft) 去从事的事，就人作为人来说，都是不值得的事。

[§8　灵感在学术工作中的位置]　然而，同样肯定的是，无

论这份热情是多么炽烈、真挚和深邃，它并不能保证对一个问题必然会产生学术上的成果。当然，对于具有决定性作用的"灵感"（Eingebung）来说，热情乃是先决条件。晚近，年轻人的圈子里流传着一种说法，即学问不过是数学计算上的问题，在实验室或统计归档系统中即可生产出来，和"在工厂里"制造产品没有两样。而从事这种计算，只需要冷静的头脑，可以不要"心和灵魂"。我们首先要指出，这种论调对于在工厂或实验室里作业的情形一无所知。在这两种地方，工作人员的脑子里都必须有一些**想法**，而且必须是正确无误的想法，他才能够用这些想法成就有价值的东西。这种灵感不能强求；它和冷冰冰的计算毫无关系。当然，计算本身也是一项不可或缺的先决条件。举例而言，没有哪一位社会学家，即使是年事已高的学者，会自认为已经了不起到可以不做成千上万、琐琐碎碎的计算工作的地步；这些计算有的一次得花上几个月的时间。如果你想得到点结果，你绝不能放心大胆地把工作交给技术助理全权处理，即使最后得到的结果经常只有微乎其微的重要性。但是如果你对于计算的方向，以及在计算过程中对于浮现的单项结果所代表的意义毫无"概念"，那么即使这微不足道的结果，也不可得。在正常情况下，这种"灵感"唯有经过辛勤工作之后，才会涌现；当然也并非一径如此。在学术的领域内，业余工作者的直觉对学术的影响，可能与专业人士的等量齐观，甚至更大。我们有一些最好的假说和见解，正是来自业余学者。正如赫尔姆霍茨论梅耶尔（Robert von Mayer）[1]之语，业

1　1840 年，梅耶尔以船医的身份，在赴爪哇途中，看到船员所流鲜血的颜色与在寒带流血的颜色不同，认为这是体内热能的变化所引起的，因此发现了"热的工作当量"，创立了"能量不灭"的法则。后来赫尔姆霍茨以严密的数学方法，将这个原则表现出来。——日注

余人士与专业工作者唯一的不同，在于他缺少一套确切可靠的作业方法，因而往往造成一种结果，使他无法对他的一项直觉的意义，加以判定、评估及经营发展。如果灵感不能取代工作，那么工作也不能取代灵感或者迫使灵感涌现；热情自然更办不到。热情与工作可以激发灵感；最主要的，二者要结合起来。即使如此，灵感只有在它们愿意的时候才会造访，并非我们希望它们来就会来。就像伊赫林（Rudolf von Ihering）所描绘的，有些精彩绝伦的想法，是当我们"坐在沙发上吸雪茄"的时候，突然出现；或是如赫尔姆霍茨以科学般精确的句子，描述他自己的状况：当他正沿着一条缓缓上坡的街道散步时，或者是其他类似的情况。不管怎样，灵感之涌现，往往在我们最想不到的当儿，而不是在我们坐在书桌前苦苦思索的时候。然而，如果我们不曾在书桌前苦苦思索过，并且怀着一股献身的热情，灵感绝对不会来到我们脑中。无论如何，学术工作者必须考虑到一切学术工作必须承受的风险：灵感会不会出现？一个人可能孜孜矻矻地努力工作，但却永远没有自己的创见。如果我们以为这种情形只发生在学术界，譬如说，商行办公室的情形就和实验室中不一样，那就大错特错。商人或工业巨子如果没有"做生意的想象力"，亦即没有灵感，没有直觉，终其一生，他还是做一个本本分分的职员或事务员比较稳当；他将永远不会在组织上真正有所创新。灵感绝不像一些自大的学者所想象的那样，在学术领域中，扮演一个比它在现代企业家对实际生活问题的掌握方面，更为重要的角色。另一方面，灵感在学术上的重要性，又并不亚于它在艺术领域中的重要性；这点也经常被人误解。如果有人以为数学家只要坐在书桌前，把弄米尺、计算器等，就能得到有学术价值的成果，这是很幼稚的想法。一个维尔史特拉斯（Karl Weierstrass）在数学上的想象力，无论从意义与结果来说，在导向上自然都和艺术家的想象力迥然有别，性质上也有根本差异，但是其间心理过程并无不同。二者皆为狂热（Rausch）（即柏拉图所谓的"迷狂"〔mania〕[1]）与"灵感"。

[§9 当前流行的"人格"论] 我们从事学术研究时是否有灵感，靠的是人所不能测知的命运，此外就是靠"天赋"。目前流行一种心态，把这项无可置疑的真理变成崇拜偶像的借口，这些偶像就是"人格"（Persönlichkeit）[2]与"个人体验"（Erleben）。这种崇拜充斥大街小巷与各种报刊，在年轻人的圈子里，尤为风行，这是可以理解的。这两个偶像彼此紧密连在一起：一般认为，"个人体验"构成人格，并为人格本质的一部分。于是人们使尽解数，努力去"体验"生活。因为他们相信，这才是一个"人格"应有的生活方式。即使"体验"生活没有成功，也得装出一副有异禀的样子。从前德文把"个人体验"称为"感动"（Sensation），我认为在当时人们对人格及其代表的意义，有更恰当的了解。

[§10 学者的"人格"] 各位贵宾们！在学问的领域里，唯有那**纯粹**向**具体工作**（Sache）献身的人，才有"人格"。不仅研究

1　见柏拉图的《斐德罗篇》（*Phaedrus*）："迷狂"是一种受"激发"后的忘我状态，见诸直接通灵的先知、诗人等。

2　"人格"是韦伯的哲学思想中很重要的一个概念："人格"使人的行动和自然界的事件有别。用韦伯自己的话来解释："人格的本质，在于人格和某些终极价值及生命意义的内在关系的坚定不渝……" Max Weber, *Roscher and Knies: The Logical Problems of Historical Economics*, English tr. Guy Oakes（New York, 1975），p.192；参见 Max Weber, *The Methodology of the Social Sciences*, p.55。关于"人格"的精细讨论，请参见 Rogers Brubaker, *The Limits of Rationality: An Essay on the Social and Moral Thought of Max Weber*（London, 1984），pp.95—98。最近一本以"人格"为韦伯思想关键的著作，是 Harvey Goldmann, *Max Weber and Thomas Mann: Calling and the Shaping of the Self*（Berkeley, 1988），其中对这个概念有深入的探讨。日译本将此词译作"个性"，或可供中文读者参考。

学问如此，就我们所知，伟大的艺术家，没有一个不是把全部心力放在工作上；工作就是他的一切。就艺术家的艺术而论，即使"人格"伟大如歌德者，要想把"生活"变成一件艺术品，都会对艺术造成伤害。如果有人怀疑这点，他必须是歌德，才能胆敢让自己拥有这种自由。至少，每个人都会同意，即使在像歌德这种千年一见的人身上，这种自由也必须付出代价。在政治方面，情形亦复如此，不过今天我们暂不讨论这个问题。在学术圈内，当一个人把他应该献身的志业，当作是一项表演事业，并以其经理人身份自居的时候；当他出现在舞台上，竭力以"个人体验"来证明自己的价值的时候；当他自问我如何证明我不只是"专家"而已，我又如何在形式与内容上发前人未发之言的时候——我们绝对不能把他当作是一个有"人格"的人。今天，这种现象已经相当普遍；它始终给人一种卑劣的印象，并降低当事人的人格。反之，唯有那发自内心对学问的献身，才能把学者提升到他所献身的志业的高贵与尊严。在这一点上，艺术家也是一样的。

[§11 何处寻觅学术工作的意义] 在这些先决条件上，学术工作和艺术有共同之处，但在其他方面，学术工作与艺术工作相当不同。学术工作和一个**进步**（Fortschritt）的过程不可分离；而在艺术的领域中，没有进步这回事，至少不同于学术上所说的进步。我们不能说，一个时代的艺术作品，因为这个时代采用了新的技巧方法，甚或新的透视法则，就比那没有采用这些方法与法则的艺术品，具有更高的艺术价值——**只要**后者的形式，充分表现了它所欲表达的题材，也就是说，对于题材的选择与处理，即使未使用这些新的方法与条件，也能充分掌握艺术性。一件真正"完满"的作品，永远不会被别的作品超越，它永远不会过时。欣

赏者对其意义的鉴赏各有不同；但从艺术的角度观之，人们永远不能说，这样一件作品，会被另一件同样真正"完满"的作品"超越"。在学术园地里，我们每个人都知道，我们所成就的，在十、二十、五十年内就会过时。这是学术研究必须面对的命运，或者说，这正是学术工作的**意义**。文化的其他领域，也受制于同样的情况，但是学术工作在一种十分特殊的意思之下，投身于这种意义：在学术工作上，每一次"完满"，意思就是新"问题"的提出；学术工作**要求**被"超越"，**要求**过时。任何有志献身学术工作的人，都必须接受这项事实。学术研究，若由于本身所带有的艺术性，能够提供人们以"满足"，当然可以流传；或是作为一种训练方法，也可以有持久的重要性。然而就学术本身的观点来说，我再重复一遍，将来总有一天，我们都会被别人超越；这不仅是我们共同的命运，更是我们共同的目标。当我们进行一项工作时，不能不希望别人会更上一层楼。原则上，这进步会无限地继续下去。有了这种了解，我们接下来要谈的，便是学问的**意义**（Sinn）这个问题。毕竟，一种活动如果受制于这样一种法则，那么它本身是否合理，或有无意义，并非自明。人们为什么要努力从事这样一种在实际上永无止境并且永远不可能有止境的工作？首先，人们会说，是为了纯粹实用的目的，或者，我们用较广义的说法，是为了技术性的目的；换言之，是为了按照学术经验所提示的期望，调整我们实际活动的取向。好，但这一切只对应用者有意义。学术从业者本人，对他的志业抱持的又是怎样的态度呢——如果他确实有心追求这样一种人生态度？他会说，他是"为学术而学术"，而不是图求看见别人因为利用学术而获得商业或技术上的成功，或是人们借此吃得更好，穿得更好，心智更开明，统治管理更成功。

可是，一个人如果为了学术本身，投入这个专业分工精细而又永无止境的经营里，在他的成就与发现早已注定了会被后人超越的情况下，他认为自己的这些努力能完成什么有意义的事？对于这个问题，我们必须做一些一般性的思考。

三

[§12　理知化的主要意义]　学术的进步，是人类理知化（Intellektualisierung）过程的一个部分，并且是最重要的一个部分。此一过程已持续数千年之久，可是到了今天，流行的风气却是用极其否定的态度来看待它。

关于由学术（Wissenschaft）和以学术为依据的技术所孕育的理知主义的合理化（Rationalisierung）趋势，让我们先来澄清一下其现实含义。它是不是表示，今天在座的每一个人，对于自身的生存状况，都比一个美洲印第安人或一个霍屯督人（Hottentot）[1] 知道得更为清楚？这几乎是不可能的。我们搭乘电车，对车子为什么会前进一无所知，除非你是专业机械师；而且我们没有必要知道。我们只要知道电车行驶有一定规则可循，据以调整我们的行为，那就够了。至于这样一个会走的机器是怎样制造的，我们并不知道。相形之下，未开化的野人对他的工具的了解是我们比不上的。今天我们在花钱的时候，对于为什么用钱可以买到东西，并且买的东西有时多、有时少这个问题，我敢打赌，如果听众中有学政治经济学的同事，大概每一位都会提出不同的答案。可是野人知道，

1　南非土著人种之一，原居于好望角附近，现已几乎灭绝。

为了得到每天的食物，他必须做些什么事，什么制度会帮助他达到这个目的。因此，理知化与合理化的增加，并不意味着人对他的生存状况有更多一般性的了解。它只表示，我们知道或者说相信，任何时候，只要我们**想了解**，我们就能够了解；我们知道或者说相信，在原则上，并没有任何神秘、不可测知的力量在发挥作用；我们知道或者说相信，在原则上，通过**计算**（Berechnen），我们可以**支配**（beherrschen）万物。但这一切所指唯一：世界的除魅（Entzauberung der Welt）[1]。我们再也不必像相信有神灵存在的野人那样，以魔法支配神灵或向神灵祈求。取而代之的，是技术性的方法与计算。这就是理知化这回事的主要意义。

[§13　**进步与死亡的意义**] 那么，这个在西方文化中已持续数千年之久的除魅过程，以及以知识作为环结与动力的"进步"，在纯粹应用与技术层面之外，是否还带有任何其他意义？诸位在托尔斯泰（Leo Tolstoy）的作品里，可以看到这个问题以最原本的形式提了出来。他提出这个问题的方式很独特。他整个思考，环绕在"**死亡**是不是一件有意义的事"这个主题上逐渐发展。他的回答是：对于文明人来说，死亡没有意义。死亡对于文明人来说没有意义，因为文明人的个人生命是置放在无限的"进步"当中；依照这种生命本身的内在意义来说，这样的生命永远不会走到尽

1　据 Gerth 与 Mills 的说法，韦伯自席勒（Friedrich Schiller）取得"世界的除魅"（日译本作"解除魔咒"）一词；见 H. H. Gerth & C. Wright Mills, trans.and eds., *From Max Weber : Essays in Sociology*（New York, 1946）. p.51。但是 Gerth 与 Mills 没有告诉我们席勒在何处用过此词，我们也没有机会从席勒的作品中找到此词的出处。不过，根据英国一位研究黑格尔的学者的说法，席勒的诗《希腊众神》（*Die Götter Griechenlands*）充分地表达了此一观念，见 Raymond Plant, *Hegel : An Introduction*, 2nd ed.（Oxford, 1983）. pp.37—38。唯席勒此诗中只有 die entgotterte Natur（除去了神的自然），并无"除魅的世界"。

头。因为对那些身处进步过程中的人来说，前面永远有下一步待走；任何人在死亡之时，都没有抵达巅峰，因为巅峰是在无限之中。亚伯拉罕（Abraham）[1] 或古代的农民"年高而享尽了生命"[2]，因为他是站在生命的有机循环过程中；因为就生命的本质而言，他在生命的黄昏已经获得了他的生命所能给他的一切；因为他眼中再也没有他会想要去解开的疑惑；因此，他可以说，这一生已经活"够"了。反观文明人，处在一个不断通过思想、知识与问题而更形丰富的文明之中，很可能"对生命倦怠"，而非享尽了生命。他只能捕捉到精神之生命不断新推出的事物中微乎其微的一部分，而他所能掌握的，却又只属一时而非终极。在这种情况下，死亡在他眼中，乃成为一桩没有意义的事件。既然死亡没有意义，文明生命本身也就不再带有任何意义；因为死亡之所以缺乏意义，正是肇因于生命之不具意义的"进步性"。在托尔斯泰后期小说中，此一论点随处可见，形成他艺术的基调。

[§14　**学问的价值——问题的提出**]　我们应该如何来面对这个问题？在技术层面以外，"进步"本身是否尚有什么可以明认的意义，因于这种意义，对"进步"的服务，遂可成为一桩有意义的志业？这个问题是一定要提出的；但这已不单单是奉学问为志业的问题，亦即不单纯是学问作为一种志业，对于献身于它的人有什么意义的问题。现在我们问的问题是，在人的整体生命中，**学问的使命**是什么以及它的价值在哪里。

1　亚伯拉罕是以色列民族的始祖，生于公元前两千年左右，以游牧为生，据说享寿一百七十五岁。——日注

2　"年高而享尽了生命"，是《旧约》中常见的字眼，见《创世记》25 章 8 节、25 章 17 节、35 章 29 节，及《约伯记》42 章 17 节。

[**§15 前人对这个问题的看法**] 关于这点，过去与现代，呈现相当大的对比。让我们回想一下柏拉图《理想国》第七卷开头那个精彩的意象：一群人被铁链锁在山洞里，面向石墙，光的源头就在他们身后，他们却看不见。他们只关心光射在石墙上所显现的影像，并努力揣想它们彼此之间的关系。终于，其中一人成功地粉碎了他的桎梏，转过身去，看见了太阳。目眩神摇之下，他四处摸索，结结巴巴地把所看到的讲出来。别人都说他疯了。渐渐地，他习惯了用眼睛去注视这道光源，然后，他的使命是回到洞穴的囚犯中，引领他们走向光明。这个人是哲学家，而太阳代表学问的真理。唯有在这真理之中，我们才不以幻觉与影像为足，而是追求到真实的存在。

[**§16 概念的发现之意义**] 但是，时至今日，谁还对学问抱着这样的态度？现在年轻人的想法，刚好与此相反：在他们眼里，学问所做的思想建构，乃是一个由人为的抽离所构成的渺冥世界；这些人为的抽离，伸出瘦骨嶙峋的双手，试图抓住现实生命的元漓之气，却总是惘然。其实，在生命里面，在柏拉图指为洞穴墙上的影像的舞动之间，正是有道地的真实在搏动；舍此之外，一切都完全是生命的衍生物，是没有生命的幽灵。这种转变是怎么发生的呢？在《理想国》中，柏拉图挟热情而发的勃勃意兴，终极言之，必须归诸一件事：在当时，**概念**（Begriff）——一切学问性的知识最重要的工具之一——的意义，头一次被有意识地发现了。苏格拉底（Socrates）发现了概念的重要性；不过苏格拉底并不是这世界上唯一有此创见的人。在印度，诸君也可以找到和亚里士多德（Aristotle）逻辑十分相近的一套逻辑的开端。但在希腊地区以外，没有人像苏格拉底这样意识到概念的重要意义。他首

先利用此一便利的工具，对人一步一步地施加逻辑上的压力，迫使对方必须承认：或者自己一无所知，或则概念便是唯一的真理，并且是**永恒**的真理，永远不会像盲目人类的活动那般消散于空无。在苏格拉底的弟子眼前展现的，正是这项强烈的经验。由这些，似乎可以得出一个结论：只要发现美、善，或者例如勇气、灵魂，或任何事物的正确概念，就等于把握到这件事物的真实存在。而这种知识，似乎又使人得以知道并教导人在世上应如何正当行事，最主要的，作为城邦的公民应该如何正确行事。对于心中思考彻头彻尾以政治为依归的希腊人来说，这个问题就是一切。人努力从事学问，便是为了这个理由。

[§17 **理性实验的兴起**] 在上述希腊心灵所发现的概念之侧，是学术工作的第二项伟大工具：理性实验（rationale Experiment）；这是文艺复兴时代的产物。借着理性实验方克获得可以稳当控制的经验；如果没有它，现代经验科学便不可能成立。当然，在这之前，人们已经开始做实验；举例而言，在印度，为改良瑜珈禁欲技巧，曾进行生理实验；在古希腊时期，为了战争技术的目的，曾进行数学性质的实验；在中古时期，目的则是为了开矿。但把实验提升成为研究本身的原则，则是文艺复兴的成就。这项发展的先驱，当推**艺术**领域的伟大创新者：达·芬奇（Leonardo da Vinci）及与他相当之人，特别是十六世纪用试验钢琴在音乐中进行实验的人，更具代表性。通过这些人，实验传入学问的领域；伽利略曾在这方面发挥最大的影响，而通过培根（Francis Bacon），实验开始进入理论的领域。接着，在欧洲大陆的大学里，若干精密学科也陆续采用实验方法，起初特别是意大利及荷兰的诸大学。

[§18 **近代人对这个问题的看法**] 对这些踏在近代之门槛上

的人，学术代表什么意义？在达·芬奇这类艺术实验者与那些音乐创新者看来，学术是通往**真实**艺术的道路；而对他们来说，所谓到真实艺术，意思就是到达真实的**自然**。艺术当被提升到学问的地位；这意思主要是说，艺术家应该跻身于大学者（Doktor）的地位，无论在社会方面言之，抑就其个人生命的意义言之。例如达·芬奇的《论绘画》，就是本着这样一种抱负而写成的。但今天的情形又如何呢？"学术为通往自然之路"这句话，听在年轻人耳朵里，不啻亵渎神圣。现在年轻人的论调刚好与此相反：我们要从学术的理知主义中解放出来，以回复人的自然本性，由此回归大自然。学术是通往艺术的道路？算了。这句话连批评都可以免了。——但是，在精密自然科学兴起的时代，人们对学问有更高的期望。如果你们记得斯瓦默丹（Jan Swammerdam）所说的"我借解剖跳蚤，向你们证明神的旨意"，你们就知道在新教（Protestantism）与清教（Puritanism）的（间接）影响之下，学术工作者眼中自己的任务乃是：指出通往神的道路。当时人们已经无法从哲学家及他们的概念和演绎中找到这条路——当时整个敬虔神学（pietistische Theologie）[1]，特别是斯彭内尔（Philipp Jakob Spener），都知道不能循中世纪所走的道路去寻找神。上帝隐藏了起来，他的道路不是我们的道路，他的意念不是我们的意念。[2] 不过，通过精密自然科学，人既然可以有形地把握他的作品，人就希望找出他对世界的旨意的蛛丝马迹。然而今天情形又如何？除

1　敬虔派是近代神学中由路德派衍生出来的一个重要流派，强调信者内心经验中的"绝对依赖感"，反对制度化、形式化及理论化，推崇基督徒个人的性灵与实践方面的成就。

2　"上帝隐藏了起来"句，见《以赛亚书》45 章 15 节；"道路"与"意念"句，则见《以赛亚书》55 章 8 节："我的意念不是你们的意念，你们的道路不是我的道路。"

了几个老儿童——在自然科学界，还真有这种人——谁还相信天文学、生物学、物理学或化学上的知识，能在世界的意义这个问题上对我们有所启发？谁还相信自然科学能够指点迷津，告诉我们要循哪一条路才能找到它的踪迹？其实，照这些自然科学的倾向，一旦它们真要涉及这些问题，那么有所谓世界的"意义"存在这个信念，将会被它们从根铲除。总而言之，学问引导我们"走向神"？学问这种明确非宗教的力量？学问是一种非宗教的力量，今天已没有人会在心底怀疑，即使有人尚不肯对自己承认。与神合一的生命，有一个基本前提，就是要从学问的理性主义与理知主义解脱出来。这种盼望，或是其他意义相类的希望，已成为德国具有宗教倾向或渴望获得宗教经验的年轻一代不时可闻的主要口号之一。他们追求的尚不只是宗教经验，并且是经验本身。唯一令人奇怪的，是他们所走的途径：到目前为止，非理性的领域，乃是理知主义唯一尚未触及的领域，然而现在却被提升到意识层面，并置于放大镜下仔细检视。以近代理知主义形态出现的非理性浪漫主义，其实就是这样产生的。不过，取这种途径以求摆脱理知主义，最后得到的结果，很可能与当初心目中的目标背道而驰——最后，还有人要以一种天真的乐观，歌颂科学——也就是以科学为基础的支配生活的技术——是到达**幸福**之路；经过尼采对那些"发现了幸福"的"终极的人"[1]加以毁灭性的批判之后，我对此完全不用费词了。除了某些在大学里教书或坐在编辑台上的老儿童，还有谁相信这一套？

1　见尼采《查拉图斯特拉如是说》（*Also Sprach Zarathustra*）第一部分序言的第五节。照尼采的描述，"终极的人"是最鄙陋可厌的人，和"超人"成对比，是近代欧洲中产阶级庸俗、安逸、自大性格的写照："他们一边眨眼，一边喊着：我们已发现幸福了！"

四

　　[§19　学问的价值作为学术工作的预设]　让我们回到本题。当"通往真实存在之路""通往真实艺术之路""通往真实自然之路""通往真实上帝之路""通往真实幸福之路"种种古老幻象均被扫空之后，在〔今天〕这种种心态状况下，学术作为一种志业的意义安在？托尔斯泰曾就这个问题，提出一个最简单的答案："学问没有意义，因为对于我们所关心的唯一重要问题：'我们该做什么，我们该如何生活？'它没有提供答案。"学问对这些问题没有提供答案，已是不争的事实。尚待讨论的问题只在于，在什么意义之下，学问"没有"答案，以及对一个问题问得正确的人，学问能否提供一些帮助——今天，人们往往习于把"学术没有预设"挂在嘴边。真有这么一回事吗？这得看个人如何了解"没有预设的学术"。所有的学术工作，皆预设逻辑与方法论的规则为妥当：这些是人在世界上定位的一般性基础，而至少就我们的特定问题而言，这些预设最不构成问题。不过，学问进一步预设：学术工作得出的成果，有其**重要性**，亦即"有知道的价值"。显而易见，我们所有的问题都包含在这里；因为这项预设无法用学术方法证明。这个预设，只能根据它的终极意义来**诠释**（deuten），而这种终极意义，个人只能根据自己对生命所抱持的终极立场，加以接受或拒斥。

　　[§20　价值预设与各类学科的关系]　学术工作与其预设之间的关系，随学科结构的差异而有极为不同的形态。自然科学，如物理、化学或天文学预设：在学术研究所能达到的范围以内，把握宇宙现象的最高法则，是一件值得花心力去做的事。它们把此

一预设当成是不证自明之理，不仅因为我们用这种知识可以得到技术性的成果，而且，如果这类知识的追求是一项"志业"，它本身即是有价值的。但是，此一预设本身，绝对无法加以证明。至于要证明这些科学所描绘的世界有存在的价值，也就是说它有"意义"，或是生活在这样一个世界里有其意义，就更不可能了。自然科学不寻求这类问题的答案。其次，让我们来看看一门从科学观点来说高度发达的实用技艺，即现代医学。医疗工作一般性的"预设"，用平常的话来说，在于尽忠职守，也就是把生命本身维系住，并尽一切可能减少痛苦这回事。不过，这句话很有问题。医疗人员必须尽力维系患了不治之症的病人的生命，即使病人恳求让他离开人世，即使家属认为病人的生命对他们来说已失去价值，同时也无力负担维持他这没有价值的生命所需的费用，因而同意让他解脱痛苦。也许这是一个凄惨的精神病患者，他的亲人，不管承认与否，都希望，也必然希望他早点死掉。可是唯有医学的预设，加上刑法的规定，阻止医生放弃对这种病人的治疗。这个病人的生命值得活吗？在什么情况下有活的价值？医学不问这些问题。所有自然科学提供的答案，都是回答一个问题：**如果**我们希望在**技术层面**支配生活，我们应该怎么做。至于我们**是否**应该以及**是否**真的希望在技术层面支配生活和这样做有无终极意义，自然科学或是完全略而不提，或是依照它们本身的目标来预设答案。再以艺术学为例。艺术学认定世上有艺术品这种东西的存在。它要知道艺术品是在哪些情况下产生的。但是它不问艺术的领域是否竟是属于魔性的至尊至美存身的领域，竟是一个属于此世的领域，因而其本质竟是反上帝的，它贵族式的最悲情竟与人类博爱的精神背道而驰。在这个意义上，艺术学不问是否**应该**有艺术品存在。再看法理学：法学的思考，部分受到具有必然性的逻辑一般原则（Schemata）的限制，部分受到约定俗成的一般原则的限制；法律思想的规则被认为是妥当的，也就是当某些法律规则以及它们的某些解释方法被承认具有拘束力量时，即由法理学来加以确立。对于**是否**应该有法律，以及人们是否应该只设定这些规则，法理学是不闻不问的。它只能指出，如果我们希望得到某种结果，那么根据我们法律思想的规范，这条法律条文是获得该结果最适宜的方法。再来，我们看看历史性的文化学科（historischen Kulturwissenschaften）。这些学科教我们如何从其起源的条件上，了解政治、艺术、文学与社会等方面的文化现象。但是它们本身，对于这些文化现象在过去或在今天有无存在的**价值**，并没有答案，它们也不会告诉我们，是不是值得费工夫去认识这些文化现象。它们只预设：通过这个了解的过程，参与"文明人"的共同体，是有价值的（Interesse）。可是它们提不出任何"科学"性的证明，证明实情确实如此。同时，它们做此预设，绝不证明此乃理所当然。事实上，这根本就不是自明之理。

　　[§21　政治不属于课堂]　现在，我们回到离我最近的学科：社会学、历史学、国民经济学、政治学与目的在于诠释上述学科的各种文化哲学。有人说，在大学讲堂中，政治没有立足之地；我同意这种说法。在学生这方面，政治不属于讲堂。举个例子来说，倘若反战学生在我以前柏林大学的同事舍弗尔（Dietrich Schäfer）的课堂上，围住他的讲台，大声叫嚣，一如传闻中主战学生对佛斯特（Friedrich Wilhelm Förster）教授的行径，我会同样感到遗憾，虽然佛斯特教授的看法，在许多方面，与我有莫大的距离。然而，在教员这方面，政治一样不属于课堂。如果老师对政治的关心，

是基于一种学术上的兴趣，就尤其不该在课堂上谈政治。因为在现实政治中采取某种立场是一回事，而对政治结构与政党立场进行学术分析则是另一回事。当一个人在公众集会上谈民主，大可不必隐瞒自己的立场；甚至我们可以说，站好清楚明确的立场，是他无可逃避的责任。在这类集会上，人们所用的语言，并非科学分析的工具，而是一种政治诉求，为的是争取他人的支持。它们不是犁头，锄松静观思想的泥土，而是对付敌人的利剑，是武器。但在讲课时，或是在课堂里，用这种方式使用语言，却是一项卑鄙的行为。举例来说，如果主题是"民主"，你可以讨论民主的各种形式，分析民主运作的方式，比较不同形式的民主对生活状态的影响，然后你将民主形式与非民主政治秩序的形式对照来看，努力让听者进入一个能够找到出发点的状况，以便他可以根据他自己的终极理想，确定自己的立场。真正的教师会注意，不要在讲台上，把某一种立场灌输给学生，无论其方式为明讲或暗示。因为以"让事实自己说话"的方式，把政治立场灌输给学生，是最欺骗性的做法。

[§22 为什么政治不属于课堂] 为什么我们的确应该避免做这种事？我先声明，有许多深受敬重的同侪认为，这种自我抑制，不可能彻底办到；即使能够办到，避免表示立场也不过是个人口味的问题。是的，我们不能以科学方法证明大学教授的职责是什么。我们只能要求教授们具有智识上的诚直去看清楚：事实的确定、数学或逻辑上的关系的确定，或文化理想之内在结构的确定是一回事；回答有关文化的价值及其具体内容，以及人在文化共同体与政治团体中应如何**行动**的问题，是另一回事。这两种问题，是完全不同性质的问题。如果现在有教授问我，为什么他不能在

课堂上讨论第二类问题，我的回答是：先知与群众鼓动者，都不属于教室的讲台。对先知和群众鼓动者，我们要说："到大街上去，把你的话公开向群众说"，也就是在他人可以批评你的情况下讲话。在课堂里，教授座前的听众必须保持缄默，教授侃侃讲课。学生为了前途必须上课，在课堂上也并没有教授来向教授提出批评。如果有教授利用这种局面，用自己个人的政治见解来影响学生，而不是利用这种环境，本着自己的职责，让听课的人从自己的知识和学术经验中得益，我认为是不负责任的。当然，教师个人很可能无法完全排除个人主观的政治倾向；在这种情况下，他将受到良心最严厉的谴责。但这种过失，绝对不能证明什么。别的错误一样可能发生，譬如在陈述某项事实时犯了错误，但这并不证明，追求真理的职责因此便有理由松懈。我的批评，也是基于学术本身利益的考虑。我可以举出我们的历史学家的著作来证明，无论何时，一旦学者引进个人的价值判断，对于事实的完整了解，即**不复存在**。但这已超出今晚的主题，需要长篇的讨论。

　　[**§23　学术求于信徒者——一个例子**]　在此，我只想问一个问题：在一门研究教会与国家各种形式的课上，或者一门宗教史的课上，要如何让一位虔诚的天主教徒和一位共济会会员（Freimaurer）[1]，对这些问题有同样的**价值观**（Wertung）？这是绝对不可能的。然而学院教员必须希望并且要求自己，让两个人都能从他的知识与方法中得益。诸位会理直气壮地指出，那位虔诚的天主教徒，永远不会接受一个不带天主教教义预设的教师有关基

1　"共济会"是世界上最大的秘密社会，会员将近六万人。起源于十八世纪的英国，共济会强烈地反教会、反封建、主张共和民主及人道主义。天主教会及大多数集权保守国家，均宣布共济会为非法组织。

督教兴起的历史因素的看法。确实！但是，差别是在这里：在排斥了宗教的拘束这个意义下"不带预设"的学术，事实上既不理会"奇迹"，也不承认有"启示"。如果承认，就是不忠于自己的"预设"。但教徒则相信有奇迹和启示。"不带预设"的学术所要求于信徒者，是要信徒起码——但也**不多于此**——承认，**如果**基督教的兴起过程，不需要借助于什么超自然力量的介入即能得到说明，同时从经验性的说明的角度来看，这种超自然力量的介入，作为因果性的因素又是必须排除的，这种情况下，这个过程，便应该照学术所要求的方式来说明。信徒可以这样做，而又没有不忠于他的信仰。

[§24 **"令人不快"的事实**] 那么难道学术的成果，对于一个不在意事实本身如何，而只关心实践立场的人，就毫无意义了吗？大概未必见得。首先我们举出一点。一个人如果是一位发挥了作用的教师，他首要的职责，是去教他的学生承认**尴尬**（unbequeme）的事实，我是指那些相对于个人党派意见而言，令人不快的事实。每种意见，包括我个人的意见在内，都会面对一些令人极端尴尬的事实。我相信，如果一位教师迫使学生习惯这类事情，他达成的，不只是属于知性方面的贡献。我会不虞夸张之讥，用"道德成就"来形容它，虽然对一件如此理所当然的事，这四个字或许确实太过严重了。

[§25 **价值的多神论**] 到目前为止，关于为什么要避免个人立场的灌输，我只谈到**实际**方面的理由。但是这些并非唯一的理由。"从学术上"为实践方面的立场做宣扬辩解之所以不可能——唯一的例外是，当我们在讨论为达成某一**既定**而预设在先的目标所采用的方法时——还有更深一层的理由。在原则上，这种宣扬

辩解便没有意义，因为世界的各种价值领域（Wertordnungen），互相处在无可消解的冲突之中。对密尔（J. S. Mill）的哲学，我本无词可赞；但他在老年所说，如果从纯粹经验出发，就会变成多神论，却完全正确[1]。这话说得浮面，听起来吊诡，但其中自有真理在。今天，我们充其量不过是又重新认识到：一件事物之为神圣的，非但不为其不美所碍，并且正是**因为**其为不美，同时唯在其为不美的**条件**下，这事物才成其神圣。在《圣经·以赛亚书》第 53 章及《诗篇》第 22 篇，诸君可以找到这方面的记载。至于说，一件事物，非但其为不善之处无碍于其为美，并且正是在其为不善之处，方见其美；这个道理，尼采已让我们再度了解；在尼采之前，在《恶之花》（*Fleurs du mal*）——波德莱尔（Charles Baudelaire）为他的诗集题名如此——中，诸君也可以见到这个道理的铺陈。再至于说，一件事物，非但其为不美、不神圣、不善，皆无碍于其为真，并且正是因为其为不美、不神圣、不善，所以才为真；这实在是一项日常的智能。各个领域、各种价值的主宰神互相争斗；以上所言，都不过是这种斗争最原本的形式。在法国文化与德国文化的**价值**之间，要如何"学术地"作一个裁决，恕我不知道。在这里，也是不同的神祇在互相争斗，毫无疑问地永远在争斗。这种情形，和古代尚未祛除其神祇与邪魔之迷魅的世界中的情形并无二致，唯其意义已不同；一如希腊人此时向阿佛洛狄忒献祭，彼时向阿波罗[2]献祭，每个人尤其都向自己城邦的神献祭，今天我们依然如此；但是在我们的仪式里，迷魅已祛散，属于神话，但就

1　见密尔写于 1868—1870 年间的 "Nature, the Utility of Religion, Theism"。
2　希腊神话中的神，分别掌管不同领域的活动，参见《政治作为一种志业》，p.277 注 3。

精神意义而言完全真实的象征力量，已遭剥落。主宰这些神祇及其斗争的，自然不是"学问"，而是命运。我们所能了解的，只是对这个领域或那个领域而言，具有神的地位的是**什么**，或者该说：**在**这个领域里或那个领域里，具有神的地位的是**什么**。就教授在课堂上所能做的讨论而言，问题到此绝对告终。当然，这并不是说，其中蕴含的重要**生命**问题也告结束。但是，对这个问题，大学讲坛之外的力量，才有说话的权利。谁敢挺身"根据学术驳斥"山上训词[1] 所揭示的伦理，其中包括诸如"不要抵抗恶行"或把另一边面颊送给别人打之类的训诫？然而，很明显地，从此世的观点来看，这些训诫所教导的伦理观念，乃是一种全然放弃了尊严的伦理（eine Ethik der Würdelosigkeit）。人必须在此一伦理所赋予的宗教尊严与训示我们"抵抗恶行——否则你将为它压倒性的力量分担责任"的人性尊严之间，做一抉择。相对于个人的终极立场，这两种伦理，一个是魔鬼，一个是上帝。个人必须自己决定，**对他来说**，哪一个是上帝，哪一个是魔鬼。在生命的各个层面，情况都是如此。但是，一种以伦理的和有条理的态度操持生命的理性主义，乃是一切宗教先知的必然产物；这种宏伟的理性主义，业已排除了上面所述的多神论，取而代之的是"唯一必然之神"。不过，鉴于生活内外两方面的诸般现实，这种理性主义发现一些妥协和相对化仍是必要的。这些，在基督教的历史中，我们都看得很清楚。到了今天，这类妥协和相对化，在宗教中已是"日常生活之事"了。于是昔日众神从坟墓中再度走出来，由于已遭除魅，他们不再表现为拟人的力量。他们企图再次主宰我们的生命，并

---

1 《圣经·马太福音》第 5 章到第 7 章。

且又一次展开了他们之间的永恒争斗。可是，对于近代人，尤其
是年轻人，最艰难的是去面对这种**日常生活之事**，而犹贾勇自持。
所有对"体验"的追求，皆源自此一软弱；〔之所以称之为软弱，〕
是因为面对时代宿命的肃杀面容，而无能正视之，即为软弱。

悠悠千年，我们都专一地皈依基督教伦理宏大的悲情（pathos），
据说不曾有过贰心；这种专注，已经遮蔽了我们的眼睛；不过，
我们文化的命运已经注定，我们将再度清楚地意识到多神才是日
常生活的现实。

五

[§26　美国年轻人对教师的态度] 关于这些牵涉深远的问题，
我们说的已经够多了。对这一切，我们有一部分年轻人会回答："不
错。但我们来上课，就是想在分析与事实陈述以外，体验一些别
的东西。"他们的错误，在于想在教授身上，寻找和站在他们面前
的人完全不同的东西——他们要的是**领袖**，而非**教师**。但我们仅
仅是以**教师**的身份站在讲台上的。这两种身份截然有别。大家其
实很容易就明白事实便是如此。由于在美国可以观察到这类事体
最实在的原始形态，请诸位让我再次举美国为例。美国年轻人学
到的东西远比德国青年学到的少；在这同时，虽然在美国学校里，
考试次数多得令人难以置信，但由于校园**风气**使然，他们并未变
成像德国学生那样的考试动物。官僚体制的先决条件，便是要把
文凭当作进入官职俸禄世界的入场券；这种官僚体系，在美国尚
属发微阶段。美国的年轻人，对任何人、任何事、任何传统和任
何官职，都了无敬意；他们只为当事人的个人成就折服。美国人

把这称为"民主"。不论在这种民主观念的对照之下，美国民主的实况显得多么扭曲离奇，美国人便是这样来了解民主的；而这种对民主的了解，才是我们现在的关心所在。美国年轻人是这样子看站在他面前的教师的：他把他的知识与方法卖给我，赚我父亲的钱，与卖菜妇把包心菜卖给我母亲，完全没有两样。事情这就了了。当然，要是这个教师正好是个足球教练，那么在这个领域里，他便是这学生的领袖。但如果他不是这样的人物（或者不是在另一种运动里担任类似的角色），那么他只不过是一个教师而已。没有美国青年人，会让他的教师卖给他一套"世界观"或者一套操持自己生命的标准法则。当然，这样的情形，如果用这种方式表达，我们也会拒绝接受。我这样说是有意夸张到极端，然而，问题是这种看事情的态度，是否也含有一份道理。

[§27 **教师不是领袖或生命导师**] 诸位男同学、女同学！各位来上我们的课，要求身为教师的我们具备领导才能，事先却不曾告诉自己，在一百个教授之中，至少有九十九个人，不曾，同时也不应该，自居为生命场上的足球教练，或者更一般地在如何操持生命的问题上，以"领袖"自命。诸君请思索一下：一个人的价值，并不在于他是否具备领袖特质。同时不管怎么说，使一个人成为卓越学者与学院教师的**那些**特质，并不是使他在实际生活取向的领域——或者特定地说，在政治的领域——成为领袖的**那些**特质。倘若一个教师同时具备后面这类特质，那是纯粹偶然，而如果每一位站在讲台上的教师，都感觉到学生在期待他表现这类特质，那情况就非常堪忧了。不过更堪忧虑的情况是，每个学院教师都让自己在教室里扮演领袖的角色。事实上，那些自认为最有领袖才能的人，往往最没有资格担任领袖。更重要的是，不

管有没有这种才能，讲台上的情境，绝对不是**证明**一个人是不是领袖的适当场所。做教授的，若是觉得自己有义务去当年轻人的顾问，并且也能够得到年轻人的信任，愿他在与青年们的个人交往中，坚守这份岗位。假如他感受到召唤，觉得应该介入世界观或党派意见之间的斗争，让他出去到生活的市场上去活动：报纸、公开集会、社团，任何他想去的地方。毕竟，在一个听众——甚至连持相反意见的人——被迫保持缄默的场合，表现自己坚持信念的勇气，是太方便了些。

六

　　[§28　教师对学生的"生命"所能提供的帮助]　最后，诸君会问我："如果是这样，那么严格说来，学术对于个人的实际'生命'，究竟有什么积极的贡献呢？"这使我们又回到学术的"使命"这个问题上来了。首先，当然，学问让我们得到关于技术的知识，好让我们通过计算（Berechnung），支配我们的生活、支配外在事物以及人的行为。诸君会说，说来说去，这和美国青年〔所想〕的卖菜妇又有什么两样？其实这正是我的意思。其次，学问能够给我们一些卖菜妇绝对没法给的东西：思想的方法、思考的工具和训练。诸君也许会说：好吧，这虽然不是蔬菜，可是也不过是获得蔬菜的手段罢了。好，在这方面，我们今天就谈到这里。不过，幸运的是，学问的贡献并非仅止于此。我们〔做教师的〕还可以帮助各位得到第三项好处：**清明**（Klarheit）。当然，首先我们必须假定，〔身为教师〕我们本身已经清明。在情况确实如此的条件下，我们可以让各位了解：当面对的是价值的问题的时候——为简单

起见，请各位取社会现象为例子——在实践中人可以采取这样或那样的不同立场。但是，**如果**你采取了如此这般的一种立场，那么，根据知识的经验，你必须采用如此这般的一种**手段**，才能在实际中贯彻你的信念。可是，这种**手段**本身，可能是你认为你必须拒绝使用的。在这种情况下，你必须在目的与达成该目的无法避免的手段之间，做一抉择。你的目的是否能够"圣洁化"这个手段？教师只能让你知道你必须做一个选择，而只要他保持教师的身份，无意变成一个群众鼓动者，他就不能逾此而行。当然，他可以进一步告诉你，假如你希望达成如此这般的一个目的，你必须也同时接受按照经验会因此出现的如此这般的后果。这时，我们又碰到与上面一样的困局了。不过，〔教师能处理的〕这些问题，仍然不脱技术人员所处理的问题；而技术人员，在许多情况中，必须要根据最小的恶或者相对而言最大的善这个原则来做决定。但是技术人员的状况有一点不同：对他来说，**目的**（Zweck）这件最重要的事，是现成已定的。可是，只要问题涉及真正的"终极"问题，我们便**无此幸**。讲到这里，我们终于触及学术本身在助益清明这方面所能达成的最后贡献，同时我们也到达了学术的界限：我们可以——并且应该——告诉诸君，这样这样的实践立场，按照其**意义**，可以在内心上一致并因此见人格之一贯的方式下，从这样样的终极世界观式的基本立场导出（它也许只能从某一个这种基本立场导出，但也许可以从不同的几个这类基本立场导出），但不能从那样那样的其他基本立场导出。具体地说，一旦你们认定了这个实践立场，你们就是取这个神来服侍，**同时也得罪了其他的神**。因为只要你们忠于自己，你们必然地要得出这样一个在主观上有意义的终极**结论**。至少在原则方面，这点是可以办到的。这也是作为专门学问的哲学以及其他学科中在本质上涉及原则的哲学讨论，所试图达成的。如此，只要我们了解我们的任务（这点在此必须预设在先），我们可以强迫个人或至少我们可以帮助个人，让**他对自己的行为的终极意义提供一套交待**。在我看来，这并不是蕞尔小事，即使就个人生命而言，也关系匪浅。如果一位教师做到了这点，我会想说，他是在为"道德的"势力服务：他已尽了启人清明并唤醒其责任感的职责。我认为，他愈是有意识地避免从他这方面把一种立场用强迫或用提示的方法加诸听众身上，他愈能够善尽这项职责。

[§29　对学问的认定和献身] 当然，刚才我提出的意见，整个乃是从一项基本事态出发，即：只要生命的根据在其自身，须通过其本身方得了解，生命便只知诸神之间永恒的斗争。或者说得更直截了当：对生命采取的各种终极而一般性的**可能**立场，是不可能兼容的，因此其间的争斗，永远不可能有结论。这也就是说，在它们之间，必须要做**决定**。在这种情况下，学问是不是有价值成为一个人的"志业"，或者学问本身是不是具有一种在客观上有价值的"使命"，又都是价值判断的问题，在教室中我们无言以对。事实上，对这些问题做肯定答复，正是从事教学工作的**预设**。拿我个人来说，我已经用我的工作，做了肯定的回答。今天，年轻人憎视理知主义为最坏的魔鬼，或者在大部分的情况中，心中以为自己这样憎视理知主义；但是以上所述我的立场，正是以憎视理知主义为真正的出发点。对这些年轻人，这句话正好适用："留心，魔鬼是个老年人，所以要了解它，你得先变老。"[1] 所谓老，在这里

1　歌德《浮士德》第二部第二幕第一景。

并不是出生证明书上的意思；而是说如果我们想和这个魔鬼周旋，我们便不能如今天人们喜为的，在它面前取逃避之途；我们必须通观其行径至终点，方克透见它的力量及它的限制。

[§30　教师扮演先知的徒然]　在今天，学问是一种按照专业原则来经营的"志业"，其目的，在于获得自我的清明（Selbstbesinnung）及认识事态之间的相互关联。学术不是灵视者与预言家配发圣礼和天启的神恩之赐（Gnadengabe），也不是智者与哲学家对世界意义所做的沉思的一个构成部分。这一切，毫无疑问地，乃是我们的历史处境的一项既成事实，无所遁避，而只要我们忠于自己，亦无从摆脱。这个时候，如果托尔斯泰在诸君之间起立，再度发问："既然学术不回答'我们应该做什么？我们应该如何安排我们的生命？'这个问题，那么由谁来回答？"或者，用我们今天晚上所用的语言："在交战诸神之间，我们应该信奉哪一位？或许我们应该信奉另外一位完全不同的神，那么他又是谁？"——答案是唯有一位先知或者一位救世主，才能答复这些问题。但是如果没有先知和救世主存在，或者如果他传布的福音不再有人相信，那么纵使有万千教授，以领国家薪水并享有特殊地位的小先知身份，在课堂努力扮演先知或救世主的角色，也绝对无法在世上硬逼出一个先知或救世主来。这类教授的刻意表演，结果只是使我们的年轻一辈，对于一件最重要的事态——他们之中许多人所渴求的先知，并不存在——的认识，永远无法以其意义的全面力量发挥作用。今天，人的命运，是要活在一个不知有神也不见先知的时代；如果一个人确实在宗教上有强烈的感受性，那么，我相信，用一个代用品——所有这类讲台先知皆属此类——来遮饰，让他及其他人看不到这项关于他的命运的基本事实，对他的内在而言，并没有什么好

处。在我看来，他的宗教感的忠实需要，会使他拒绝这类遮饰。

[§31　神学的预设——理知的牺牲]　现在，诸君会想要问：对于"神学"的存在，及其自命为"学问"这件事实，我们应该采取什么态度？关于答案，让我们不要闪烁规避。"神学"和"教义"（Dogma）当然不是普遍存在，但也非仅见于基督教。相反，回溯历史，在伊斯兰教、摩尼教（Manicheanism）[1]、诺斯替教（Gnosticism）[2]、俄耳甫斯教（Orphism）[3]、波斯教（Parsism）[4]、佛教、印度教各宗派及道教，在《奥义书》（Upanishads）[5]以及当然在犹太教中，神学及教义都以高度发达的形式存在。当然，它们的系统发展各异其趣。在西方基督教中，神学与教义的经营，非但与比方说犹太教在神学上的成就对比，要来得更系统化，或者朝这个方向努力，并且西方基督教在这方面的发达，具有凌驾群伦的最大历史意义。之所以会如此，并非偶然。这都是希腊心灵的产物，而西方一切神学，都以希腊精神为源头，一如（很明显地）一切东方神学，都以印度思想为源头。凡是神学，皆是对神圣之

1　摩尼教，亦译作"明教"，是伊朗古代宗教之一，在琐罗亚斯德教二元论的立场上，吸收了基督教、佛教及诺斯替教的成分，糅合成自己的独特信仰。在唐代传入中国。

2　诺斯替教是罗马帝国时期希腊罗马世界的一个秘传宗教，其信仰与古希腊哲学有相当关联，又受后起的基督教、俄耳甫斯教及伊朗的二元论影响。后来它与基督教结合，形成基督教中的诺斯替派。

3　希腊秘传宗教之一，出现于公元前七至前六世纪，曾对希腊后期的新柏拉图思想产生影响。

4　波斯教主要是指琐罗亚斯德教，即"祆教"，是古代波斯的主要宗教，主张善恶二元论。但七世纪阿拉伯人征服伊朗后，一部分琐罗亚斯德信徒不愿改信伊斯兰教，于八世纪迁往印度西海岸地区，保持原有信仰，称为"波斯教"。

5　《奥义书》是印度婆罗门教的古老哲学经典之一，吠陀经典的最后一部分，吠檀多派哲学的来源和重要经典。约在公元前七至前五世纪成书，中心内容是"梵我同一"和"轮回解脱"，是婆罗门教和印度教的哲学基础。

事物（Heilsbesitz）在理知上的合理化。没有学术是绝对没有预设的，也没有学术能够向拒绝它的预设的人证明它本身的价值。可是，所有的神学，为了己身的任务，亦即为了给己身的存在寻找道理和依据，又添加了几个特定的预设。这些预设的意义及幅度范围各有不同。**所有**的神学——譬如说印度神学也不外此——都预设：世界必定具有一种**意义**。——它们的问题便是：我们应该如何来诠释这套意义，以使这套意义在概念上成为可能（denkmöglich）。这就像康德的知识论从一个预设出发："科学的真理存在，并且有其妥当性"——然后他问：在哪些概念性的预设之下，这才有其（具有意义的）可能性？或者像近代美学家（不论像卢卡奇[1]那样明白提出，或只是间接讨论）从一个预设出发："艺术作品存在"——然后问：这如何才有其（具有意义的）可能性？这些问法都属于同一类。但是，一般而言，诸类神学并不以这项（在本质上属于宗教哲学的）预设为己足。它们通常要从一个进一步的预设出发：某些"天启"，是攸关救赎的事情——这也就是说，这些事情使一种有意义的操持生命的方式成为可能——因此，我们必须要相信；它们预设：某些心灵状态与行为，具有神圣的性质，也就是它们构成了一种在宗教上有意义的操持生命的方式，或至少构成了这样一个生命形态的组成部分。这时候，这些神学要问的便是：这些必须直接承认的预设，要如何在一个整体的世界图像之内，得到有意义的诠释？对于神学来说，这些预设本身和"学术"这回事全然无涉。它们不是一种寻常了解的意义下的"知识"，而是一

1　指卢卡奇于 1914 年发表在韦伯编的《社会科学与社会政策文库》中的 "Zur Soziologie des modernen Dramas" 一文。此文的英文节译见 Eric Bentley, ed., *The Theory of the Modern Stage* (Harmonsworth, 1976)，pp.425—450。

种"拥有"(Haben)。举凡信仰或其他各种神圣的状态，凡无能"拥有"这类状态的人，也不能取神学为代用品，更不用说以其他学问充数了。反之，在任何"肯定性"(positive)[1]的神学中，信仰者都必会进入奥古斯丁(Augustine)的话所描写的：我相信它，不是因为它悖理，而是**完全因为**它悖理(credo non quod, sed quia absurdum est)[2]。有本事去达成宗教行家(virtuosen)[3]这种"牺牲理知"(Opfer des Intellekts)的成就，乃是具有积极(positiv)宗教性的人最重要的特征。事实之为如此，适足以显示，在"学问"的价值领域和宗教上的救赎的价值领域之间的紧张关系，即使有了神学（正是神学让我们见到宗教要求"牺牲理知"）——或者正是因为有了神学——也没有解消调停的可能。

[§32　**学者没有牺牲理知的权利**]　照道理说，只有门徒向先知、信徒向教会，才能"牺牲理知"。但是，从来未闻新先知会因为一些近代知识分子的需要而出现（在此，我特意再度利用这个已使某些人不愉快的意象）。这种近代知识分子，想用或可称之为打了保单的真古董来装饰他们的灵魂，而在这样做的时候，却又记起宗教也在这类古董之列，可是宗教却又正是他们所无的。于是他们以游戏方式，用从世界各地搜集来的小圣像，装点起一座私人小圣堂，以代替宗教，光鲜自己；或者，他们用各

1　在基督教神学中，"positive theology"有两种可能的意思。一种是指着重历史事迹、传统、教义、教会传承等因素的神学，和"自然神学"(natural theology)相对；后者所关注的是理性和经验，视之为认识上帝的原则。另一种意义是指和"否定神学"(negative theology)相对的一种神学，认为人类对上帝可以有正面的、肯定的认识。韦伯在此处用此词的意思，或许比较接近前者。

2　参见《韦伯传》，p.325 注 24。

3　韦伯对"宗教行家"的解释，见《经济与社会》第 2 部分第 6 章第 9 节 4。

种各样的体验，创造出代用品，说这代用品具有神秘的神圣性，然后他们把它挟在腋下到书市上去叫卖。这纯粹是欺人或自欺。但是，像某些在过去几年间默默成长的青年团体，当它们对本身的人性团契关系提供一种宗教性的、宇宙性的或神秘性的诠释时，这绝对不是诈欺，而是属于高度严肃、高度真诚的一件事，虽然或许这种事在其意义上，常常陷入一种错误的诠释。诚然，每一项真正博爱的作为，〔在当事人的意识中，〕都可以联想到这个为处在个人之上的领域贡献了一些永远不会丧失的东西，但同样的，在我看来，这类宗教性的诠释，是否能够给纯粹属人的共同体关系增加尊严，也确有可疑余地——这就不是我们今晚要谈的问题了。

[§33　面对"眼下的要求"]　我们的时代，是一个理性化、理知化，尤其是将世界之迷魅加以祛除的时代；我们这个时代的宿命，便是一切终极而最崇高的价值，已自公共领域（Öffentlichkeit）隐没，或者遁入神秘生活的一个超越世界，或者流于个人之间直接关系上的一种博爱。无怪乎我们最伟大的艺术，皆以隐邃柔敛（intime）见长，而非以巍峨雄放（monumentale）取胜；更无怪乎在今天，唯有在最小的圈子里，在私人与私人的关系间，才有某种东西以极弱的调子在搏动；换到以前的时代，这个东西，正是那曾以燎原烈焰扫过各大社会，而将它们融结在一起的那种发出先知呼唤的灵（pneuma）。如果我们企图强求或"发明"巍峨刚发的艺术感性，那么，会出现的将是像过去二十年间所建的许多纪念堂、纪念碑那样的可怕怪物。如果有人企图在没有新的、真正的先知的情况下，谋划宗教上的新力量，那么会出现的将是一种在心灵意义上相似的怪物，唯其后果更恶劣。最后，至于讲台上的先知，

将只能产生狂热的宗派，永远无法造就真正的共同体。对于我们时代的这种命运，谁若无法坚毅承担，让我们对他说：您还是安静地、不要像一般回头浪子那样公开宣传，而是平实地、简单地回到旧教会双臂大开而仁慈宽恕的怀抱中去吧！它是不会为难您的。不论以哪一种方式，他总是要以某种方式奉上他"理知的牺牲"的——这是无法避免的。如果他确实能够做到这一点，我们不会因此而责骂他。因为这种为了无条件的宗教皈依而采取的知性上的牺牲，从伦理的角度来看，和规避智性诚实这个平实义务并不是同一回事；如果一个人缺乏勇气去澄清自己的终极立场，转而用软弱的相对主义论调减轻这个义务，那就是在规避智性诚实这个平实的职责。在我看来，为了宗教皈依而牺牲理知的人，比讲台上的先知有更高的地位，〔因为〕后者没有了解到，在教室的范围内，唯一的德性便是平实的智性诚实。不过，这种知性上的诚实，要求我们指出：在今天，所有在等待新先知和新救世主的许多人，所处的情境，和以赛亚预言所记的流亡时期以东（Edom）的守夜人那首非常美的歌所唱出的情境，完全一样——有人从西珥不住地大声问我："守望的啊！黑夜还有多久才过去呢？守望的啊！黑夜还有多久才过去呢？"守望的人回答："黎明来到了，可是黑夜却还没有过去！你们如果再想问些什么，回头再来吧。"[1]听这段话的那个民族，已经询问并等待了两千余年了，我们知道他们令人战栗的命运。从这件事，我们要汲取一个教训：只凭企盼与等待，是不会有任何结果的，我们应走另一条路；我们要去做我们的工作，

---

1 《以赛亚书》21章11—12节。

承担应付"眼下的要求"(Forderung des Tages)[1]，不论是在人间的事务方面，抑是在成全神之召命的志业(Beruf)方面。只要每一个人都找到了那掌握了他的生命之弦的魔神，并且对他服从，这个教训，其实是平实而单纯的。

1　引自歌德的 *Maximen und Reflexionen*。参见《韦伯传》，p.90 注 17。

第二章

政治作为一种志业

韦伯这篇脍炙人口的演讲，在此由钱永祥译成中文。在翻译时，根据的是 H. H. Gerth & C. Wright Mills, trans. & eds., *From Max Weber : Essays in Sociology*（New York, 1946），pp.77—128 的 全 文 英 译， 以 及 W. G. Runciman, ed., English trans. by Eric Matthews, *Max Weber : Selections in Translation*（Cambridge, 1978），pp.212—225 对原文最后三分之一的英译；在翻译时，我们曾逐字逐句取 Max Weber, *Gesammelte Politische Schriften*, 4. Auflage, hrsg. von Johannes Winckelmann（Tübingen, 1980），pp.505—560 德文原文对勘。

这份中译初稿，曾由梁其姿根据 *Le Savant et le Politique*, trad. par Julien Freund（Paris, 1982），pp.99—185 的法文译本详细校读一遍，又由胡昌智根据德文原文（见上）校订，最后由翻译者参考他们两位的许多宝贵意见定稿。在翻译及定稿的过程中，张炎宪曾根据西岛芳二译《职业としこの政治》（东京，1952）及胁圭平译《职业としこの政治》（东京，1980）两种日译本，帮我们解决了一些疑难和困惑。张先生还替我们译出了日文译本的若干译注。

本文段落基本上依据德文本，因为原文甚长，牵涉的题材也很多，为了便利中文读者，我们将全文分为十个部分（以中国数字表示）六十九节（以阿拉伯数字表示），各节均冠以小标题。我们要提醒读者：这些分法及小标题均为韦伯原文所无；它们只代表编译者个人对韦伯这篇文章结构的了解，目的纯粹是供读者参考。

[§1　开场]　应诸君的要求，我来做这次演讲。不过，在好几方面，这个演讲都必定会使各位失望。我们的题目是政治作为一种志业。[1] 在以此为题的演讲中，各位期待我对当前大家关心的问题采取某种立场，自然不为过。但是要到最后，当我们谈到某些关于政治活动在整个生命操持里的意义之问题时，才能仅止于从形式的角度，触及立场的选择。因此，在今天的演讲中，任何关于政治主张的**选择**——也就是说人的政治行动**应该**具有什么**内容**的问题，将不在讨论之列。因为这类讨论，对于作为一种志业的政治是什么以及这种政治能够具有的意义等一般性的问题来说，乃是完全无关的。现在，让我们回到本题。

一

[§2　政治的初步界定]　何谓政治？"政治"是一个涵盖极为广泛的概念，每一种自主的**领导**(leitende)活动，都算是政治。因此，

1　这篇演讲，是"精神工作作为志业"(Geistige Arbeit als Beruf)的演讲系列中的第二次演讲，于 1918 至 1919 年之交的革命冬季，在慕尼黑对自由学生同盟发表。原作者根据速记记录修订后，于 1919 年 10 月出版。——德注
　　关于这篇演讲的发表时间及背景，请参阅本册导言及附录 I。

银行有其汇兑政策，中央银行有其贴现政策，工会在罢工中有其政策；甚至城市或村镇有其教育政策，一个社团的主持人在领导中也有其政策；乃至于一个精明的妻子努力影响她的丈夫时，亦有政策可言。[1] 今天晚上，我们的考察当然不能以这么广泛的概念为基础。我们今天所谓的政治，指的是对一个**政治**团体——这在今天是指**国家**（Staat）——的领导或对这种领导所施的影响。

[**§3 国家在社会学上的定义**] 那么，从社会学的角度来看，"政治"团体（politischer Verband）[2] 是什么？什么叫做"国家"[3]？在社会学上来说，国家不能用它的活动内容来加以界定。几乎没有什么工作，不曾在某时某地被某政治团体引为己任；而在另一方面，也没有什么工作，在任何时地，都完全是国家的工作。易言之，没有什么工作，永远**特属**于人们认为是政治性的团体（在今天即国家，在历史上即近代国家的前身）。也许，归根究底，近代国家要在社会学上得到界定，唯有诉诸它——和任何其他政治团体一样——特具的**手段**：直接的武力（physische Gewaltsamkeit）[4]。

1　在德文中，"Politik"一词同时指"政治"和"政策"，因此韦伯在此举出一些"政策"作为"Politik"的例子。参见《经济与社会》，p.55 及英译者注。

2　对于"团体"（Verband，英译作 organization 或 association）和"政治团体"，韦伯都有明确的定义。对"团体"的定义，见《经济与社会》第 1 部分第 1 章第 12 节（pp.48—49）；对"政治团体"的定义，见同书第 1 部分第 1 章第 17 节（pp.54—55）。

3　在中文里，"国家"一词的意思，和西文中我们译为"国家"的字眼（比如说英文中的"state"）的意思并不完全相合。在西方政治传统中，"state"指的是一个共同体在内部秩序和权力结构上的"状态"；因此，从马基雅维利首度使用这个字眼以来，这个概念是和在社会中的权力关系分不开的。一旦社会中的权力关系制度化、系统化到了自成一个体系的时候，"国家"——精确一点说：近代国家——才告出现。韦伯的解释见《经济与社会》第 1 部分第 1 章第 17 节（pp.54—56，特别是 p.56）。

4　在本文中，"武力"一词是 Gewalt（force）或 physische Gewalt（physical force）的翻译。中文的"暴力"一词，似乎强调了在道德上或法律上"不正当"的意思；"武力"一词好像可以避免这种色彩，但中文的"武力"又强调了制度性或军事性的意思。韦伯所谓

"每个国家的基础都在于武力"，托洛茨基（Leon Trotsky）在布列斯特—里托夫斯克（Brest-Litowsk）[1] 如是说。这在事实上完全正确。如果社会的构成竟全然不知以武力为手段，**那么**"国家"的概念必荡然无存，**从而**出现的，正是在这种情况下一般所谓的"无政府"状态。自然，武力并不是国家正常的或唯一的手段——没有人这么说；但是武力乃是国家特有的手段。尤其是在今天，国家和武力之间的关系特别密切。在过去，各式各样的团体——从氏族（Sippe）开始——都曾以武力为完全正常的工具。可是到了今天，我们必须要说：国家者，就是一个在某固定疆域内——注意："疆域"（Gebiet）乃是国家的特色之一——（在事实上）肯定了自身**对武力之正当使用的垄断权利的**人类共同体。就现代来说，特别的乃是：只有在**国家**所允许的范围内，其他一切团体或个人，才有使用武力的权利。因此，国家乃是使用武力的"权利"的唯一来源。

[§4 **政治的定义**] 因此，我们可以如此界定"政治"：政治追求权力（Macht）[2] 的分享，追求对权力的分配有所影响——不论是在国家之间或者是在同一个国家内的各团体之间。

基本上，这和我们的语言一般用法相符。当我们说一个问题是"政治"性的问题、说一个部长或官员是"政务"官、说一个决定受到"政治"性的影响时，我们的意思是说，对那个问题的解决、对那个决定的达成或者对那个官员职权范围的划定而言，

（接上页注）的 Gewalt，只是一种直接的强迫性力量，不论其表现方式，更不涉及其正当与否。援依孙中山先生的用法，取"武力"一词译 Gewalt。

1　布列斯特—里托夫斯克（Brest-Litowsk），今名布列斯特，为白俄罗斯邻近波兰边境的一座城市。1918 年 3 月 3 日，在德军的强大压力之下，苏联外交部长托洛茨基被迫和德国签订布列斯特—里托夫斯克条约，放弃芬兰、波罗的海诸国、波兰及乌克兰。

2　韦伯关于"权力"的定义，见《经济与社会》第 1 部分第 1 章第 16 节（p.53）。

权力的分配、维持或转移，乃是最具决定性的考虑。从事政治的人，追求的是权力；这权力或者是手段，为了其他目的服务，不论这些目的是高贵的或是自私的；或则，这权力是"为了权力而追求权力"，目的是享受权力带来的声望感。

[§5　正当性的三种纯粹类型] 一如历史上在国家之前出现的政治团体，国家是一种以正当 (legitime)[1]（这是说，被视为正当）的武力为手段而存在的人**支配**(Herrschaft)[2]人的关系。国家的存在，在于被支配者必须**顺从**支配者声称具有的权威 (Autorität)。在什么情况之下他们会这样做？为什么他们要如此做？这种支配所根据的，是什么内在的道理和外在的手段？

在原则上，支配的心理根据——也就是说支配的**正当性**根据——有三[3]。首先，"永恒的昨日"的权威：也就是权威因于"古已如此"的威信和去遵袭的习惯而变成神圣的习俗 (Sitte)。这是旧日家父长 (Patriarch) 及家产制领主 (Patrimonialfürst)[4] 所施展的"传统型"支配。其次，权威可以来自个人身上超凡的**恩典之**

1　关于"正当性"一词本身，韦伯没有做太多的解释，虽然他十分着力于说明"正当性"的基础。值得注意的，是他倾向于用被支配者的"态度"和"信念"来考察支配者的"正当性"。参见《经济与社会》第 1 部分第 3 章第 1 节，特别是 p.214 及 p.263。中译见《支配的类型》。

2　韦伯对"支配"一词的定义，见《经济与社会》第 1 部分第 1 章第 16 节 (p.53)；又请参见英译者注 (pp.61—62)。

3　支配的三种类型，是韦伯的政治社会学中最重要的一个部分。从 1910 年到 1920 年的十年之间，韦伯曾三度陈述他的分类法。参见 Wolfgang Mommsen, *The Age of Bureaucracy*: *Perspectives on the Political Sociology of Max Weber* (Oxford, 1974), pp.16—17。最系统明确的陈述，见《经济与社会》第 1 部分第 3 章，特别是第 1 节 2 (pp.215—216)。中译见《支配的类型》。

4　韦伯对家父长制和家产制支配所作的定义，见《经济与社会》第 1 部分第 3 章第 3 节 7a (pp.231—232)。中译见《支配的类型》。

赐（Gnadengabe），即所谓的卡理斯玛（Charisma）[1]。这种权威，来自受支配者对某一个个人身上显示出来的启示、英雄性的气质或事迹或其他的领袖特质，所发的人格上的皈依和信赖；这是"卡理斯玛"型的支配。先知或——在政治领域内——群雄推举出来的盟主、直接诉求民意认可的统治者（plebiszitäre Herrschen）[2]、伟大的群众鼓动者（Demagog）、政党领袖等类的人，所运用者即为此。最后，还有一类型支配，靠的是人对法规**成文条款**之妥当性的信任、对于按照合理性方式制定的规则所界定的事务性（sachliche）"职权"的妥当性有其信任。这也就是说，对于合于法规的职责的执行，人们会去服从。近代的"国家公务员"以及在这一方面类似公务人员的权力拥有者，所运用的支配便属此类型。当然，在实际中，人们之所以会去接受支配，是因为恐惧和期望这类最真实不过的动机：恐惧魔法力量的报复、恐惧权力拥有者的报复、期望在世间或在彼岸得到报偿。或者，是因为各式各样的利益而服从；这一点我们很快就会谈到。无论如何，如果去诘问这些服从的"正当性"根据，则答案不出于这三种"纯粹"类型[3]：传统型的、卡

1　韦伯关于"卡理斯玛"的说明，见《经济与社会》第 1 部分第 3 章第 4 节（pp.241—242）；又参见 p.216。中译见《支配的类型》。

2　"直接诉求民意认可的统治者"是韦伯政治思想中最重要的观念之一。所谓"直接诉求民意认可"，是说卡理斯玛型的领袖，跳出了传统惯例，越过了制度及国家或政党官僚，直接诉求于群众。例如在近代大众民主及严密的官僚制之下，这种领袖利用民主的某些管道，直接向人民求取支持，即构成"直接诉求民意认可的民主制"（plebiscitarian democracy）。罗马皇帝恺撒、拿破仑一世和三世、俾斯麦、葛莱斯顿，都是韦伯心目中的"直接诉求民意认可的统治者"。韦伯认为这种领袖是西方理性化世界中政治的唯一希望。参见 p.250 注 1。又请参考 Karl Loewenstein, *Max Weber's Political Ideas in the Perspective of Our Time*（Amherst, 1966），Ch. IV；Wolfgang Mommsen，前引书，Ch. IV，中译见《支配的类型》的《导言》。

3　所谓"纯粹类型"（reinen Typen），韦伯通常称为"理想型"（ideal Typus）。理想型是

理斯玛型的和法制型的。正当性的这几种概念以及其内在心理上的基础，对于支配的结构，具有极为可观的意义。当然，这些纯粹类型，绝难在实际中出现。不过，今天我们不能深入这些纯粹类型各种极度复杂的样态、转变和组合；这些乃是"一般国家学"（allgemeinen Staatslehre）的课题。

[§6　卡理斯玛型支配]　在此，让我们特别感到兴趣的，是这些类型中的第二种：因于服从者对"领袖"纯粹个人的"卡理斯玛"所发的皈依而形成的支配。这种类型的支配之所以重要，是因为**志业**这个观念最高度的表现，在此找到了其根源。向先知、战时领袖、公民大会（Ekklesia）或国会中的伟大群众鼓动者的卡理斯玛皈依，意思就是这个领导者个人已被承认在内心受到"征召"，负有使命，作为大家的领袖。人们服从他，不是因为习俗或法条，而是因为人们信仰这个人。只要这个人不徒然是个狭隘虚荣的一时之雄，那么作为领袖，当然他会对他的事业全心以赴、献身敬业。不过，他的附从者——弟子、追随者、他个人的朋党——所皈依的对象，乃是他这个人和他这个人的特质。这类卡理斯玛式的领袖，在各地及各历史时期都曾出现。在过去，最重要的卡理斯玛式人物有两类：一方面有法师和先知，另一方面则有战时推举出的盟主、山寨头子和雇佣兵领袖（condottiere）[1]。不过，我们更感兴趣的，则

（接上页注）韦伯方法论的关键性概念；它是一种思维的建构，用来整理杂多的经验现象，并借着比较经验现象和理想型之间的偏离或相似，对现象进行描述、分析和排比。它的作用，和今天社会科学中所谓的"模型"（model），有许多相近之处。见韦伯的方法论著作：Max Weber, *The Methodology of the Social Sciences*, pp.89—93; pp.42—43. 又请参见前面弗洛因德《韦伯的学术》一文中相关段落。

1　十四十五世纪时，意大利境内各邦纷战，遂有人自组军队，接受雇用，以佣兵身份替人作战。韦伯认为这是资本主义式的企业经营，反映的是新兴市民阶级本身须专注于经济

是西方所特有者：这种政治领袖起先的形态，是自由的"群众鼓动者"；他们只在西方的环境中出现，特别是在地中海文化所特有的城市国家（Stadtstaat）的土壤上出现；后来，这种领袖则以国会中的"政党领袖"形态出现，这也只有在西方环境中所特有的立宪国家中才能培育出来。

二

[§7 从支配者到支配运作的资源] 当然，在政治权力斗争的混战中，这种凭借最道地意义下的"志业"〔或使命〕而崛起的政治家，从来不曾是唯一具有决定性意义的角色。最重要的，可能还是在于这等政治家能取用什么样的辅助工具。政治上的支配权力，如何维持其支配于不坠？这个问题，对于任何一种支配都成立，因此对各种形式的政治支配也成立：不论其为传统型、法制型，或是卡理斯玛型。

[§8 支配之经营的两项要素——人与物] 支配的经营（Herrschaftsbetrieb）[1]，要求持续的行政管理。因此，在一方面，支配的经营，需要有人力配备，旨在听命于宣称持有正当权力的支配者；而在另一方面，支配的经营，需要借助于这种服从，对于使用武力时必需的物资有所掌握和控制。这也就是说，支配的经

（接上页注）活动，无暇兼军人之职以及军事的专业化。这种佣兵部队的组织者、经理人兼领袖，即为 condottiere。

1 韦伯关于"经营"（Betrieb）和"经营团体"（Betriebsverband）的定义，见《经济与社会》第 1 部分第 1 章第 15 节（pp.52—53）。韦伯用"经营"一词泛指一切持续性的理性活动，在他关于人类行动及社会组织的分析中居于关键地位。

营需要由人组成的行政管理僚属（Verwaltungsstab）和物资方面的行政管理工具。

[§9 人的因素：行政僚属] 行政僚属，在政治的支配之经营（像任何其他类别的经营一样）的外在表现中，代表着这种经营。行政僚属之所以会去服从、听命于权力的拥有者，自然不仅是因于他们心中的（我们上面谈过的）正当性意念。促使他们去服从的，是两项诉诸他们个人利益的东西：物质上的报偿和社会性的荣誉。封臣（Vasallen）的采邑（Lehen）、家产制下臣僚的俸禄（Pfründen）[1]、近代国家公务员的薪俸、骑士的荣誉、身份（Stand）[2]赋予的特权、官吏的荣誉等，分别从两方面构成了这等人的报酬。行政僚属和权力拥有者之间的共命结合关系，最终、最重要的基础，就是怕失掉这些东西。至于在卡理斯玛型领袖的支配之下，则附从战争领袖者有荣誉和战利品可得，追随群众鼓动者的人也可分得"政治战利品"（spoils）：因为垄断了官职而得榨取被支配者、政治方面的利益以及获得虚荣心的满足。

[§10 物的因素：行政工具] 要维持一套以武力为基础的支配体系，需要一些具体的、物质性的工具。在这一点上，政治与

---

1 依照韦伯的说法，采邑和俸禄是家产制之下臣僚取得生活资源的方式，见《经济与社会》第 1 部分第 3 章第 3 节 8（pp.235—236）。中译见《支配的类型》。

2 "'Stand' 这个词及其各种变化，可能是韦伯作品中最难处理的一个词。它指的是社会中的群体，其中每一个成员都具有一种相对而言有明确界定的地位。这里所谓的地位，和社会的阶层化有关，不过这个关系倒不一定是重要的。除了共同的地位之外，尚有一个进一步的判准：一个身份团体（Stand）的成员，有一种共同的生活形态，同时通常有在某个程度上清楚界定的行为规范。……行政僚属〔作为等级的成员〕……的地位独立于他们主人的专断意志……" Talcott Parsons, ed., *The Theory of Social and Economic Organization*（New York, 1968），pp.347—348, n. 27. 参见《经济与社会》第 1 部分第 3 章第 3 节 7a Ⅲ（pp.232—235）及英译者注（p.300）。中译见《支配的类型》。

经济性的经营并无二致。行政工具包括了金钱、建筑物、战争物质、交通工具、马匹以及任何你想得出来的东西。一切国家体制，均可以按照其行政工具的所有制原则分为两类：一类为行政管理工具乃系权力的拥有者能指望其服的行政僚属——官吏或其他类似人等——为**自己所有**，另一类则为行政僚属与行政管理工具乃是"分离"的，一如今天我们所说，资本主义企业中的职员及无产阶级与实质生产工具是"分离的"一样。这也就是说，我们可以分辨两种情况：一方面，权力的掌握者**私人拥有**由他组织起来的行政体系，通过个人的仆从、聘雇的官吏、私人的宠臣亲信等进行行政管理工作，这一类人员自身对行政工具并无所有权，而只是接受主人之指挥行事；另一方面，情况正好相反。这两种行政工具所有制之间的分野，在过去一切行政管理组织中，都可以见到。

[§11　**身份制政治团体**]　在一个政治团体里，行政的实质工具，若全部或部分由从属的行政僚属自行掌握，我们称这种团体是按照"身份制"（ständisch）组织起来的团体。例如，封建制度中的封建领主，便自己掏腰包，提供他所受封的区域中行政和司法的开销；他自己提供战争的装备和给养；他的下级封臣亦如此。当然，这对于君主权力的地位有所影响，因为在这种情况下，君主权力的基础，是一种个人之间的信任关系，在于只有从君主、封建领主的采邑和社会地位，才能取得其"正当性"。

[§12　**君主拥有行政工具**]　但是，从最早的政治组织开始，在每一个地方，我们也都可以见到君主自己管理行政的情形。通过从属于他个人的属下（奴隶、家臣、侍从、"宠幸"，以及君主从自己的仓库中提取实物或金钱去封赐的俸禄者），这类君主设法

自行掌理行政。他设法用自己的腰包、用他家产的收益，去供应行政工具；他建立一支军队，这军队完全依赖他个人，因为这支军队的给养和装备，取自他的仓廪、他的财产、他的武器库。在"身份制"的团体中，君主借助于一个自主的"贵族阶级"（Aristokratie）建立支配，因此他须和这个"贵族阶级"**分享**支配权。但是亲自管理行政的君主，靠的是他的家中臣奴或者平民（Plebejer）的助力。这类人，是没有财产也没有社会地位的阶层；在物质方面来说，他们完全依赖君主，本身没有任何足以抗衡的力量。一切形式的家父长制支配、家产制支配、苏丹制（Sultanismus）[1]的独裁、官僚制国家体制，都属于此类。官僚制的国家体制尤其重要；其理性发展的极致，正是近代国家的特色。

[§13　**近代国家对行政工具的收夺和垄断**]　在任何地方，近代国家的发达，都是由君主所发动的。与君主平行，自主而"私人"握有行政权力的人，也就是自身拥有经营行政、军事和财政的工具，拥有各种在政治上可运用资源的人，是由君主来开始褫夺他们的权力的。这整个过程，和资本主义企业借着缓缓剥夺个体生产者而得以发展的过程完全类似。到最后，近代国家把政治经营的一切工具，完全集中到一个单一的顶点上，再也没有任何官员个人拥有他所处理的钱或者他所管理的建筑物、库藏、工具和军火。在今天的"国家"中，行政僚属（行政官吏和行政事务人员）和具体行政工具的"分离"，终告贯彻——这是"国家"这个概念最重要的一环。最近代的发展，便是从这里开始的；我们正亲眼看到，

1　苏丹制是家产制支配的一种形式；韦伯的说法见《经济与社会》第 1 部分第 3 章第 3 节 7a Ⅱ（pp.231—232）。中译见《支配的类型》。

当初收夺这些政治工具——也就是收夺政治权力——的人，现在已经沦为新一轮收夺的对象。这场革命[1]，至少就其领袖业已取代了合法的政府这一点而论，所成就的是这些领袖通过篡夺或选举，已掌握了处理政治上的人事和财物体系的权力，并且——不论他们有多少根据这样认定——在被支配者的意志上建立了他们的正当性。至于在这种至少在表面上看来算是成就的基础上，这些领袖有没有理由希望推进一步，开始在资本主义企业的内部贯彻收夺的工作，那是另外一个问题；政治管理和资本主义式的经济经营之间，诚然有着很多相似之处，可是后者是受完全不同的规律所指导的。不管怎么样，对于这个问题，今晚我们不采取立场。我仅止于陈述纯粹的概念，以供我们思考：近代国家是制度化（anstaltsmässig）[2]了的支配团体；对于在其疆域内进行支配的手段，也就是具有正当性的武力，国家已成功地取得了独占垄断；为了达成这个目的，国家业已把经营所用的物质工具集中到其领导人手中，褫夺了此前自行控制这些工具的身份性的自主行政人员的权力；国家站在最高处，取代了他们的位置。

[§14 新型职业政治家的出现] 这种政治上的收夺权力的过程，在世界上每一个国度中，都曾经发生过，虽然成功的程度不同。

---

1 指 1918 年 11 月的德国革命。

2 韦伯认为团体（Verband）——见 p.204 注 2——有两类：志愿团体（Verein）和强制团体（Anstalt）。前者是指对志愿接受团体之权威的人才有支配力的团体，后者是指对合于某判准的一切行动皆能用本身的秩序和制度来管辖的团体。国家便是典型的强制团体。见《经济与社会》第 1 部分第 1 章第 15 节（pp.52—53）。在另一处（写于 1913 年的"Some Categories of Interpretive Sociology"），韦伯指出，作为 Anstalt 的团体，（1）成员是由某些客观标准所决定的，与当事人的意愿无关，（2）成员的行动由理性建立的规则和强制执行机构共同决定。在这里，除了国家之外，韦伯又举出教会作为例子，参见《经济与社会》附录 I（p.1380）。在本文翻译中，我们将"强制团体式的"径译作"制度化了的"。

在这种政治收夺权力的过程当中，**另外一种**意义下的"志业政治家"（Berufspolitiker）开始出现；这种政治家，也是〔取政治为职业的〕"志业政治家"中最初的一类。我们最早看到他们的时候，他们都是在君主的麾下服务。和卡理斯玛型的领袖不同，这种人本身无意成为支配者，而只是要为政治上的支配者**服务**。在收夺权力的斗争中，他们为君主所用；借着处理君主的政治，他们一方面谋得生计，一方面也获得理想的生命内容。**唯有**在西方，我们才见得到**这种**职业政治家（Berufspolitiker）也替君主之外的权力服务。在历史上，他们是君主最重要的权力工具，也是君主在政治上收夺权力时最重要的工具。

三

[§15 **政治作为副业与政治作为主业**] 在仔细讨论"职业政治家"之前，让我们先比较全面地弄清楚他们的存在所呈现的事态。一如经济上的谋生之道，"政治"可以是人的临时偶务，可以是人的副业（Nebenberuf），也可以是人的主业（Hauptberuf）。在三种身份下，人都可以从事政治，也就是试图影响一个政治结构之内或者政治结构之间权力的分配关系。当我们投下我们的选票或者是进行类似的意向表达——比如在一个"政治"集会中鼓掌或者抗议或者发表一篇"政治"演说，等等——之时，我们都是以政治为偶务的"临时"政治家（Gelegenheitspolitiker）。许多人和政治的全部关系到此终止。另一方面，在今天，一切只有在有需要的时候才有政治活动的人，如政党政治下各种团体的代表（Vertrauensmänner）和理事（Vorstände），所从事的则是一种作为

副业的政治。对这种人来说，无论在实利上或者就理想而言，政治都不是他们"当成生命"的**首要**所在。对于国家的资政或其他类似的咨询机构的成员，只有在被召集时才发生作用，这一点也成立。另外，在我们的国会议员中，有一大部分只有在会期中才有政治方面的活动，这些人的情形亦是如此。在过去，这类人物在身份团体中最多。所谓"身份团体"，我们指本身有权利拥有武装力量的人或者有权利拥有行政管理所需的重要工具者或者本身拥有支配权力的人。他们之中有一大部分人之从事政治活动，非但牵涉不到生活的全部，也不属优先的选择，更不会有过于临时性者。他们所拥有的支配权力，是用来取得租金（Renten）甚至利润的。如果他们居然管起政治，积极地为政治团体效劳，那一定是因为君主或者他们同一身份团体的人，向他们要求这项服务。在君主要为自己创建出一个属于自己、唯己命是从的政治经营力量的斗争中，他引入的某些助力常属于这一类。"宫廷外顾问官"（Räte von Haus aus）[1]，或者更早的"部族会议"（Curia）、君主的其他咨询、参议性机构中相当大的一部分资政人员，都是属于这类性质。但是，这种副业性的、只应需要而存在的辅助力量，对君主来说，自然是不够的。出于必然，君主要设法组织一个助手团，完全而无旁骛地为他做事，亦即要引此为他们的**主业**。逐渐浮现的王朝政治组织的结构，甚至该文化的整个性格，都在很大的程度上取决于君主从何处找来他的工作人员。即使是那些（所谓的）"自由"共同体，也就是已经完全废除了君主的权力或者在很大程

1　从十三、十四世纪开始，德国各地方的君主，有时候会拜访境内分封出去的望族或教会的要人，听取他们的意见。因为这类顾问到宫廷来的时候，只是访问性质，而不在宫廷任职，故称为"宫廷外顾问官"。参见《经济与社会》，p.301，Gerth & Mills 注。

度上限制了君主的权力，而由其成员在政治上自行建构、组织起来的政治团体，也必须有以政治为主业的职业政治家。所谓这种共同体是"自由"的，意思不是说这种团体可以免于武力性的支配；这里"自由"之意，是说由传统来正当化（在大部分的例子中，在宗教的方式下被神圣化）为一切权威之不二来源的君主权力，已经看不到了。在历史上，这类共同体的起源温床仅见于西方。它们的萌芽，是作为一个政治团体的城市，也就是城市在地中海文化圈首次出现时的那种形态。就以上这些情况而论，以政治为"主要职业"的政治家，是什么样子的呢？

[§16 "为了"政治而活和"依赖"政治而活] 一个人要以政治为职业，可以以两途为之："为了"（leben für）政治而活，或者是"依赖"（leben von）政治而活。这两种途径之间的对立，绝对不是截然的。常律是一个人兼有两者——至少就精神层面而言；而当然，就物质方面来说，更有两者齐兼的。"为了"政治而活的人，在一种内在心灵的意义上，把政治当成自己的"生命所在"。这种人，或者心喜他之拥有他所施展的权力；或者他要知道他的生命在为一件"事业"（Sache）的服务中得到了意义，他才能够维持内心的平衡以及觉得自己有某些价值。不过，在这种内在的意义之下，每一个为了一项事业而活得认真的人，都是"依赖"这项事业而活。因此，我们在这里提出来的区分，指的乃是问题比较实际的一面，也就是指经济的方面。致力于把政治变成一个固定的收入来源的人，"依赖"作为职业的政治而活；反之，就是"为了"政治而活。在私有财产制度的支配之下，一些你可以说是非常琐屑不足道的先决条件，一定要先存在，才能让人在这种经济的意义之下，去"为了"政治而活。在正常的情况中，这种人一定要能够在经济上

不依赖政治可以带来的收入。这意思很简单：这种人一定要很富有，或者处于某种可以带来充分收入的私人地位上。至少在正常的情况中，情形是如此的。但是战争领袖的追随者、革命英雄的街头群众，眼中当然不会有正常经济运作的条件。在这两种情况中，当事人维生所赖，乃是战利品、掠夺物、没收之物、人们的捐献，以及在本质上和这些无二致的毫无价值的、强制性的货币或票券形成的榨取。不过，必然地，这些都是异常的情形。在正常的经济生活中，一个人要能在经济上不依赖政治方面的收入，一定要有属于本人的财富。但仅如此尚不够。这样的人，在经济上尚必须"有余裕"（abkommlich）；这意思是说，他的收入，并不靠他持续地把自己的精力和思考，全部或至少是大部分，投注在经济方面的经营上。在这个意义上来说，只有靠租息或红利收入的人（Rentner），才是完全"有余裕"的人，因为这种人的所得，完全都是不劳而获的。过去的领主、现代的大地主和贵族，靠的是收取地租（在古代或中世纪，还有奴隶或农奴的贡纳），在近代，则有从有价证券或其他类似来源获得分红的人：这些便都是靠地租或红利收入的人。至于工人**以及**企业家，在这种意义下，**都**不是"有余裕"的。关于企业家这一点，必须格外注意，**特别**是近代大规模企业里的企业家。因为被整个企业经营所束缚住的**尤其**是企业家，因此他们**不是**"有余裕"的。如果我们考虑到农业的季节性，那么这一点对工商业方面的企业家，较之农业方面的企业家，尤其成立。大体言之，在一个企业的经营上，企业家很难让别人来代替，即使只是暂时性的。在这个意义之下，医师也不是有余裕的，同时他缺乏余裕的程度和他的杰出及忙碌的程度成正比。从职业纯粹技术方面的考虑来看，辩护律师就比较"有余裕"，因此在职业政治家这一行中，律师扮演的角色，大到不成比例，往往到了压倒性的程度。我们不用再按项继续分类下去了，我们不如来厘清"为了"政治而活和"依赖"政治而活之间的分野所造成的若干影响。

[§17　资产对职业政治家的意义] 一个国家或者一个政党的领导人物，如果（在经济的意义上来说）完全为了政治而活，而不是依靠政治而活，那么这个领导阶层的成员，一定是在一种"金权"（plutokratische）取向的方式下，被争取和纳入这个系统的。当然，这不是说金权式的领导阶层的存在，就表示在政治上居于支配地位的阶层**不会**"依赖"政治为生，就表示支配阶层**不会**利用他们的政治支配地位，去为他们的私人经济利益服务。这些，当然都不在话下。从来就不曾有过什么阶层，是从来不曾以某种方式利用政治地位谋取私人经济利益的。不过，领导阶层的金权性格有一个含意：这时候，职业政治家不需要直接**为了**他的政治工作求取报酬，但是没有资产的政治家却必须要求这种报酬。不过，在另一方面，我们并无意说，没有资产的政治家，在政治上唯一的着眼点或主要的着眼点，就是追求私人在经济方面的生计。我们也无意说，这种政治家不会把"理想"（Sache）当成用心的所在。这和实情绝对不符。经验告诉我们，对有资产的人来说，对于个人生存的经济"安全"的关心，有意识地或者无意识地，总是他们整个生命取向的基本定位点。有些阶层，因为没有资产，故处在对一个社会的经济体制的维持〔有利害关系的圈子〕之外。一种无所忌惮、不讲条件的政治理想主义，主要——如果不是唯一——的存身之所，便是这种阶层。在不寻常的年代，也就是革命的年代，情形尤其是如此。〔回到我们原来的话题：我们说没有资产的政治家，必须要为自己的政治工作要求报酬。〕这里我们的

意思不过是说，用非金权的取向，争取和征召对政治有兴趣的人，不论是领导者以及追随者，都需要有一个不言自明的先决条件来配合：有志从事政治的人，会从政治的经营中按时得到可靠的收入。从事政治，或者可以出之以"名誉职"（ehrenamtlich）的方式；这是我们常说的"独立"（意思是说有资产）的人，特别是坐收租金和红利的人，从事政治的方式。或则，没有资产的人也可以参与政治工作，但这类人必须要取得报酬。**依靠**政治而活的职业政治家有两种：或者是纯粹的"俸禄人"（Pfründen），或者是受薪的"官吏"（Beamter）。这种政治家，或为了执掌特定的业务，而从规费（Gebühren）和业务佣金（Sporteln）得到收入——小费和贿赂，只是这类收入中不合规定、正式说来不合法的一种；或则，在实物的形式下、在金钱的形式下或者在两者兼具的形式下，他获得一份固定的收入。这种政治家可以扮演"企业家"的角色，像从前雇佣兵的领袖、租取官职或者捐买官职的人，或者美国的政党老大（boss）；在这种人看来，一切花费都算是一种投资，以后再借着运用自己的影响力回收利润。他也可以有固定的工资，例如报纸编辑、党书记、近代的内阁部长或者政务官吏。君主、获胜的征服者、成功的党头目，给予追随者的报酬，在过去是封建采邑、土地的赠与、俸禄，而随着货币经济的发展，业务佣金式的俸禄（Sportelpfründen）[1]已变成典型。到了今天，对于忠心的追随者，政党领袖会赏赐各式各样的职位：党里面的职位、报界、合作社、医疗保险机构、地方政府或国家的职位。**一切**党争，所争的固然是实质的目标，但更是争夺官职任命权的斗争。在德国，主张各

---

1 韦伯对"业务佣金式的俸禄"的说明，见《经济与社会》第 2 部分第 12 章第 10 节（p.1032）。

邦分权制的人和主张中央集权制的人之间主要的斗争，集中在一个问题上：官职任命权归谁——柏林人？慕尼黑人？卡尔斯鲁厄人？或德累斯顿人？对于政党来说，谋官职分派权而不成，比它实质的目标受挫折，是更严重的打击。在法国，若地方首长因为政党政治的缘故而发生易动，一向被认为是重大的转变，比政府修改施政纲领，造成更大的轰动——政府的施政纲领，意义好像不过虚文徒具。有些政党，特别是美国的政党，在关于宪法解释的旧日冲突消失了之后，已经变成了纯粹以猎取官职为目的的政党；至于实质的纲领，乃是可以按照获取选票的几率而随时改变的。在西班牙，直到近年，两个主要的大党按照惯例，通过由上面导演的"选举"，轮流掌权，以便让它们的追随者获得官职。在西班牙的殖民地，无论在所谓的"选举"中或是在所谓的"革命"中，所争的一直是胜利者可望取食的国家面包篮。在瑞士，政党以和平的方式，按照比例均分官职。我们的某些"革命"的宪法草案，比如巴登（Baden）邦宪法的第一次草案，曾想把这个制度推广到部长级的职位。国家和国家的官职，被认为纯粹是提供俸禄的机构。天主教中央党对这个构想最热心支持。在巴登，这个党所提出的政纲之一，就是要按照各教派的比例来分配官职，而不论其实力表现如何。随着普遍官僚化造成的官职数目增加，随着愈来愈多的人因为官职代表着特别**有保障**的生计而要求官职，任何政党的这种趋势都会增强。对于它们的追随者来说，政党愈来愈变成了获得这种有保障的生计的手段了。

[§18 **专业官僚的兴起**] 和这种趋势相对的，是近代官僚体制的发达过程。受过长年的预备训练，这是一支有特长、具备专业训练、高度合格的脑力劳动力量。为了保持廉直，他们对自己

的团体身份发展出了高度的**荣誉感**。没有这种荣誉感，可怕的腐化和鄙陋的庸俗，将如宿命一般，对我们造成威胁；即使国家机构纯粹技术性的运作，都会受到危害。在经济方面，这种运作的重要性已在日增；随着社会化（Sozialisierung）[1] 的逐渐扩大，情形尤其如此，并且这种重要性会愈来愈增强的。在美国，随着总统选举的结果，猎官式的政治家（Beutepolitiker）[2] 组成的素人（Dilettanten）[3] 政府，要更动成千上万的官员，下至邮差为止。政府中不见终身职的职业官吏。不过这种素人式的政府行政体制，已经逐渐被文官改革法案（Civil Service Reform）[4] 所穿透。政府工作纯粹技术性的、无从躲避的诸般需要，决定了这种发展。在欧洲，按照分工原则的专业官吏体制，是在历时五百年的发展中逐渐出现的。意大利的城邦和"市政门阀"（Signorien）[5] 开其端绪；就君

1　韦伯所谓的"社会化"，就是公有化或国有化。

2　猎官制（spoils system）是十九世纪美国政治的特色之一。当时的政党，视政府职位为选战得胜后的战利品(spoils)，分给有功于本党的党员。这个风气起源自杰斐逊总统(Thomas Jefferson，1801—1809 年在任)，到了杰克逊总统（Andrew Jackson，1829—1837 年在任)时代，有五分之一的官职都是如此处理。到了格兰特总统（Ulyssess Grant，1869—1877 年在任）时，这个制度在官僚中造成的腐化及无能，到了惊人的地步，遂有公务员制度改革之要求。参见本页注 4。

3　"素人"一词借自日文译本，指不具备专业特长的玩票者。

4　1820 年起，美国的公务员职位，逐渐变成对党派追随者论功行赏的战利品。1840 年，有三万到四万人涌入华盛顿，追取当时二万四千个联邦职位，这便是所谓的"猎官制"。1881 年，一个求官不得的人，刺杀了当时的总统加菲尔德（James A. Garfield），引起全国对这个问题的注意，参议员彭多尔顿（George H. Pendleton）的改革法案遂得通过，1883 年成为"公务员改革法案"。

5　在中世纪及文艺复兴时期，意大利各城邦内部工商业行会之间的激烈斗争，使得原来的共和制共同体政府解体，统治权逐渐落入有力量调停各派的某个个人手中。这个人通常是城市内某旧骑士家族的领袖，他逐渐扩展势力，把统治变成他的家族世袭专利，到了这一步时，这个家族向教皇或皇帝要求承认他们的统治权力。这个转变，是意大利城邦演进的最后一个阶段，这些"市政门阀"（Signorien，意大利文的意思是英文的"lord"或"despot"）从此掌握一个小王国，变成世袭的专制君主。因为"市政门阀"对行政、

主政体而言，诺曼征服者诸国[1]则首开滥觞。但是最具决定性的一步，起自君主的**财政**问题。在马克西米连一世（Maximilian Ⅰ）的行政改革中，我们可以看到，虽然财政这个领域是最经不起素人式的统治者来调弄的——在当时，统治者大致不脱一名骑士而已——但是，官吏要想在这个领域中剥夺君主的权力，却依然十分困难，即使是在极度的迫切情况中和落入土耳其人支配的威胁下。战争技术的发展，造成了对专业军官的需要；司法程序的精密化，则造成了对受过训练的法律专家的需要。到了十六世纪，在财政、军事和司法这三个领域，专业官吏体已在较先进的国家中，取得了明确的胜利。在君主压倒身份等级（Ständen）之后，君主的绝对政体兴起；不过，与此同时，君主的亲临政事，也逐渐让位给专业的官吏。因为正是借这种官吏的助力，君主对身份等级的胜利才有可能。

　　[§19 首席政治家的出现] 在具备专业训练的**官吏阶层**崛起的同时，"首席**政治家**"（leitende Politiker）的发展也告完成，虽然这中间的转变过程容或甚难察觉。当然，在实际上具有决定性权威的君主顾问，在任何时代、任何地方都曾存在。在东方，为了尽可能解除苏丹对政府施政后果所负的责任，便创造了"大相"（Großwesir）[2]这种典型的角色。在西方，在卡尔五世（Karl Ⅴ）的

（接上页注）司法及军事等方面都有非常成功的控制，历史学家常认为他们是近代国家的起源者。他们的活动时代，大约是从十三世纪中叶到十六世纪初。

1　十一世纪初期，诺曼底的诺曼人（the Normans）侵入意大利南部及西西里，引入封建制度。到了十一世纪末叶，诺曼人已统治这整个区域，建立了西西里王国。他们善用阿拉伯及拜占庭的政治传统，以及这两个文化中对财政及税务管理的专材，是为王朝建立专业行政管理的先声。

2　在某些伊斯兰教国家中，高级官员（例如部长）称为 Vizier。"Vizier"一词来自阿拉伯

时代——也就是马基雅维利（Machiavelli）的时代——主要是受到了威尼斯使节送回的报告的影响，外交首次变成了一种**有意识地培养的技艺**。在专业外交圈中，人们以强烈的热情阅读威尼斯使节送回的报告。娴熟于这种技艺的人，主要都受过人文主义的教育；他们互以业已入门的圈内人相待，有如中国战国时代后期的人文主义政治家。这种情况下，**整个政策**——包括内政——要求有一位首席政治家，在形式上作一种统一的领导。不过，最后是因为立宪国体的发达，这种必要才明确而迫切地表现了出来。诚然，在此之前，个别的人物，比如君主的顾问或者甚至在实质上领导君主的人，都曾不时出现。但是，包括最先进的国家在内，行政机构的组织在开始的时候是另循他途的。**合议制**（Kollegialität）[1] 的最高层行政机构，在先便已出现。理论上，这种机构在君主本人的主持下合议，由君主做成决定；在实际中，这种情形却逐渐地消退。在合议制度下，产生了正反两面的方案以及因不同考虑而造成的票决上的多数派和少数派。可是在这个正式的最高机构之外，君主身边尚有纯粹私人的亲信——"内阁"（Kabinett）；君主在考虑过枢密顾问——或者任何这类的最高国家机构——的议决之后，再针对这些议决，通过身边亲信形成决定。愈来愈落入一种素人地位的君主，借着合议系统和内阁，设法减轻受过专业训练的官僚对他绵绵增强而无从躲避的压力，让最高的领导权能够留在自己手里。君主亲自主政和专业官僚体之间这种潜在的斗争，在任

（接上页注）文中的 "Wazir"，意思是"有负担者"。在奥斯曼帝国中，Vizier 是政府部门的首长；十九世纪时，国家的最高官员称为 "Grand Vizier"，有点类似首相。

1　韦伯对合议制的界定和讨论，见《经济与社会》第 1 部分第 3 章第 8 节（pp.271—282）。中译见《支配的类型》。

何地方都存在。这种情况，直到国会和政党领袖对权力的兴趣逼
到眼前时才有所改变。〔这个新发展在各国有〕极为不同的条件，
但是却都导致了外观上一样的结果，而当然，这不是说这些结果
之间并没有一些差别。在王朝仍然掌握实权的地方——德国便是
一个突出的例子——君主的利益与官僚阶层的利益结合，共同**对
抗**国会以及国会对权力的索求。官僚的利益所在，是要让领导的
地位也就是部长的位置由他们自己人来占取，好让这些位置成为
官吏晋升的目标。君主的利益所在，则是要能够按照自己的判断，
从忠诚的官吏行列里指派出部长。两方面的共同利益，在于保证
政治领导能够以一种统一、团结的方式面对国会；这也就是说，
保证合议系统由一个统一的内阁首揆来取代。再者，君主为了在
纯粹形式上避开政党斗争和党派的攻击，需要有一个特定的个人
来护在他的前面负起责任，也就是说替他向国会负责，以及和政
党进行斡旋。这些利益和考虑共同作用的时候，指向同一个方向：
一个统一领导的行政首长出现了。至于在国会凌驾王室的地方，
比如说英国，国会权力的发达，更有力地促进了政治领导的统一。
在英国，"内阁"的最高人物，是国会中的统一领导人，即所谓的"领
袖"（Leader）；内阁则演变为居于多数的**政党**〔组成〕的一个委
员会。拥有多数席位的政党的这个权力〔机构〕，为正式法律所
忽视，但它却是在政治上具有决定性的权力。正式的合议机构本
身，并不是实际支配力量的机关——政党，因此它也不能够成为
真正的政府管理之所在。执政党需要一个强而有力的机关，只由
该党中实际的领导人物充任成员；他们可以进行秘密的讨论，以
便对内维持权力，对外则进行堂皇的政治。内阁者也，不过就是
这个机关。但面对公众，特别是国会内的公开场面，党需要有一

个领袖，对所有的决定负责——这即是内阁首揆。在欧陆，这种
英式的制度在国会内阁制的形式下被采用。在美国，以及受美国
影响的民主政体中，相对于这套英式的制度，采用的是一套相当
驳杂的制度。在美式制度下，获胜政党的直接民选党魁，从顶峰
领导由他指派的官吏系统，只有在预算和立法方面，他才受国会
的同意权所拘束。

[§20　**政务官吏和事务官吏**]　政治逐渐演变成一种"经营"
之后，因为这种经营需要从业者受过权力斗争的训练、受过近代
政党政治（Parteiwesen）发展出来的权力斗争方法的训练，所以政
治的这种演变，决定了公共官吏分为两类；这两个范畴之间的分野，
虽然不是僵固而一成不变的，但却清楚有别。这便是事务官吏
（Fachbeamte）和政务官吏（politische Beamte）两个范畴。一般言
之，在道地意义之下所称的"政务"官，表面上有这样一种特征：
他们在任何时候，都可以调职、撤职或者甚至"休职备用"。在这
一点上，他们和法国的省长（prefects）或其他国家的类似官员很
相像；而就这一点而言，他们和从事司法职能的官吏的"独立性"
呈现强烈的对比。在英国，当国会中的多数党有了变换，因此更
换内阁的时候，按照固定惯例必须辞职的官员也属于这一个范畴。
在这一类官员之列，还必须算上负责一般"内政"之管理的人；
这种工作的"政治"性，主要在于维持国境内的"秩序"，也就是
维持现存的支配关系。在普鲁士，依照普特卡默告示（Puttkamerschen
Erlab）[1]，若要避免处分，这类官员有义务"支持政府政策"。同时，

---

[1]　普特卡默曾任普鲁士内政部长，强烈地反对社会主义，因在选举中偏袒政府候选人，受
　　到激烈的抨击。1885年他曾颁告示，要求公务人员支持政府的候选人。

正像法国的地方省长，这类官员还被用来作为影响选举的工具。和其他国家相反，在德国的体制之下，因为职位的取得要求受过高等教育、通过专业考试以及特定的职前实习，因此，大多数这类政治官员，都具有和其他官吏一样的品质。在我们这里，不具有近代专业官吏的这项特征的，只有政治机构的首长和部长。在〔革命之前的〕旧制度[1]之下，一个人即使从来不曾受过高等教育，也可以担任普鲁士的教育部长。但是，在原则上，你如果要成为参事官（Vortragender Rat），必须先通过指定的考试。受过专业训练的司长（Dezernent）和参事官——比如说普鲁士教育部在阿尔特霍夫（Friedrich Althoff）的时代——对于业务上的技术问题，和他们上面的部长比起来，所知当然要丰富得多了。在英国，情形也是如此。这样一来，就各种日常业务而言，他们比部长还要来得有权力，也不是没有道理。部长只不过是政治权力**配备**态势的一个代表；他必须支持和执行这种权力态势所提出来的要求，针对〔他〕属下专家的建议做出决定，或者是对他们下达政策性的适当指令。

毕竟，民间的经济性经营，情况也十分类似。真正的"主权人"——股东大会——在业务的经营上，和受专业官吏统治的"人民"一样没有影响力。决定一个企业的政策的人，也就是银行控制的董事会，只下达指示性的经济命令、选择经理人；他们本身没有能力站出来，对企业作技术上的指挥。就此而言，革命国家[2]当前的结构，在原则上并无新意。在这种结构中，行政听命于控

---

1 这是指 1918 年 11 月革命之前的"旧制度"，距离韦伯演讲(1919 年 1 月 28 日)不过两个月。
2 指 1918 年 11 月革命后在几个都市成立，并向全国扩张的工人士兵委员会。

制了机关的素人，他们只愿意把专业官吏当成实际执行事务的头脑和手脚来使用。当前这种体制的困难在别处而不在此，我们今天对这些困难不拟讨论。

四

[§21　职业政治家的性格和类型]　现在，我们想知道的，是职业政治家——这包括"领袖"和领袖的追随干部——有什么典型的特性。职业政治家的性格曾经有过改变；在今天，各类职业政治家的性质，有很大的差异。

我们已经见到，在过去，"职业政治家"是从君主与身份阶层（Stand）的斗争中发展出来的；他们的服务对象是君主。现在，让我们简略地整理一下这些职业政治家的主要类型。

[§22　僧侣]　面对身份阶层，君主从不具有身份阶层的性格但有政治上使用价值的阶层中取得助力。在这类阶层中，首先我们可以举出僧侣阶级（Kleriker）。在印度次大陆和中南半岛，在信仰佛教的中国和日本，在信仰喇嘛教的蒙古，与在中世纪时的基督教世界一样，都有这个阶层的存在。僧侣之所以能够扮演这样的角色，有一个技术上的原因：他们识字。婆罗门、佛僧及喇嘛等之被引入宫廷，主教和教士之被用为政治上的顾问，目的是得到一股能读能写的行政管理力量，由皇帝、君主或者可汗在和贵族的对抗中使用。僧侣——特别是守独身的僧侣——处在正常的政治利益和经济利益的追求之外，也不会为了子孙而觉得有必要向君主争夺一己的政治权力；就这一点而言，僧侣和会与君主对抗的封臣不同。因于僧侣的特殊地位，僧侣和君主的行政经营工具

是"分离"的。

[§23 文人] 这类阶层中的第二种，是受人文主义教育的文人（Literaten）。过去有一度，人们学习用拉丁文做演说，用希腊文写诗，目的是成为君主的政治顾问，最好是能成为君主的政治文书（Denkschriften）的执笔者。这是人文主义书院的第一次兴盛期，也是君主设立"诗学"讲座的时期。对我们来说，这是一个短暂的过渡时期；这个时期，对我们的教育体制有持久的影响，但在政治上，却没有产生比较深入的后果。在东亚，情况就不同了。中国的官大人（Mandarin）在出身上，和我们文艺复兴时期的人文主义学者大致相似：一种以人文主义方式、用古代经典加以训练并且通过测验的文人。试读李鸿章的日记，你会发现，他最引以为傲的，就是能赋诗和善于书法。这个阶层，挟其取法中国古代而发展出来的规矩，决定了中国的整个命运。如果当年的人文主义学者，曾稍有机会取得同样的影响力，我们的命运或许也是一样。

[§24 宫廷贵族] 宫廷贵族（Hofadel），构成了这类阶层中的第三种。君主在剥夺了贵族作为一个身份阶层的政治权力之后，把贵族延入宫廷，让他们从事政治方面或者外交方面的职务。我们的教育制度在十七世纪时的转变，部分原因是宫廷贵族式的职业政治家取代了人文主义学者式的文人，开始为君主服务。

[§25 士绅] 第四个范畴，是英格兰特有的制度。这是一种地方名门（Patriziat）阶层，由小贵族和城镇中靠租贷及利息收入的人组成；用术语来说，这叫作士绅（gentry）。英格兰的士绅阶层，原来是一个君主为了对抗封建豪族（Baron）而引为己用的阶层。君主让这个阶层拥有"自治政府"（self-government）的职位，后来君主本身也愈来愈依靠这个阶层。士绅为了自身社会权力的

利益，不求报酬而接受了地方行政的所有职位，从而对这些职位取得了所有权。士绅使得英格兰免于官僚化，但这种官僚化却是所有欧陆国家的命运。

[§26 法律家] 第五个阶层为西洋所特有（特别是欧洲大陆），那就是受过大学教育的法律家（Juristen）。这个阶层，对于欧陆的整个政治结构，有决定性的意义。经过晚期罗马官僚国家修订之后的罗马法对后世的庞大影响，最明显的表现就是，不论在何处，政治经营以理性国家（rationale Staat）为发展方向的革新，都是由受过训练的法律家所带动的。这在英格兰也没有例外，即使英格兰法律家的庞大本土性基尔特组织，阻挡了罗马法的移入（die Rezeption）。在世界任何地方，我们都看不到和罗马法理性化过程类似的情形。印度的弥曼差学派（the Mimansa school）[1] 中，虽然已有理性法学思想的端倪；伊斯兰教对古代法学思想，也有进一步的培育；但这些都无法阻止神学的思想形式，逐渐湮没了理性法的观念。尤其是司法诉讼的程序，在印度和伊斯兰教中，没有能充分地理性化。这种理性化之在欧洲大陆出现，完全是靠意大利的法律家借来了古罗马的法理学。罗马的法理学，是一个从城邦国家上升到支配世界地位的政治结构的产物，具有十分独特的性格。它的"借用"见诸中世纪晚期注释罗马法汇编（Pandect）[2]

1　弥曼差学派是正统印度哲学的六大派之一，创立者为耶米尼（Jaimini，公元前二世纪至公元后二世纪之间的人）。这派哲学的取向是知识论，企图借批判性的探讨方法，确证"吠陀"的仪式和意义，也就是关于"法"（dharma）的启蒙。

2　530 年，拜占庭皇帝查士丁尼一世（Justinian I）召集了十余位杰出的法律家，编纂所谓的《查士丁尼法典》（Corpus Juris Civilis, Code of Justinian），于 533 年底编成。《汇编》（Pandect，又称 Digest）是整个法典四个部分中最重要的部分，搜集、整理前六个世纪以降罗马法系统中的判决、规则、意见、答复等，加以综合。第六世纪的法律家及教会法学家的"今用"（usus modernus），以及源自法律思想和基督教思想，但后来俗世化了的自然法理论。意大利的城邦共和国中的最高执法官（Podesta）[1]、法国的王室法律家（王权破坏封建领主的支配地位时，他们提供了形式的工具）、主张主教会议至上（Konziliarismus）[2]的教会法律家和依自然法思考的神学家、为欧陆君主服务的宫廷法律家和学院派法官、荷兰的自然法学者和主张有权抵抗王室的人（Monarchomachen）[3]、英国的王室派和国会派法律家、法国高等法院（Parlamente）[4]的法服贵族

（接上页注）以降，这是东罗马帝国的法律根据。十一世纪末期，属于"西方"的意大利学者重新发现这部法典。在它的刺激之下，掀起研究、整理古罗马法的风气，十二世纪因此被称为"法律的世纪"；这是西方法制史中最重要的一个世纪，西方法律之奠基即在此时。

1 "Podesta"在拉丁文中的意思是"权力"。"最高执法官"是意大利自治城邦中的最高司法和军事长官。最高执法官由城邦自行挑选，为了保持其公正地位，通常这种人是另外一个城邦中受过法律训练的贵族。从十二世纪末叶开始，最高执法官的重要性逐渐超过执政官（Consuls）的合议政府；后来，又从最高执法官演变成了"市政门阀"（见 p.221 注 5）。从十三世纪开始，最高执法官的权力逐渐局限于司法的领域。

2 主教会议至上论，是一个关于教皇权力之限制的问题。十二、十三世纪时，教会法学家企图对教皇的权力加以法律上的限制，遂产生主教会议至上论：教皇由主教选出，因此和主教有某种约定存在；主教会议的权威高于教皇，甚至可以将他罢黜。十四世纪的政治哲学家 Marsilius of Padua 和 William of Ockham 皆持此说。教皇绝对论和主教会议至上论的争执，到二十世纪仍在进行中。

3 "Monarchomach"一词，据说是一位住在法国的苏格兰人 William Barclay 所铸。他在一本题为《论国王与国王的权力》（De Regno et Regali Potestate, 1600）的著作中，用这个词来指反对国王有绝对权力的人。这个说法的背景，是十六世纪时绝对王权兴起后引发的争论。当时法国中央政府已成形，国王在君权神授的根据下行绝对统治。反对的人认为国王的权力来自"人民"，因此在某些情况下，人民有权利抵抗国王的统治。主张有抵抗王室权利的说法（monarchomach）和后来的民主思想没有直接的关系；这个说法的基础是中世纪的封建论，反对统一的中央政府及绝对国家。

4 "Parlament"是法国在革命前旧政权时代的高等法庭。其前身为 Curia Regis（御前会议），是国王和主要的封建领主见面讨论法政一般问题的地方。十二世纪开始，专业人员开始加入，法律事务开始独立。路易九世（Louis IX, 1226—1270）时，"御前会议"有关法律的集会开始被称为"Parlament"，是为巴黎高等法院的开始。十五世纪以降，类似的

(noblesse de robe)[1]，以及在大革命时期的辩护律师，都是这种法律理性主义的伟大代表。如果没有这种法律方面的理性主义，绝对国家的兴起和法国大革命都无法想象。试读法国高等法院的诤议（Remonstrationen）[2]或者法国等级会议（Estate General）[3]从十六世纪到1789年的陈情书（Cahiers de doléances），你会发现法律家的精神无所不在。诸君去看一下法国国民会议（National Assembly）[4]议员的职业构成，就会发现，虽然国民会议的议员是由平等的普选产生的，其中却只有一位无产阶级，以及极为少数的资产阶级企业家，但各种法律家却成堆。要是没有这些法律家，那种曾经对激进的知识分子和他们的计划起过激奋作用的特殊心态，便完全无法设想。从那时开始，近代辩护律师和近代民主，绝对是在一起的。而我们所谓的辩护律师——也就是一个独立的身份团体——也只有在西洋才存在。他们的发展，从中世纪开始，在司法诉讼

（接上页注）高等法院在省区建立，大革命前，除了巴黎高等法院之外，省区内共有十四个高等法院。在功能上，因为这种法院代表国王的权力对全域作法律上的管辖，遂有助于国王势力的扩张和加强。法国大革命之后，这些法庭被废弃。

1　"noblesse de robe"指的是法国在十七、十八世纪时，因担任高级官职而取得世袭贵族地位的人。路易十四（Louis XIV, 1638—1715）为了争取法官对他的支持，给许多法官——特别是巴黎高等法院的法官——这种贵族地位。在开始的时候，这类贵族受军功贵族（noblesse d'epee）和老贵族（noblesse de race）的歧视。但后来，这批布尔乔亚出身的新贵，反而是最保守的力量。

2　法国高等法院（见 p.230 注 4）的法官，因为必须要登记国王发出的指令和信件，因此有所谓的"诤议"权，也就是有权力指出国王的指令是否有违反王室传统的地方。在诤议之下，国王可以继续坚持己见，但诤议权对国王的权力仍然构成了相当的限制。

3　等级会议（Etats-Generaux）是法国在1789年大革命之前供国王谘议的民意组织。它在历史上的来源是"御前会议"，但后来由三个等级——教士、贵族及第三等级，也就是新兴中产阶级——共同组成。它始终没有发展成一个近代议会式的能限制国王权力的东西。等级会议在开会时有一习惯，就是由每一等级提出一份 Cahier de doléances（陈情书），列出该等级的抱怨及改革的建议。

4　法国大革命期间（1789年6月17日到7月9日）由第三等级所组成的革命议会。

过程理性化的影响之下，从形式主义的日耳曼司法诉讼程序中的"代辩人"（Fürsprech）蜕变出来。

[§27 律师和官吏的不同性格] 在政党出现后的西方政治中，律师之所以居于重要的地位，并不是偶然的。由政党来从事的政治经营，也就是由有利益关系的人来进行的经营[1]。这是什么意思，我们很快就会看到。最有效地处理客户的利益问题，是受过训练的律师的看家本领。在这种工作上，律师胜过任何"官吏"；这一点，敌人[2]的宣传之优势，已足以让我们学到。毫无疑问，一种主张、一个说法，即使本身只有在逻辑上言之脆弱的论据支持，也就是说一个在这个意义下"不利"的主张或说法，律师也可以挺身为它申辩并获胜。不过，他之所以能获胜，是因为他为这个主张或要求，提供了一个在技术上言之"有利"的论证。但是，一个在逻辑上言之有"坚强"论证支持的主张或立场，唯有律师才能加以成功地处理，也就是说唯有律师，才能"有利"地处理一个"有利"的主张或立场。官吏作为政治家，往往因为技术上"不利"的处理方式，把一个"有利"的主张或立场弄成了一个"不利"的立场。对于这一点，我们必然都有过经验。今天，在很大程度上，政治是公开用言词或文字进行的一种活动。合适地拿捏字句的效

---

1 所谓"由有利益关系的人来进行的经营"，原文是"Interessentenbetrieb"。因为"Interesse"一词的意思太广，在此译作"利益"会引起误会，我们引韦伯自己的话来说明他的意思。他在 1918 年曾经发表一篇有名的长文章："Parlament und Regierung im neugeordneten Deutschland"（英译见《经济与社会》，附录Ⅱ，pp.1381—1469）。在这篇文章中，韦伯说："政治的经营，便是有利益关系的人的经营。"但他立刻解释："所谓'有利益关系的人'，我们指的并不是因为物质利益而在一切国家体制中以不同的强度影响政治的人，而是那些为了实现某些政治想法，而追求政治权力和责任的在政治上有关心和利害的人。"（《经济与社会》，p.1457）

2 指第一次世界大战中的协约国。

果，乃是律师工作的一部分，但绝对不是专业官员的职责的一个部分。专业事务官吏不是群众鼓动者，他们志也不在此。如果他们竟企图变成群众鼓动者，通常他们会成为非常差劲的群众鼓动者。

[§28 官吏和政治家的不同性格] 真正的官吏，就他本身的职份来说，是不应该从事政治的（这一点，对于评价我国以前那个政权，有决定性的意义）。他应该做的是"行政"，最重要的是这种行政是**非党派性**的。至于所谓的"政治"行政官员，只要"国家理由"（Staatsräson）¹——也就是牵涉到整个支配体制生死的利益——没有受到直接影响，那么至少从正式的角度来说，情形也是如此。他应该"无恶无好"（sine ira et studio）地从事他的职务。因此，他绝不应该做政治家（不论是领袖或其追随者）必须去做，同时也始终在做的事——**斗争**（Kämpfen）。采取立场、斗争、有所动情——有恶有好：这乃是政治家的本色，尤其是政治**领袖**的本色。支配政治**领袖**言行的**责任**原则，和官吏的**责任**原则十分不同，甚至正好背道而驰。官吏的荣誉所在，是他能够出于对下命令者的责任，尽心地执行上级的命令，仿佛这命令和他自己的信念、想法一致。即使他觉得这命令不对，或者在他申辩之后，上级仍然坚持原来的命令，他仍然应该如此。没有这种最高意义之下的伦理纪律和自我否定，整个系统便会崩溃。而政治领袖，即居于领导地位的政治家，其荣誉之所在，却是他对自己的作为要负无

---

1 "国家理由"（ragione di stato, reasons of state）常被认为是马基雅维利政治思想的关键概念，虽然这个名词从来不曾在马基雅维利的著作中出现过。马基雅维利以及对近代国家特质做思考的人认为，政治自有其政治性的目的，而不是为了宗教、道德或其他非政治性或超政治性的目的服务的。因此，政治家应该考虑的是权力，而不是正义；国家的行为应以本身权力的维持、增强为着眼点，不需引道德的规范为准则。易言之，国家在考虑自身的活动时，应该以本身为"理由"。

所旁贷的**个人责任**，要负无法也不可以拒绝或转卸的责任。就其本性而言，具有崇高道德的官吏，会变成恶劣的政治家，尤其是会变成在政治意义上不负责任的政治家。在这个意义上，他们乃是道德地位低下的政治家，就像我们不幸一再在领导位置上看到的情况。我们所谓的"官吏之治"（Beamtenherrschaft），便是指此。现在我们揭发这种体制就其后果而言在政治上的错误，当然不致让我国官吏界的荣誉受小瑕之累。但是，让我们还是回来讨论政治人物的类型吧！

五

　　[§29　**群众政治家**] 从立宪国家出现之时开始，或者更确定地说，从民主政体建立之时开始，在西方，"群众政治家"（Demagoge）[1]一直是领袖型政治家的典型。我们诚然不会喜欢这个字眼，但我们不要因此忘了，头一个被称为群众政治家的人，不是克里昂（Kleon），而是伯里克利（Perikles）。在古代民主中，官职人选由抽签来决定；毫无官职，或者说位居唯一选举出来的官职——最高司令官（Oberstrategen）[2]——的伯里克利，居然领导雅典市民的最高大会。近代的群众政治家自然也利用演讲；如果我们考虑到，在近代一位候选人要做多少竞选演说，就知道这在量上，

1　在本文中，"Demagoge"一词或译作"群众鼓动者"，或译作"群众政治家"。韦伯认为"直接诉求民意认可的统治者"（见 p.207 注 2）基本上都是成功的"Demagoge"（见《经济与社会》第 1 部分第 3 章第 7 节，p.268；中译见《支配的类型》）。"民主化和群众鼓动的做法是在一起的……只要群众不再被视作行政管理的纯粹被动对象，也就是说，只要群众的态度具有某种积极的意义。"《经济与社会》附录 II（p.1450）。
2　Strategoi 是雅典的最高军事长官，由公民大会选举产生，而非用抽签产生。

已经到了极高的程度。不过，印出来的文字效果更持久。在今天，群众政治家最重要的代表性人物，乃是政治评论者（Publizist），尤其是**新闻工作者**（Journalist）。

[§30 新闻工作的特殊地位] 近代政治性新闻工作的社会学，不论从任何角度来看，都应该自成一章。在我们这次演讲中，便是稍做素描都不可能。不过，在这里，有几件事，却和我们的题目有关，因此必须一说。新闻工作者和所有的群众政治家一样，同时和律师（以及艺术家）也差不多，有一项共同的命运：缺乏固定的社会分类。就律师而言，至少在欧洲大陆情形是如此，英国以及从前普鲁士的情形则不一样。新闻工作者仿佛属于一个贱民阶层（Pariakaste）[1]，"社交界"总是根据他们之中品行最差的代表来评价他们。由而，对于新闻工作者和新闻工作，流行着一些最奇怪的想法。很多人不了解，在新闻工作上一项真正**优秀**的成就所需要的"才气"（Geist），绝对不下于任何学术上的成就所需者；特别我们要考虑到，新闻工作必须随令当下交卷，也要考虑到，新闻工作者必须在显然和学者完全不同的创作条件下立即见到**效果**。大家几乎从来没有承认，和学者比起来，新闻工作者的责任要大得多，而平均而言，任何一位有荣誉感的新闻工作者的**责任感**，和学者比起来，非但不见逊色，反而，〔这次大〕战时的情形已证明，要比学者来得高。人们之所以对新闻工作者的评价较低，乃是因为在这种问题上，人们记得的，乃是不负责任的新闻工作表现，以及这类表现所带来的往往十分可怕的后果。说任何一位够格的

1　韦伯对贱民阶层的定义，见《经济与社会》第 2 部分第 6 章第 6 节 6（p.493），又参见英译者在 p.209 的注释。

新闻工作者，在行止的思虑判断上比一般人高明，没有人会相信，但是实情却正是如此。和别的职业比起来，新闻工作这个职业，有最庞大的诱惑与之俱来；在今天，新闻工作又有其他的特殊条件与环境。这些因素所造成的结果，使得公众习于以一种由鄙夷和可悯的卑怯交织而成的态度去看新闻工作。在今晚，我们无法讨论这该怎么办。在此，我们所关心的，只是新闻工作者在**政治**方面的职业命运，以及他们获得政治领导地位的机会。到目前为止，只有在社会民主党[1]里面，新闻工作者有比较有利的机会。但是在这个政党里，编辑的位置主要还是一种党工的位置，不足以构成**领袖**地位的基础。

[§31　**新闻工作者的缺乏余裕**]　至于在资产阶级政党里，整体而论，走这条路攀取政治权力的机会，和上一辈人比起来，情况反而恶化了。自然，每一个重要的政治家，都需要新闻界的影响力，因此也需要和新闻界的关系。但是从新闻界内部产生政党**领袖**，那是绝对的例外，连想都不应该想。之所以如此，原因在于新闻工作者日甚的"缺乏余裕"，特别是没有资产而必须靠职业维生的新闻工作者的"缺乏余裕"；这种"没有余裕"，是由新闻工作在紧张度和时效性方面的急剧增长所决定了的。每天或者每周都必须写出文章来，以谋生活，就像是在政治家的脚上绑上了铁镣。我便知道有人，虽然具有领袖的气质和能力，却因为这种逼迫，而在向上追求权力的过程中，在有形的方面但尤其是精神

1　凡接受议会民主制和改良主义（不以革命为手段）的社会主义及工人运动，一般泛称为社会民主主义。第一国际解散后，欧洲各国社会主义政党多数变成本国的社会民主党（在英国则发展出工党）。随着俄国社会民主党的分裂和布尔什维克革命，各社会民主党内部的左派又分裂出来，形成共产党。在此，韦伯指的是德国社会民主党。

方面遭到了永久的挫伤。在旧政权[1]之下，新闻界和国家及政党中居支配地位的力量保持的关系，对于新闻工作水平的伤害是不可能更大的了。但这是必须另外处理的一个题目。在我们的敌国中[2]，情况并不相同。不过即使在它们那里，以及所有近代国家中，新闻工作者的政治影响力似乎愈来愈小，而资本主义的报业大亨，如诺斯克里福"爵士"（"Lord"Northcliff）之流，却取得了愈来愈大的政治影响力。

[§32 **新闻工作的政治前途与艰辛**] 不过，到目前为止，我们的大资本主义报纸事业——它们控制的主要是登"分类小广告"的"大众报"——通常都是政治上冷漠态度的典型培养者。因为对它们来说，独立的政治立场没有什么好处；尤其重要的是，持有独立的政策，从在政治上居于支配地位的权力那里，不会得到什么在商业上言之有利的照顾。在大战期间，广告业务曾经被大规模地用来对报业施加政治性的影响，而现在，似乎这个做法会继续下去。虽然我们有理由相信，大报可以躲开这种压力，但是小报的处境就困难多了。不论在其他方面，新闻工作有什么样的吸引力、有什么程度上的影响力、有什么程度的行动可能，尤其是负什么程度上的政治责任，在今天我们身处的环境里，新闻事业的生涯，不是政治领袖向上爬升的正常管道——它也许不复是这种管道，也许尚不是这种管道，这就只好等着看了。某些新闻工作者——不是全部——认为应该放弃不具名原则；但是放弃这个原则，是不是就能给上述的情况带来改变，实在很难说。在大战

1　指 1918 年 11 月革命之前的德国政权。
2　第一次世界大战时的协约国。

期间，德国报纸用特别聘请的文坛名流担任"指导"[1]；他们虽然始终是直接以真名出现，但我们在好几个有名的例子中的经验显示，责任感并**没有**因此如大家所想象的那样增加。无分党派，有些这类报纸，正好就是以低级而出名的煽情报刊，借着放弃匿名原则，它们追求并且获得了销路。这些先生们、发行人及煽情式的新闻工作者所得到的是巨利，而当然不是荣誉。我们在此所说的话，毫无反对署名原则的意思；我们谈的是一个十分复杂曲折的问题，某一个现象自然不等于问题的全部。不过，**到目前为止**，署名的新闻工作，仍然不是走上真正的领袖地位的道路，也不是**负责任地**经营政治可循的途径。事态在未来会如何变化，尚有待观察。话说回来，新闻工作这条路，在任何情况中，都是职业性的政治活动最重要的途径之一。这条路不是每一个人都能走的。性格薄弱的人，绝对不能走这条路，特别是那些只有在安定的位置上才能维持心灵平衡的人。一位年轻学者的生涯，虽然靠的是机运和侥幸，但是至少学者的身份会使他受到一些坚固规范的约束，让他不至于失足。可是新闻工作者的生涯，在每一方面来说，都是彻底的冒险，而身处的条件又以一种在其他任何情境中都无法见到的方式，考验着个人内在的安定自信（Sicherheit）。在新闻职业生涯中往往十分辛酸的经验，可能还不是最糟的事。成功的新闻工作者，相应于外在的试探而必须具备的内在力量，才是最难企及的。的确，在一种看来平起平坐的姿态下，出入豪门的沙龙中当座上客，常常因为被人所惧，所以受到大家的阿谀奉承，但自己心里却清楚知道，只要自己一离开，背后的门甫一关上，主人

---

1 "Leitung"，法译本作"总编辑"。

可能就必须向他的贵宾们解释，为什么他会和"那个报界挖人隐私的低级作家"有关系——这的确不是容易的事。同样，你必须随"市场"的需求，对任何一件事、对生活中任何可以想象到的问题，迅速而言之成理地表达自己的意见；你的意见不能完全肤浅，尤其不能因为暴露了自己的底盘而丧失尊严——这是会有不堪逆睹的后果的。因此，许多新闻工作者，到头来在人性方面完全失败，丧失了一切价值，也就不足为异。值得吃惊的是，在这些情况之下，这个阶层中居然还有许多可贵的、道地的人存在；这个事实，不是外人能轻易想象得到的。

六

[§33　党工]　如果新闻工作者，作为职业政治家的一种形态，要求我们对颇为久远的过去作一回顾，那么**党工**（Parteibeamten）则仅是过去几十年来的新发展，甚至有一部分是近年来才有的发展。为了从历史的沿革演进上，掌握到这一类型人物的位置，我们必须对政党之为物以及政党的组织做一番考察。

[§34　政党经营形态的起源]　任何政治团体，只要它有相当规模，也就是说在地域上和职掌的范围上，超过了一个小的农村行政区，同时其掌权者是定期选举产生的，那么在这样一个团体中的政治经营，就必然是一种**由有利益关系的人来进行的经营**（Interessentenbetrieb）。这也就是说，一群相对而言数目不大的人，主要的关心所在是政治生活，亦即对分享政治权力有兴趣；他们通过自由的招揽劝诱，替自己寻得追随者，推自己或手下为候选人，募集财源，争取选票。如果没有这种经营形态，我们很难设想，

在大规模的团体中选举要如何进行。在实际中，这种经营形态表示，有权利投票的公民，要分成在政治上积极活动的人和在政治上消极被动的人。由于这个区别所涉及的是自由意志的问题，所以诸如强迫投票制或者"职业团体"代表之类的措施，或者其他公然在事实上针对这种事态以及针对职业政治家的支配所设计的措施，是无法消除这个区别的。领导层和追随者，属于积极活动的分子，他们要以自由招揽劝诱的方式，扩大追随者的范围；追随者以同样的方式，争取被动选民把票投给领袖。这些主动与被动的部分，都是每个政党不可缺少的生命元素。但是政党的结构多有差别。举例来说，中世纪城市的政党——比如教皇党（Guelfen）和皇帝党（Ghibellinen）[1]，就完全是个人的追随者组成的党。试观教皇党的章程（Statuto della parte Guelfa），我们会联想到的是，布尔什维克党及其苏维埃：贵族——原先这是指所有以骑士为业并因此有采邑资格的家族——的财产被充公；他们不得任官职，亦无投票权；章程规定了超地区性的党委员会、严密的军事性组织、对打小报告的人加以馈赏。这使我们想起布尔什维克党的经过严格过滤的军事以及（特别是在俄国）秘密警察组织，对"资产阶级"——也就是企业家、商人、以租金及利息为所得的人、僧侣、王室后代、警探——的解除武装、剥夺政治权利以及财产

---

1 教皇党和皇帝党，是中世纪末期意大利政治中相争的两派。"Guelfen"一词的来源，是德文的"Welf"；这是十二、十三世纪时，企图夺取皇帝地位的一个家族的姓。"Ghibellinen"一词的来源，则是德文的"Waiblingen"，这是当时拥有神圣罗马帝国皇位的德国Hohenstaufen家族的一个城堡的名字。这场斗争的起源是 Frederick I Barbarossa（1155—1190）想要统治意大利的野心。意大利各方势力于是有欲拥德国 Hohenstaufen 家族自重者（皇帝党，Ghibellinen），也有欲引教皇力量抗拒皇帝者（教皇党，Guelfen）。逐渐地，这场斗争扩散到意大利全境，各邦原有派系纷纷向教皇党或皇帝党靠拢。

充公政策。这中间的相似之处，如果我们做进一步的观察，会显得更为明显。就教皇党而言，它的军事组织，是一支按照登录在册的封建庄园为准建立起来的骑士军队，贵族几乎占有一切领导位置。在另一方面，苏维埃则保留了——或者不如说重新引入了——高薪企业家、论件工资制、泰勒制度（Taylor System）[1]、军事纪律和厂房纪律，并引入外资。一言以蔽之：苏维埃不得不再度接受他们曾经当作资产阶级体制而对抗的**一切**事物。他们必须接受这些事物，以便经济和国家能够运作。此外，苏维埃还重新建立了以前沙俄的秘密警察制度（Ochrana），作为国家武力的主要工具。不过，在这里，我们毋须讨论这类武力的组织。我们所要讨论的，是在选票市场上，通过冷静而"和平"的政党竞争，以争夺权力的职业政治家。

[§35　政党在英国初起时的形态]　在我们通常意义之下所谓的政党，最初都纯粹是贵族的追随者之组合。英格兰便是一个例子。当一位贵族，因为某种原因，改变了自己的党籍，所有依附于他的人，也都跟着跳党。直到改革法案（Reform Bill）[2]之

1　泰勒制度来自美国工程师泰勒（F.W.Taylor）的构想。他在所著 *The Principle of Scientific Management*（London & New York, 1911）一书中，首创"科学管理"一词，提出一套增加工人产量的方法。

2　英国近代史上，共有三次改革法案（1832, 1867, 1884）；这里所指的是 1832 年的改革法案。在十八世纪，国会议员的选举依循传统，已无法照顾到人口分布和阶级结构随着工业革命而产生的巨大变化。一些选区早已荒废无人迹，但仍有代表它们的国会议员；这类选区的国会席位，实际上是由国王和大地主贵族所控制。十八世纪末叶，中产阶级及新兴都市（如伯明翰、曼彻斯特）开始推动选举改革。改革的运动虽曾一度因法国大革命造成的反动浪潮而暂时消匿，但十九世纪初开始，要求改革的力量日益强大，终于在 1832 年由自由党政府通过改革法案。从此，选区的设置较能配合人口的分布，又放宽选举权，使得有权投票的人数增加约百分之五十。但直到第三次改革法案通过，英国成年男子中仍只有百分之四十的投票权。

时，很大数目的选区的议员席位，是由大贵族家族以及（此一事态意义同样重要）国王所控制的。与贵族政党相近的是名门望族（Honoratioren）[1] 的政党，随着市民阶级力量的上升，这种政党在各处出现。在西方的典型知识分子阶层的精神领导下，有"教养和财产"的圈子，部分因于阶级利益、部分因为家族传统、部分则由于纯粹意识形态方面的原因，分化成为各类政党，并且由他们担任领导。教士、教师、大学教授、律师、医师、药剂师、富农、制造业者——在英格兰整个自认为"绅士"（gentlemen）的阶层——起先形成了偶然性的团体，甚至于地方性的政治俱乐部；另一方面，在动荡的时代，小市民阶级会显示自己的存在；而无产阶级，如果有领袖——通常这种领袖不会来自无产阶级内部——也偶然会表现自己的力量。在这个阶段，还没有作为全国性常设团体、跨地区组织起来的政党可言，凝聚力完全仰仗国会议员，地方望族则在候选人的选择上有极大的重要性。选举时提出的政纲，部分源自候选人的政见诉求，部分则遵循望族聚会或者国会党部的决议。地方性俱乐部的领导，或者在没有俱乐部的情况下（这是大部分的情况），完全不具固定形式的政治经营，在正常时候是少数始终有兴趣的人来做的；这种工作是一种偶务性的零工，在性质上属于一种副业性的、名誉性的工作。只有新闻工作者，才是接受报酬的职业政治家，只有报纸的经营，才是持续的政治经营。在报纸以外，唯一称得上持续的政治经营者，只剩下国会会期。国会议员和国会里的党领袖，当然知道在需要有政治行动的时候，

1　韦伯对"名门望族"的定义，见《经济与社会》第 1 部分第 3 章第 10 节 20（pp.290—291），中译见《支配的类型》；参见第 2 部分第 10 章第 2 节（pp.950—951）。

应该向哪些地方望族求助。但是只有在大都市里，才见得到常设的政党机关；它们有不多的党费收入、定期的聚会和公开的集会供议员报告国会里的活动。党的生命，只有在选举期间，才真正活起来。

[§36 政党发展的第一个阶段] 国会议员所关心的，是地区之间在选举时达成协议的可能性，是全国广泛阶层承认的一个统一的纲领以及在全国一致进行的宣传活动所能形成的冲击力。在这种关心的推动下，政党的组织遂逐渐紧密和强化。不过，虽然地方性的党机构逐渐开始在中等城市建立，心腹人（Vertrauensmänner）也在全国伸展，同时国会中有一个本党议员作为中央党部的领袖，和这些地方组织构成的网保持固定的联络，党机构的性格在原则上是一种"望族"团体这一点，却并没有改变。在中央党部之外，仍然见不到受薪的党工。地方党组织，仍然完全是由"有名望"的人领导；而他们之所以担任这种工作，为的是他们原本便享有的名望。这些人，是所谓的"望族"；他们虽然在国会之外，但他们可以和那些适巧在国会中有席位的望族阶层一起施展影响力。不过，党所编辑的党通讯，已经对新闻界和地方集会提供愈来愈多的思想性影响。党员缴纳的定期党费，逐渐变得不可或缺；这中间有一部分，必须拿来供中央开销。德国的政党组织，在不太久之前，大部分都处在这个发展的阶段上。在法国，政党发展的这种头一个阶段的某些部分，仍然完全居于主要的地位：国会议员的结合仍然十分不稳定，在国会以外的全国范围上，我们见到的是数目很小的一些地方望族，以及在个别选举活动中，由候选人本人或者他们背后的大支持者为他们拟定的纲领。当然，在或多或少的程度上，这些纲领都是参考国会议员

的决议和纲领，再适应地方情况而得出来的。这种体制，起先只在局部上有所突破。主业的职业政治家数目依然很小，主要只包括选出的议员、党总部的少数职员以及新闻工作者。在法国，这类人还包括已得到或正在谋求"政治官职"的官职猎取者。就形式上来说，到此为止的主要情形是，政治仍然是一种旁骛性的副业。在议员中，够得上部长资格的人，数目非常有限，而候选人因为他们的望族性格，更是如此。但是，在政治的经营中有间接的利害关系特别是物质方面的利益关系的人，数目非常大。既然政府部会的一切行政措施，特别是和人事有关的一切决定，在考虑的时候都注意到了它们对选举有利与否的影响，于是各种各样的要求都托付给本区议员去斡旋，以求其实现。而不论利弊如何，部长必须倾听这位议员的话，特别如果这位议员是站在部长的多数党这边的时候——因此，成为多数党乃是每个人的追求目标。个别的议员，控制了他自己选区的一切官职的任命权，以及一般而言他选区内所有事务的各种照顾。反过来，为了连任，议员也必须维持和地方望族的结合。

　　[§37　政党组织的独立和强化]　这种在望族的圈子以及特别是在国会议员支配下的宁静祥和状态，和政党组织最近代的形式，构成十分尖锐的对比。最近代的政党组织形式，乃是民主、普选权、赢取群众和组织群众的必要性，以及在领导上发展出最高度的统一性和形成最严格的纪律这两方面的要求，所共同孕育的产物。望族之支配、国会议员之操纵，都告式微。在国会之外的"主业"政治家，把政党的经营掌握在自己的手中。他们或者是以"企业家"的方式行事——美国的老大（boss）或者英国的"选举经纪人"（election agents），在事实上便是这种"企业家"——或则是领固定

薪水的政党职员。在形式上，民主大为广泛化。国会党部不再制定具有最高地位的纲领，地方望族不再决定候选人的名单。现在，已经组织起来了的党员集会选择候选人，并送代表去参加上一级的党会议。这样一级一级的会议可能有好几层，直到全国党代表大会。自然，权力事实上是在那些在组织中**持续**地工作的人手中，或者是组织的运作在金钱方面或人事方面必须依赖的那些人手里——例如说梅赛纳斯（Maecenas）型的支持恩护者（Mäzenaten），或者强有力的政治利益团体（比如塔曼尼厅〔Tammany Hall〕[1]）。最具决定性意义的，就是这种由人构成的整个机构（在盎格鲁撒克逊国家中，根据其特色，这种机构被称为"机器"〔Maschine〕）——或者不如说指挥这机构的人——向国会议员挑战，有条件把自己的意愿，在几乎是非常大的程度上强加在国会议员的身上。对于党**领袖**的选择，这更具有特别的重大意义。现在，党魁就是整个机器所追随的那个人，可以无视于国会党团。换言之，这种机器的登场，意味着**直接诉求民意认可**的民主制（plebiszitäre Demokratie）的到来。

[§38 党工的期待] 追随党魁的党员，尤其是党工和党的企业家，当然会期待他们领袖的胜利给他们带来个人的报酬——不论是官职，或其他的利益。最要紧的是，他们会期待他们的领袖给他们这类利益，而不会期待——尤其不会只期待——个别国会议员给他们这些利益。他们特别期待领袖的**人格**在党的选战中诉诸民心（demagogische）的效果，会增加选票和人民的托付（Mandate），由而增加权力，使机会尽可能地扩展，好让追随者得到他们所冀

---

1 塔曼尼厅是纽约曼哈顿地区民主党党机器的俗称。Tammany Society 本为美国独立战争后出现的爱国社团之一，十九世纪末二十世纪初，受党老大制度的影响，逐渐腐化，是美国地方政党政治黑暗面的一个象征。

望的报酬。为一个自己乐于效忠、皈依的人工作，而不是为一批平庸人物组成的政党的抽象纲领工作，带来的满足是精神性的——这是所有领袖所具备的"卡理斯玛"成分；但这方面的满足，只是党工们的动机之一。

[§39 政党新旧形态之间的冲突] 政党的这种〔新〕形态，在和追求自身影响力的地方望族及国会议员的不断潜在斗争中，在极为不同的程度上，有了突破和进展。这种情形，首先在美国发生在资产阶级政党的身上；然后，同样的情形也发生在社会民主党身上，主要是德国社会民主党。没有普遍承认的领袖存在，挫折会接踵而来；而即使有这样的领袖存在，各种各样的让步也无法避免，方能满足党内望族的虚荣和私人利益。但是，在另一方面，党机器也有可能进入**党工**的支配之下；毕竟，日常的事务原本便是由他们来处理的。按照某些社会民主党圈子的看法，他们的党已经屈从于这种官僚化（Bürokratisierung）了。不过，只要一个领袖的人格，具备了强烈的群众吸引力，要党"官僚"向他输诚，仍是比较容易的。〔这是因为〕党工在物质方面或精神方面的利益，都和领袖的吸引力可望形成的政党权力，有着密切的关系。再者，为一位领袖工作，本身便比较有精神上的满足感。可是，如果在一个政党中，党工和"望族"并坐掌握对党的影响力——资产阶级政党常有这情形——领袖的崛起便困难多了。因为这些盘踞着主席团或委员会小职位的望族，正是借着这些职位，**在精神上**"取得自己生命的意义"。他们对群众政治家的新人（homo novus）身份感到反感，深信自己在政党政治的"经验"（这在实际上确实是十分重要的）上胜过来者，在意识形态上则忧心党的老传统会崩坏；这些，决定了名门望族的行为。党里面一切传统取

向的分子，都会支持他们。尤其重要的是，乡村以及小资产阶级的选民都要找寻他们所熟悉的望族的名字，而不信任他们不曾听过的人。不过，这种〔作为群众政治家的新〕人一旦成功，这类选民对他的认定也会更坚定。现在，我们举几个主要的例子，以窥望族式的结构形态和近代政党式的结构形态之间的争斗；我们特别要考察奥斯特罗戈尔斯基（M. J. Ostrogorskij）所描述的直接诉求民意认可形态的抬头。

七

[§40　早期英国政党的组织]　首先，我们来观察英国的情形。在 1868 年以前，英国政党的组织几乎纯粹是一种名门望族的组织。托利（Tories）[1] 保守党在农村的支持者，是安立甘（Anglican）国教 [2] 的牧师，此外的支持者则大部分是学校的资深教师，最主要的则是郡内的大地主。辉格（Whigs）[3] 自由党的支持者，主要是非国教派（Nonconformist）[4] 的牧师（如果地方上有这种人在）、邮局局长、铁匠、裁缝、绳匠——也就是因为能时常和人聊天，而

1　英国保守党在十九世纪三十年代正式建党之前，其前身团体被称为 Tories。这个称呼起源于十七世纪，当时主张迎立约克公爵詹姆斯为英王的一派，被称为托利派，因他为天主教徒而反对者则被称为辉格派。到今天，"托利"仍然是保守党的俗名。

2　安立甘教会（Anglican Church）又称英国教会（Church of England），是基督教在英国的特殊形式。英国教会原先属天主教，十六世纪时拒绝教皇权威，自行发展，接受改教运动部分的影响，是一种天主教和新教的糅合物，比较宽容，今天是普世教会运动的一个典范。在美国及其他若干地方，它被称为圣公会（Episcopal Church）。

3　Whig 是英国自由党的前身。在自由党建党之后，"Whig"多指自由党中的保守一翼。

4　所谓"非国教派"，泛指不接受英国安立甘国教的新教教派，包括长老会、浸信会、公理会、贵格会等。这些教派受欧洲大陆宗教改革运动的影响比较深，因此在英国教会摆脱罗马天主教独立之后，采取更激进的立场，和安立甘教会不彻底的改革分庭抗礼。

有机会散播政治影响力的工匠之类的人。在城市里，各政党则按
照人们的经济观点、宗教观点或者只是因于家庭中留传的政党观
点，而有各自的支持者。但无论怎么样，望族总是政治经营的承
当者。在望族之上，另外存在着国会及各政党，包括其内阁和党
魁（Leader）——这个人是部长会议的主席或者是反对党的领袖。
在党魁之侧，是党组织中最重要的职业政治家——国会党部书记
长（Whip）[1]。官职的分配权在国会党部书记长手里，因此求官者必
须找他，而他则就这些问题和各选区的议员磋商。在各个选区，
也慢慢发展出了一个职业政治家的阶层：在地方上招募来的代理
人（Agenten）；起先，这类人不受薪酬，和德国的"心腹人"的
情况差不多。但是在这类人之外，选区内又发展出了一类资本主
义式的企业家：所谓的"选举经纪人"。这种人的存在，在英国近
代以保障选举公正为旨的立法下，是无可避免的。这种立法的目
的，是要控制竞选时所耗的费用，以对抗金钱的影响力；它规定
候选人有义务申报在选举中用了多少钱。这是因为在英国——那
里比原来在德国类似的情形严重多了——候选人在哑掉喉咙之外，
还会尝到钱包空扁的滋味。有了选举经纪人之后，候选人只需付
他一笔总数；通常选举经纪人会用这笔钱达成最大的效果。在英国，
无论是在国会或者在民间，就"党魁"与党内名门望族山头之间
的权力分配而言，"党魁"经常居于一种非常重要的地位。这是因
于一个迫切的理由：非如此，则不可能有能瞻望全局并因此而具
有稳定性的政策可言。不过，国会议员和党内山头大老的影响力，

1　英国国会内各党的干部议员，称为 Whip（党鞭），负责配合议程安排发言和督促本党议
　　员到场投票。通常各党有一位 Chief Whip、三到五位 Whips。

仍然是相当可观的。

[§41　党务会的崛起]　在以前，党的组织大体上就是这个样子。这种组织方式是一种混合体，一半由望族来营运，一半是由职员和企业家从事的经营。从1868年开始，"党务会"制度（caucus system）[1]开始发展。起先，这只是在伯明翰（Birmingham）的地方选举中采用，但它逐渐扩及全国。一位非国教派的牧师和张伯伦（Joseph Chamberlain）一起建立了这个制度。发展这个制度的起因，是选举权的民主化。为了要赢取群众的选票，就必须建立起由看来民主化的团体所结合成的庞大组织。在都市的每一个区，都要组成一个选举团体，以使整个经营体系不歇地运动，也使每一件事都最严格地官僚制度化。结果，受薪职员的数目逐渐增加；整体说来，可能已网罗百分之十选民的地方选举委员再从这些职员中选出有互选权利的党干事（Hauptvermittler），作为政党政治的正式运作者。整个驱动力量，在于地方的圈子，尤其是对社区共同体政治有兴趣的人——社区共同体政治，总是最有实质利益可图的地方。这类地方性的圈子，也是筹募资金的第一线。这种新兴的机器，既然已摆脱了国会议员的领导，很快地便开始和原来的掌权者——特别是国会党部书记长——展开斗争。在有地方利益的人支持下，这种机器得胜，国会党部书记长必须认输，和这种机器妥协。结果，所有的权力集中到少数人手中，最后则集中到位于党的顶峰的那一个人手里。在自由党里面，这整个体制的兴起，

1　"Caucus"一词起源于十八世纪后期美国的波士顿，词源已无法考定，意指政党中核心分子决定候选人或党政策的秘密协商会议。在英国，这个词在1870年代才从美国借来，带有贬义，指对方严密的党组织。中文有译成"秘密干部会议"者。但韦伯在此似用此词泛指独立于望族和国会议员的党工"机器"，爱译作"党务会"。

是和葛莱斯顿（W. E. Gladstone）抢上权力宝座连在一起的。这个机器之所以能够如此迅速地压倒名门望族，是因于葛莱斯顿"伟大的"群众鼓动力的魅力，因于群众坚定地相信他的政策具有道德内容、信任他人格的道德性格。一种恺撒—直接诉求民意认可式（cäsaristisch-plebiszitäre）[1] 的因素——选举战场上的专政者——在政治中登场。它十分迅速地有了表现。1877 年，党务会首次在全国大选中开始活动，成果惊人：狄斯雷利（Benjamin Disraeli）在他成就的最高峰时刻垮台了。在 1886 年，这个机器已经完全接受葛莱斯顿个人的卡理斯玛式领导。当爱尔兰自治（Home-Rule）问题[2] 出现的时候，整个机器从上到下没有人问："我们是站在葛莱斯顿的立场上吗？"而是完全听信葛莱斯顿的话，和他一致。大家说的是："不论他怎么做，我们听他的。"——结果，他们抛弃了这个机器的创造者本人：张伯伦。

[§42　新式政党机器在几个方面的影响] 这样的一套机器，需要可观的人事架构。在英国，直接依赖政党政治为生的人，大约有两千之数。当然，纯粹为了谋取官职，或者为了可图之利，而在政治中活跃的人，数目更多，特别是在地方的自治政治中。除了经济上的机会之外，对于党务会中有能力的政治家，还有让

1　恺撒（Julius Caesar，前 102—前 42）曾于罗马共和将崩溃之际，在人民及军队的拥戴之下，违反共和宪法，率军越过 Rubicon 河，一举击溃罗马参议院，夺取所有的重要职位于一身，由而取得绝对的权力。韦伯认为近代大众民主的必要趋势，便是具有卡理斯玛的领袖，直接诉求民意支持，而夺得绝对的领导权。见 p.207 注 2；又请参见《经济与社会》附录 II（p.1451）。

2　所谓爱尔兰自治，是 1870 至 1920 年间爱尔兰民族主义运动的脱离英国自治要求。1886 年葛莱斯顿曾提出爱尔兰自治法案，在国会中失败。

他满足虚荣的机会。变成一位"J. P."或者甚至"M. P."[1]，在性质上和最大的（也是正常的）野心所发的追求，并非二物。明显地具有良好教养的人（也就是"绅士"），可以达成他们的这种目标。贵族的荣衔，则是最高的目标，特别是对那些以巨金资助的人——党的财务，大约有百分之五十依赖〔这些〕匿名的捐助者。

那么，这套体制有什么影响呢？在今天，除了少数内阁阁员（和几个独行客）之外，英国国会议员一般而言，都不过是纪律良好的投票动物罢了。在德国，一个帝国议会的议员，至少在自己的桌子上处理私人信件，由而表现他还在为了国家福祉而行动。在英国，连这种姿态都没有必要。国会议员唯一要做的事，就是投票和不要做出背叛党的事情来。国会党部书记长要他到场的时候，他一定要在议场出现；内阁或者反对党领袖有指示时，他必须依令行事。当一个强人式的领袖存在时，全国的党务会机器都绝对控制在他手中；这些机器本身，几乎完全没有意见可言。这样一来，凌驾于国会头上的，是实质上直接诉求民意认可的专政者。他利用党机器把群众召集起来跟从他；对他来说，国会议员仅是追随他的政治俸禄者罢了。

[§43 英国新式政党机器下的领袖] 这种领袖是怎么挑选出来的呢？首先，就能力而论，哪一种能力是挑选时的考虑？姑不论在任何地方都是最具决定性的"意志"这个性质，最重要的能力自然是能做具有鼓动群众力量的演说。从以前像柯布登（Richard Cobden）之辈诉诸理智的时代，到葛莱斯顿之善于运用

1　"J.P."是"Justice of Peace"（治安长官）的简称，香港人译作"太平绅士"。这是由国王任命非法律界的平民担任的职务，有权维持地方安宁及处理小案件。"M.P."是"Member of Parliament"（国会议员）的简称，指下议院的议员。

仿佛"让事实自己说话"的技巧，政治演说的性质已经有了许多改变。在今天，我们见到的往往是纯粹诉诸情绪的手法。救世军在鼓动群众的时候，所用的也就是这类手段。今天的情形，我们可以称之为"利用群众的情绪而建立的专政"。不过，因为英国国会里非常发达的委员会制度的缘故，任何有意进入领导阶层的政治家，都能够而且必须参与委员会的工作。近几十年来所有重要的阁员，在背景上都有这一段真实而有效的工作训练。这套从提出委员会报告到公开检讨其中建议的实际作业，保证了这段历练有其选才的实际效果，把那些除了做动人演说外别无所长的人淘汰掉。

[§ 44　早期美国政党的发皇] 以上是英国的情形。可是和美国的政党组织比较起来，英国的党务会制度不过聊具雏形。在美国的政党组织身上，直接诉求民意认可这个原则，得到了特别早，也特别纯粹的表现。照华盛顿的理念，他所缔造的美国，应该是一个由"绅士"(gentlemen)来治理的共和国。在他那个时代，"绅士"指的是地主或者受过大学教育的人。在开始的时候，美国的情形也确实是如此。当政党初度开始组织的时候，众议院的议员声称自己才是领导者，一如名门望族在英国当道时的情形。当时，党的组织相当松散，直到 1824 年都是如此。在某些地区——这些也是最先展开近代发展的州——党的机器在 1820 年以前便在成形中了。到了杰克逊（Andrew Jackson）这位西部农人所支持的候选人当选为总统，旧传统终告推翻。1840 年初期，当重要国会议员如卡尔霍恩（John C. Calhoun）和韦伯斯特（Daniel Webster）从政治生活退休之后，主要议员对党的领导便正式结束，因为到了这时候，国会面对全国性的党机器，几乎所有的权力都被夺去了。直接诉

求民意认可制的"机器"能如此早就在美国有所发展，原因是唯有在美国，行政部门的首脑，也就是——这是最重要的一点——分派官职的首脑，乃是在直接诉求民意认可制下投票选出的总统；以及因于"三权分立制"，总统职权的行使几乎独立于国会。因此，在总统当选之后，官职俸禄者真正的掠夺对象，也就被当作战利品而分发到手。在杰克逊时代，"猎官制"（spoils system）[1] 相当系统地被化成一项原则，其后果也已成形。

[§45 猎官制] 这种猎官制，这种以联邦官职奖赏得胜候选人的跟随者的做法，对于今天的政党构造来说，代表着什么？完全没有定见（gesinnungslos）的政党互相对立；它们纯粹是猎官者的组织，端看如何能获得选票，而拟出随时可以改变的纲领；它们立场的改变，即使在别的国家有类似的情形，在程度上也无法相比。各政党都是完全地、绝对地以最重要的选战为着眼点来配备设计的。至于最重要的选战，自然是指有关官职分派的选举：联邦总统及各州州长的选举。各政党在"全国代表大会"（national conventions）中，决定纲领和候选人，不受国会议员的干预；这个党代表大会，又是在形式上非常民主地由各地代表团所组成；这些代表的授权委托，来自党的最基层投票人会议："预选会"（primaries）。在预选会的阶段，出席党代表大会的代表，便已是在总统候选人的旗号之下当选的。在各政党的**内部**，最激烈的斗争，是在"提名"（nomination）的问题上。在总统的手中，大约有三十万到四十万个职位，要由他来指派；这些任命，只须和各州来的参议员谘商即可。因此，参议员是有权力的政治家。对比

1 请见 p.221 注 2。

之下，众议院在政治上来说权力甚微，因为它不能过问官职的任命，而阁员们既然只是总统的助手，那么因为总统独立于所有的人（包括国会）而从人民得到正当性，阁员便可以独立于〔众议院的〕信任或者不信任，径自执行职务。这便是"三权分立"的一个结果。

以这种运作方式为基础的猎官制度，在美国之所以在技术上有**可能**，是因为年轻的美国文化经得起这种纯粹素人的管理方式。挟三十万到四十万个这种除了有功于党之外，本身再无其他资格的党人——这种事态当然不可能不造成严重的弊害。举世无匹的腐败和浪费，只有这样一个在经济机会上尚没有受到限制的国家才能承受得起。

[§46 **党老大**] 现在，随着这种直接诉求民意认可式的政党机器登场的人物，是"老大"（Boss）[1]。老大是什么？他是一种自行计算得失风险而经营选票的政治上的资本主义企业家。他可能以律师、酒店老板或者类似场所的经营者身份，也可能以借贷收息者的身份，开始发展关系。从这里出发，他把线放长，直到他能"控制"某一数目的选票。到了这一步，他开始和邻近的老大建立联系，借助于热情、机巧特别是审慎，他赢得同道先辈的注意；从此，他开始爬升。对于党的组织，老大是不可或缺的。这种组织，集中在老大的掌握中。资金中的最大部分，是由老大所提供的。他哪来的资金呢？有一部分，来自党员的捐献，特别是从借老大和党的帮助而获得官职的官员的薪金抽成。再者，有贿赂以

---

1 "老大"的制度，是十九世纪美国政党政治的特色之一。随着新移民大量到来，地方上的"老大"对他们提供生活上的帮助，借钱给他们，替他们争取社会福利、安排工作；这些新移民则由他们指挥投票。这是"老大"制度的起源。"老大"则用这些受他命令的票源为资源，做进一步的政治经营。

及办事的酬劳。若有人想触犯法网而不受处罚，他必须得到老大的默许；这时他必须付出代价。不然的话，他就会立刻惹麻烦上身。但是仅此，尚不足以积累起经营所需的资本。要从大财阀手中拿钱的时候，必须由老大做直接的收受者。大财阀不会愿意把为了选举而捐的钱，交给受薪的党职员或其他任何必须留下公开账目记录的人。对这种以资金援助选举的资本家圈子来说，在财务问题上精明审慎的老大，乃是最自然的受赠者。典型的老大是一种绝对冷静的人。他不求社会上的荣誉；在"上流社会"中，"职业性的人物"（professional）是受人轻蔑的。他所追求的只是权力，因为这种权力乃是财富的来源；但是他也为了权力本身而追求权力。和英国的党领袖（leader）对比，美国的老大在暗中工作。人们不会听到他做公开演讲；他只对演讲者提示配合目的该说什么，但是他自己保持缄默。除了联邦参议员的席位之外，通常他不接受官职。因为根据宪法，参议员参与官职的任命，重要的老大常亲自拥有参议院的议席。官职的分派，首要是看对党的功绩；但也常有凭出价拍卖官职的情形发生，个别的官职有其固定的价码。这样一种出售官职的制度，在十七、十八世纪包括教廷在内的君主制国家中，也早已存在。

老大没有固定的政治"原则"。他完全没有信念可言（gesinnungslos），而只关心如何才能获得选票。老大往往没有受过多少教育，但通常他的私生活无可非议而规矩正常。论及他的政治伦理，他很自然地随着政治行为的一般既存伦理标准作调整，就像论及经济伦理时，我们中间大多数人在〔战时〕囤积时期的做法一样。作为一个"职业性的人物"、一个职业政治家，因此受到社交界的轻蔑，并不让他在意。他本人不担任联邦的重要职务，也无意于此；这有一个好处，那就是和党没有关系的知识分子阶层，乃至于有名望的人，如果在老大看来在投票上有比较大的吸引力，他便往往会用他们为候选人。因此，党的旧望族不会一再竞选，像在德国的情形一样。这种不谈信念的政党的结构，加上它们在社会上受蔑视的掌权者，反而能把有能力的人送上总统宝座——在德国，这种人是不会有任何机会爬得那么高的。自然，对于可能危害到财源或权力基础的冷门候选人（outsider），老大是避之唯恐不及的。不过，在争取选民好感的竞争中，老大们常常必须委屈自己，去接受向腐败挑战的人做候选人。

［§47 美式官吏制度的变化］ 这是一种高度资本主义式的、从上到下严密、彻底地组织起来的政党经营，由十分强固的、类似修会方式组织起来的俱乐部（例如塔曼尼厅）所支持。这类俱乐部所追求的，完全在于借着政治支配——特别是对地方自治政府的控制，因为这是最重要的榨取对象——获取利益。政党生活的这种结构之所以可能，是因为美国作为一个"新国家"，有高度的民主。不过，这种关系，也正是这套体制现在正逐渐凋谢的缘故。美国已不再能由素人来统治了。不过十五年前[1]，如果你问美国工人，为什么愿意让他们也说是受他们轻蔑的政治家来治理，他们的答复是："我们愿意让我们可以往他们脸上吐口水的人来当官员，而不要让当官的人往我们脸上吐口水，像在你们那里一样。"这是美国式"民主"的老观点；在当时，社会主义者已经有完全不同的想法。美国的这种状态，如今已不复存在。素人政府已不管用，

---

1 指1904年。——德注

韦伯夫妇曾于1904年8月至12月赴美国访问，足迹遍及东西两岸。

公务员改革法案设立了数目愈来愈多的终身且有年金的职位。经过这场改革，受过大学教育而清廉、能干均不逊于我们的公务员的官吏，取得了职位。就现在而言，有大约十万个职位，已经不复是选举后的分赃对象。这些职位现在都提供年金，同时凭资格取人。这样一来，猎官制将会逐渐消退，而党的领导在性质上也会有所改变——不过我们尚不知道会怎么样改变。

[§48　在德国政治工作的三项基本态势]　在德国，到目前为止，政治经营的决定性态势基本上是这样的。第一，国会的无力。这个因素的后果，是具有领袖资质的人都不肯长期留在国会里。现在我们假定有人想进入国会，在国会里他能做出什么呢？总理府有一个空缺时，你可以向相关的行政长官说："我的选区里有个很能干的人，适合这个职位，用他吧！"行政长官欣然同意。一个德国的国会议员，要满足自己的权力本能——如果他有这种本能——他能做的差不多就是这么多。在议会的无能之外，我们要举出第二个因素：具有专门训练的专业官僚层，在德国有无比的重要性。这个因素，决定了国会的无力。在这一点上，我们在全世界拔头筹。官僚层的重要地位造成的后果，是专业官吏不仅担任事务官职，甚至还要担任部长。去年，当巴伐利亚（Bavaria）邦议会在辩论国会制政府时，有一个说法便认为，如果内阁部长让国会议员来担任，有才能的人就不再乐意担任公务员了。再者，官僚的行政体系，会以一种有系统的方式，规避像在英国制度里的委员会讨论过程那样的控制。这样一来，除了少数例外，国会实际上根本无法从本身培育出行政的首长。

第三个因素，就是和美国的情况相反，在德国，政党有政治上的信念和主义（gesinnungspolitische）。德国的政党，至少在主观上认定，它们的党员都信奉一定的"世界观"。德国政党中最重要的两个：在一边的〔天主教〕中央党和在另一边的社会民主党，生来在性质上便是属于少数人的政党（Minoritätsparteien）[1]，同时也志在作少数人的政党。帝国（Reich）的中央党领导人圈子，从不讳言他们反对议会制政府，原因在于他们一向对政府施加压力而给猎官者觅得职位，因此他们怕一旦身为少数党（Minderheit），这样做就困难多了。社会民主党是一个有坚定原则的少数人政党，它也是政府国会化的一个障碍，原因是社会民主党不愿意让现存的资产阶级政治秩序玷污了自己。这两个政党都不愿意卷入国会制政府，遂使国会制政府在德国成为不可能。

[§49　德国政党的望族派系倾向]　在这些态势之下，德国的职业政治家的处境如何呢？他们没有权力，也没有责任，只能扮演一种相当次要的望族角色。在这种状况的影响下，一种在各处都很典型的派系本能（Zunftinstinkt），又开始在他们的心中鼓动。在这种将生命意义寄托在他们卑微地位上的望族圈子中，任何在他们看来非我族类的人，都没有爬得高的可能。从每一个政党——社会民主党自然也不例外——我都可以举出许多名字来，在每一个名字底下，都是一场政治生涯的悲剧；悲剧之来，是因为当事人具有领袖的素质，而正是因为他具备这些素质，遂遭望族山头的排挤。我们的每一个政党的发展，走的都是这样一条路，一条走到望族派系的路。举个例子来说，倍倍尔（F. A. Bebel）虽然在

1　在这段文字中，韦伯称中央党和社会民主党为少数党时，用了两个不同的词：Minoritätpartei 和 Minderheitspartei。后者指在国会中相对于占较多席位的多数党而言的"少数党"；前者则强调一个政党因为有严格的意识形态，故只接受具有意识形态觉悟的少数人为党员，不会大规模地让群众入党。

思想才智上无甚可观，但在性格上、在人格的纯洁上，他仍然是
一位领袖之材。他之是一位殉道者、他之（在群众看来）从来不
曾背叛过群众对他的信任，使他得到了群众绝对的支持。在〔社
会民主〕党内，没有任何势力足以向他挑战。可是到了他去世之后，
这种情况告终，〔党〕官吏的支配开始。工会干部、党书记、新闻
工作者踞高位，官吏的本能支配了党。这一群党官吏无任何堪非
议之处；和别的国家的情况（尤其是往往十分腐败的美国工会干部）
比起来，我们甚至可以说他们的品格罕见地高洁。但是官吏支配
所造成的后果，如我们在前面已讨论过的那些，已开始在党内出现。

从 1880 年开始，资产阶级各政党已完全变成望族的派系了。
不错，偶尔各政党为了宣传的目的，也必须引入党外的知识分子，
好让他们可以说："我们有某某人、某某人。"但只要可能，他们
避免让这类人参加选举。只有在当事人坚持而无法避免的时候，
他才能成为候选人。

同样的精神〔也支配了〕国会。今昔无二，我们的各国会政
党都是派系。在帝国议会的会场中发表的每一篇演讲，事先都经过
党的透彻审查。这些演讲前所未闻的沉闷无趣的程度，即可证明这
一点。只有在事先被指定的人，才能发言。这和英法两国的惯例——
虽然法国乃是基于完全不一样的因素——构成绝对的对比。

八

[§50　新式政党机构的出现和领袖的关系]　今天，因为
这场大崩溃——一般称之为革命——也许一场新的改变已经开
始。也许——但是不一定。首先，各种新式的政党机构开始出

现。头一种是业余的机构（Amateurapparat）。这种机构，特别见之于各大学的学生之间。他们向一位他们认为有领袖素质的人说：我们来替你做必要的工作，你就下命令吧。第二种是经纪人（Geschäftsmannische）的机构。在这种情形中，一个人如果被认为有领袖素质，就有人找上门来，愿意负责替他拉票，按照固定的价码，依票数收钱。要是诸君诚心问我，在这两种机构中，从纯粹技术政治的角度来看，哪一种比较可依赖，我想我会选择后者。但是，这两种机构，都是突起突灭的泡沫。现存的机构经历过了重新组合，不过它们仍继续活动。上面提到的新生现象只是征候，表示只要有领袖，新的机构仍有可能产生。但是比例代表制在技术上的特性，已经注定了它们不会真正成功。寥寥几个街头专政者兴起又垮掉。而以严格的纪律组织起来的，本来也仅仅是街头专政者的追随者：这些凋零中的少数派的力量，就是在此了。

[§51　领袖民主制的前景和机会]　让我们假定这种情形有所改变。那么，我们必须要从早先所言，清楚地了解到一点：直接诉求民意认可式的领袖对政党的领导，造成了追随者的"丧失灵魂"（Entseelung），甚至可以说是精神上的无产阶级化。要成为对于领袖有用的机构，成为一套美国意义下的机器，让望族的虚荣和个人观点的固执都不至于干扰它的运作，跟随者必须对领袖盲目服从。林肯的当选之所以可能，便是借助于政党组织的这项特性。至于葛莱斯顿，正如我们在前面说过的，在党务会中也有同样的情形。这不过是受领袖领导必须付出的代价。不过，我们所能做的选择只有二途：挟"机器"以俱来的领袖民主制（Führerdemokratie），和没有领袖的民主，也就是没有使命召唤感（ohne Beruf），没有领袖必具的那种内在精神性的、卡理斯玛要素

的"职业政治家"的支配[1]。后者的情况，就是党内反对派习惯上称为"派系"支配的情况。目前在德国，我们只能做后面这种选择。在未来，因为联邦参议院（Bundesrat）将会恢复，对帝国议会[2]的权力，以及帝国议会作为领袖的选取场所的重要性，必然构成限制，这种〔政客支配〕情况的持续，至少在帝国的层次上，得到了有利的条件。再者，就其目前的形式而言，比例代表制也会有同样的效果。比例代表制乃是没有领袖的民主一种典型的现象：之所以如此，一方面是因为比例选举方式有利于望族山头在争取提名时的暗盘操纵；另一方面，也是因为在未来，这种制度让利益团体有可能迫使政党把它们的干部列入名单，由而产生了一个非政治性的国会，没有真正的领袖存身的余地。对于领袖的需要，唯有在一位循直接诉求民意认可的方式而不是由国会选出的帝国总统（Reichspräsident）身上，才能得到满足。当在较大的地方自治体中，以直接诉求民意认可方式选出的专政市长，挟着自行安排他的官府人事的权力出现的时候——在美国，当有人要认真和腐败对抗时，情形更是如此——以工作成绩为基础的领袖，便可能产生，领袖的挑选也可能开始。这就决定了要有配合这种选举而组织起来的政党组织。不过，鉴于各个政党——社会民主党尤

---

1 "'领袖民主制'指的是伟大的政治人物在民主宪政体制中进行的卡理斯玛型统治。'没有领袖的民主'指的是一种民主的统治，在其中一切事务都只是像日常琐事一般地来处理。"（Mommsen，前引译文，p.17）

2 俾斯麦统一德国，建立联邦式的帝国（Reich）。各邦王室派代表组成联邦参议院，形式上控制一切立法，并通过皇帝指派（通常是普鲁士的首相）的参议院主席（也就是总理）"治理"联邦。全德国人民的代表另外组成帝国议会，和邦没有关系。但这个机构只有磋商和预算方面的权力，对联邦政府没有控制力量。参见《经济与社会》附录II英译者注8，p.1464。

其不例外——对于领袖有一种完全小资产阶级式的敌意，政党未来的组成方式和所有这些机会，都仍在未定之天。

[§52　志业政治家的出路]　因此，政治作为一种"志业"的经营，在具体外在的方面会表现出什么样的形态，在今天尚无法看出来。也因此，更难看出来的，是有什么途径存在，好让有政治禀赋的人能够利用，去从事遂心的政治工作。那些因为物质条件而必须"依靠"政治为生的人，大概都必须另取新闻工作或者党工之类的典型直接途径。不然，他们就得去担任工会、商会、农会、技术行会、劳工委员会（Arbeitskammer）、雇主组织等利益团体的代表，或者是在地方自治体的政府中找一个合适的位置。可是党工和新闻记者一样，总是背负着"次等地位"（Deklassiertheit）的包袱；这是在此我们对于政治作为一种志业在外在的层面上唯一能说的。即使没有人真的说出来，新闻记者和党工的耳朵里，不幸总是回响着"受雇文人"和"受雇说客"这类字眼。一个人，如果在心理上对此没有坚强的防御，无法给自己找到正确的答案，最好远离这种生涯。因为不管怎么说，除了必须抵抗强大的诱惑之外，这种生涯也会带来不时的失望。

九

[§53　政治作为志业的心理意义]　既然如此，那么政治作为一种志业，就内在的满足感而言，能给当事人带来什么呢？把政治当成一种志业来献身的人，必须具备哪些人格上的先决条件呢？

政治作为一种志业，最主要的，是可以让人获得权力感（Machtgefühl）。即使身居正式说来不是很高的位置，那种对人有影响力的感觉、插手在控制人的权力中的感觉、尤其是亲手觉触到历史性重大事件之脉动的感觉，都使得志业政治家觉得自己摆脱了日常庸碌刻板的生活。但是，他必须面对一个问题：凭什么个人的素质，他才能不负这种权力（不论对个别当事人的情况来说，这权力多么有限），以及这权力带给他的责任？在这里，我们开始进入伦理问题的领域了，因为"什么样的人才有资格把手放到历史舵轮的握柄上"乃是一个伦理性的问题。

[§54　志业政治家人格上的条件]　我们可以说，就政治家而言，有三种素质是绝对重要的：热情（Leidenschaft）、责任感（Verantwortungsgefühl）、判断力（Augenmaß）。所谓热情，我指的是**切事**（Sachlichkeit）的热情，一种对一件"踏实的理想"（Sache）的热情献身，对掌管这理想的善神或魔神的热情归依。我所谓的热情，和我已故的朋友西美尔尝称为"没有结果的亢奋"（sterile Aufgeregtheit）的那种心态，是两回事。后面这种心态，是某一类知识分子——特别是俄国知识分子（不过，也许他们不是每一个人都如此）——的特色；而在今天，在这场被傲称为"革命"的狂欢会中，这个心态对我们的知识分子也发生了很大的作用。这种心态，是一种不会有任何结果的"以理知上的有意思为尚的浪漫主义"（Romantik des intellektuell Interessanten），没有丝毫切事的责任意识。不论如何诚心，只有热情是不足的。政治家不在于热情本身，而是要在用热情来追求某一项"踏实的理想"之同时，引对这个目标的**责任**为自己行为的最终指针。这就需要政治家具备最重要的心理特质：**判断力**。这是一种心沉气静去如实地面对现实的能力；换句话说，也就是一种对人和事的**距离**。"没有距离"，纯粹就其本身而言，是政治家致命的大罪之一；也是我们新起一

代的知识分子，一旦养成便会注定他们在政治上无能的性质之一。因此，问题是炽烈的热情和冷静的判断力，怎样才能在同一个人身上调和起来。政治靠的是头脑，不是靠身体或心灵的其他部位。政治要不沦为轻浮的理知游戏，而是一种真实的人性活动，对政治的献身就必须起自热情、养于热情。但是热情的政治家的特色，正在于其精神的强韧自制；使政治家和只是陶醉于"没有结果的亢奋"中的政治玩票人物有别的，也正是这种坚毅的自我克制。要想臻于这种境界，唯一的途径，便是养成习惯，保持一切意义下的距离。政治"人格"的"强韧"，首要便在于拥有这些素质。

[§55 **虚荣的破坏力**] 准此，政治家必须时时刻刻克服自己身上一种全然平常、全然属于人之常情的敌人：**虚荣**（Eitelkeit）。虚荣心绝对是普遍的，但**虚荣**是一切切事的献身和一切距离（在此指对自己的距离）的死敌。

虚荣是随处可见的一种品性，可能没有人能全然避免。在学院界和知识界，虚荣甚至是一种职业病。不过就一个学者来说，无论虚荣的表现是如何令人讨厌，但是因为虚荣通常不会干扰他的学术工作，在这个意义上说来，它相对而言是无害的。可是就政治家来说，情况就完全不同了。在政治家的工作中，必须追求**权力**，作为不可或缺的工具。因此，"权力本能"——如人常说的，乃是政治家正常性质的一个部分。不过，一旦政治家对权力的欲求不再**"切事"**，变成纯粹个人自我陶醉的对象，而不再全然为了某项"踏实的理想"服务，他就冒渎了他的职业的守护神。因为在政治的领域中，最严重的罪恶，归根究底来说只有两种：不切事和没有责任感（这两者常常——但不是始终——是同一回事）。而虚荣——尽可能让自己站在台前受人瞩目的需要——在最强烈的时候，会引诱政治家犯下这两项罪恶之一，甚至两者皆犯。群众鼓动者之被迫考虑效果（Wirkung），便最足以见此。正因为如此，这种领袖时时都有危险变成一个演员，有危险轻忽了对自己行动之后果的责任，而只关心自己留给别人什么"印象"。他的不切事，使他追求的是权力的闪亮表象，而不是有作用的（wirkliche）权力；他的缺乏责任感，使他只为了权力本身，而不是为了某种有内容的目的去享受权力。不错，权力是一切政治不可或缺的工具，同时因此是一切政治的动力之一；但即使如此，或者正**因为**如此，政治家像一个暴发户似的炫耀自己的权力、虚荣地陶醉在权力感里——简言之，崇拜纯粹的权力本身——乃是扭曲政治动力的最严重的方式。彻头彻尾的"权力政治家"，在我们之间，也有狂热的信徒加以最高的崇拜；这种政治家或许会造成强烈的影响，但在现实里，他们不能成事，不能具有任何真实的意义。就这点来说，批评"权力政治"的人，是绝对正确的。从权力政治心态的若干典型代表内在突然崩溃的例子，我们可以窥出，在他们嚣张但完全空虚的作态后面，隐藏的是什么样的内在软弱和无力。这种作态，来自对人类行动的**意义**（Sinn）最廉价、最浅薄的虚脱麻木（Blasiertheit）态度；事实上，人类的一切行动，特别是政治行动，永远都带有悲剧的成分；但是这一点，却是这种态度全然无所知的。

　　[**§56　信念以及价值对政治行动的意义**] 政治行动的最终结果，往往——甚至经常——和其原先的意图（Sinn）处在一种完全不配当的关系中；有时候，这种关系甚至是完全吊诡难解的。这完全是事实，甚至是整个历史的一项基本事态。不过，在此我们不拟去证明这一点。可是，正是由于这个事态，政治行动若要有

其内在的支撑定力（Halt），就必须要有追求一个**理想**的意图。为了这样一个理想，政治家追求权力、使用权力；但是这样的一个理想究竟**以什么形式**出现，乃是一个由信仰来决定的问题。他追求的理想可以是关于一个民族的或全人类的，可以是社会和伦理性的或者文化性的，也可以是属于此世的或者宗教性的。他可以完全投入他对"进步"[1]（不论在哪一种意义之下）的强烈信仰中，也可以冷静地否定这种信仰。他可以坚持应该为了某一"理想"服务，也可以在原则上否定这类要求，致力于日常生活的具体目标。总而言之，一定要**有**某些信念。不然的话，毫无疑问，即使是在外观上看来最伟大的政治成就，也必然要承受一切世上受造物都无所逃的那种归于空幻（Nichtigkeit）的定命。

[§57 **政治的道德地位**] 说到这里，我们已经开始讨论今晚要谈的最后一个问题：政治作为一件"理想事业"（Sache）所具有的**精神风格**（Ethos）。如果完全不考虑它的具体目标，政治在人生的整体道德安排（die sittliche Gesamtökonomie）中，能成全什么志业？或者这么说：在道德世界的什么地方，才是政治的居身之所？自然，在这里互相冲突的，乃是最终极的世界观；在世界观之间，最终只有选择可言。最近，又有人在讨论这个问题（虽然在我看来，他们讨论的方式，是完全倒错的）；在此，让我们果敢地来面对这个问题吧！

[§58 **自鸣正义的道德和责任的道德**] 不过，首先让我们袪

---

1 "进步"（Fortschritt）是近代具有强大力量的一个观念或意识形态。大致言之，这个观念起自十七世纪，在十九世纪到达巅峰，到了二十世纪两次世界大战发生后逐渐消沉。这个观念认为，人类历史是一个从较不理想的状态逐渐向一个较理想的未来不断发展前进的过程。

除一种对这个问题全然浅薄不足道的扭曲。当人们开始考虑道德问题的时候，道德可能扮演一种从道德的角度来看最致命的角色。我们举些例子。很少有男人在对一个女人移情别恋的时候，不会觉得有需要对自己说：这个女人不值得我爱，或者这个女人令我失望，或其他类似的"理由"，以表示自己的作为正当。这当然不够风度；但更不够风度的，是他要编造出理由，去"正当化"他不再爱这个女人以及这个女人必须接受这一事实这样直截了当的定局，以便证明自己没有错，并且把责任都加到已经在痛苦中的她的头上。在情场上得胜的人，有同样的运作：他的情敌一定不如他，否则这个人也不会输掉。在打了一场胜仗之后，胜利者会以一种不见尊严（Würde）的道德优越感（Rechthaberei）宣称：我胜利了，因为我与正义同在；很明显，这也完全是同一种心态。或者，当一个人因为不堪战争的残酷而精神崩溃时，不是率直承认他承受不了，而是觉得有必要向自己正当化自己对战争的厌倦，告诉自己：我不喜欢这场战争，因为我被迫去为了一个在道德上邪恶的目标作战；用这个理由取代了原来真正的理由。战争中的失败者，也会有同样的情形。在战争结束后，与其像老妇人一样，汲汲于找出"祸首"（而毕竟，造成战争的，乃是社会的结构），倒不如果敢严峻地对敌人说："我们败了，你们得到了胜利。这些都是过去的事了。现在，让我们就牵涉到的**实质**利害，以及（更重要的）根据对**未来**要负的责任（这尤其是胜利者必须关心的），来谈应该得出来的结论。"除此之外，任何其他做法，都不见尊严，都会留下报应的祸根。一个民族可以原谅它的利益所受到的伤害，但不会原谅对其荣誉所施的伤害，尤其当这伤害来自一种教士式的道德优越感。每一份新的文件，在几十年后公布于世之时，都会造成羞怒的吼声、仇恨、愤怒，而不是让这场战争及其结局至少在**道德**上被掩埋掉。要把战争及其结局掩埋掉，我们必须采取一种切事的、有风度的、最重要的是一种**尊严**的态度。坚持"道德"，无足以臻此。所谓坚持道德，实不啻双方都有失尊严。坚持道德的人，关心的并不是政治家真正关怀的问题——未来以及政治家对未来的责任；相反，这种人关心的，是在政治上没有结果（因为无法取得结论）的过去罪愆的问题。政治上若有罪愆可言，这便正是政治上的罪愆。尤有者，这种人没有看到，整个问题如何因为实质的利害而无可避免地受到扭曲：胜利者的利益，在于榨取物质上及精神上最大的好处；失败者的利益，则在于希望借着承认罪过而获得某些好处。若有"**庸俗**"可言，这便是"庸俗"；而这正是以道德为"取得公道"的手段的结果。

　　[§59　**道德和政治的离与合**] 那么，**道德**（Ethik）和**政治**之间实际的关系，到底是什么样的呢？难道这两者之间，真的如某些人所说的那样，是完全无关的吗？或者，完全相反，一如生命的任何其他领域，政治也无分轩轾地受"同一套"伦理管辖？有时候有人认为这两个命题是互相排斥的二择一选择，两者中间只有一个是正确的。但是世界上可有一套伦理，能够把**同样**的行为规准，施加到性爱关系、商业关系、家庭关系、职业关系上？一个人和妻子、卖菜的女人、儿子、竞争对手、朋友、法庭上的被告的关系，岂可都用在内容上**一样**的行为规则来决定？在决定政治所须满足的伦理要求的时候，政治运作的特有手段是以**武力**在背后支持的权力这一事实，难道毫无特殊的意义？我们难道没有

看到，布尔什维克和斯巴达克团（Spartakusbund）[1]的意识形态党人，正是因为使用了政治的这种手段，达到了和任何军国主义式的专政者完全**一样**的结果？工人士兵委员会的支配，和旧体制里面任何一个掌权者的支配，除了在掌权的人事方面以及这些人的素人玩票上面之外，可有什么区别？所谓"新道德"绝大多数的代表人物，在批评他们的对手时所发的论战言论，与随便一个群众鼓动者的叫骂方式，又有什么不同？有人会说，他们的意图是高贵的。那很好！但我们谈的，是他们使用的手段和工具。他们所攻击的对方，同样可以宣称——并且从这些人的观点看来同样诚实——他们终极的意图也是高贵的。"凡持剑的必死在剑上"[2]，斗争在哪里都是斗争。好吧！那么**山上训词**[3]的伦理又如何呢？今天，有人很喜欢引用山上训词的要求；但是山上训词或者说福音的绝对伦理，是比这些人想象的来得严重的一回事。它不是开玩笑的。人们说科学中的因果原则不是一部出租车，可以招之即来，随意上下；这对于山上训词中的伦理也适用。若我们不故意把它平俗化，它的真义**是**：要就全有，**不然**全无。举个例子来看，想想那位富家少年，他"忧闷地走了，因为他拥有许多产业"[4]。福音的诚

---

1 1916 年德国社会民主党分裂，左翼的卢森堡和李卜克内西（Karl Liebknecht）另组斯巴达克团（斯巴达克是公元前 73 年至公元前 71 年罗马奴隶革命的领袖），反对第一次世界大战，支持俄国革命，呼吁采取直接行动推翻政府，成立工人士兵苏维埃，进行社会主义革命。1918 年这个组织正式组成德国共产党，完全退出社民党。11 月 9 日德皇退位后，斯巴达克团领导群众示威，反对埃伯尔特（Friedrich Ebert）社会民主党共和政府。1919 年 1 月间，斯巴达克团发动起义，在柏林攻占政府建筑物，结果失败。卢森堡和李卜克内西被捕，1 月 15 日两人被反动军官枪杀，尸体在柏林运河中被发现。
2 《马太福音》26 章 52 节。
3 《马太福音》5—7 章。
4 《马太福音》19 章 22 节。

命清楚而不打折扣：把你拥有的东西施舍掉——**任何东西**，无条件地。可是政治家会说，这个不合理的过分要求，如果要在社会的角度言之有意义，就必须应用于**每一个人**。因此，就非得有税、捐、充公等等，简言之，也就是**对每一个人都要**有效的强迫和秩序。但是伦理诫命**根本不管**这些，它的本质便是如此。那么，"〔若有人打你的右颊，〕把左颊也转给他"[1] 又如何呢？这个诫命也是无条件的：我们不应去追问别人有什么权利打这一掌。这是一种全然放弃了尊严的伦理（eine Ethik der Würdelosigkeit）——对圣人除外。但这正是要点，一个人一定要在**每一件事**上都是圣人，至少要有这样的心志（Wollen）：一个人一定要生活得像耶稣、使徒或者像圣方济各。**唯有如此**，这种伦理才具有意义，才能表现出当事人的尊严。**非如此**，它们**不会**有意义，不会有尊严可言。如果出世（akosmistische）[2] 的爱之伦理涵蕴的结论是"不要用武力抵抗恶行"[3]，那么，对政治家来说，"你**应该**用武力抵抗恶行"这个相反的命题才适用——不然，对于邪恶的得势，你便要**负责任**。要遵循福音的伦理行事的人，应该退出罢工，因为罢工乃是一种强迫：这种人应该去加入黄色工会[4]。这种人尤其不应该再谈"革命"。因为福音的伦理，绝对不会教导人说：内战才是唯一的一种正当的战争。以福音为行动圭臬的和平主义者，会拒绝接过武器，甚至把武器丢掉；德国的和平主义者，得到的建议便是如此；因为这乃是一

1　《马太福音》5 章 39 节。

2　万象皆空论（acosmism）认为此世的一切事物缺乏形上的自存性，而只是他世的一个更高存有的表现。

3　《马太福音》5 章 39 节。

4　"黄色工会"（gelbe Gewerkschaft）指的是没有加入工人运动的工会。这种工会常会破坏工人阶级的协同斗争，故此词带贬义。

种伦理义务，目的在于终止这场战争，甚至终止一切战争。可是政治家则会说，要让人们在**可见**的未来时期内，都不寄任何希望和价值于战争，最稳当的方法就是依现状缔结和平。能做到这一点，交战的民族就会问了：战争到底是为了什么？让战争变成一件荒谬的事！这在目前仍无可能，因为胜利者（或者至少某些胜利者）仍然有政治上的利益可图。之所以如此，原因在于瘫痪了我们的抵抗能力的那种态度。到了此刻，到了疲竭的时期已将过去之时，**人们不寄以希望和价值的乃是和平，而不是战争**：这是绝对伦理的一种结果。

最后，说实话的义务又如何呢？在绝对伦理看来，这是无条件的义务；因此，有人得出这样的结论：一切文件，特别是显示自己的国家有过错的文件，都应该公之于世；根据这种单方面的公开发表，过错应该单方面地、没有条件地、不计后果地加以承认。可是政治家则会认为，这样做的结果，非但不是彰扬真相，反而使真相因滥用、因挑激起的激情而变得模糊不清。政治家会认为，唯一有实际收获的做法，是由中立的裁判把各方面都列入考虑，有计划地理清事实。其他任何做法，对于采取它的民族，都会造成几十年无法补救的后果。不过，对于"后果"，绝对伦理是正好不会过问的。

[§60　心志伦理与责任伦理]　这里，便是问题的核心所在。我们必须明白，一切具有伦理意义（ethisch orientierte）的行动，都可以归属到**两种**准则中的某一个之下；而这两种准则，在根本上互异，同时有着不可调和的冲突。这两种为人类行动提供伦

理意义的准则，分别是心志伦理（Gesinnungsethik）[1]和责任伦理

1　"Gesinnungsethik"是一个非常难以妥当翻译的字眼。在英译中，有译作"ethic of
ultimate ends"（终极目标的伦理）者（Gerth & Mills），有译作"ethic of conviction"
（信念伦理）者（Bruun），有译作"ethic of intention"（意图伦理）者（Runciman &
Matthews），有译作"ethic of single-minded conviction"（专心致志的信念的伦理）者（Roth）。
西岛芳二、胁圭平的两个日译本皆作"心情伦理"。Freund 的法译本则作"ethique de
conviction"（信念伦理）。在中文中，现存的译法有三：李永炽先生根据日译取"心情伦理"、
林毓生先生根据 Runciman 与 Matthews 作"意图伦理"、高承恕先生则译作"信仰伦理"。
除了这篇演讲之外，韦伯曾在两处解释过"心志伦理"和"责任伦理"的对比。我们将
相关的段落大致翻译如下，供读者参考：
　　　"但是即使是在个人行为的领域中，也有特属于伦理但却不是伦理依照自身的预设
所能解决的根本问题。这类问题中，包括的首先是这个根本问题：伦理行为的本身内在
价值（Eigenwert）——以前人们称之为'纯粹意志'（reine Wille）或者良知（Gesinnung）——
是否即足以证明这个行为的正当，就像基督教伦理家所陈述的这条原则所言：'基督徒
的行为是正当的，后果则委诸上帝。'或者，对于行为可以预见的——可能的，抑是具有
某种概率者——后果，照着它在这个伦理上无理性的世界中纠缠出来的样子，所应负的
责任，是否应当列入考虑。在社会的领域中，一切激进的革命政治态度，尤其是所谓的'工
团主义'，皆出自前一种设准；一切'权力政治'，则出自后一种设准。二者皆寄身于伦
理原则。但这些原则彼此永远冲突，任何纯粹以本身为根据的伦理，皆无法将这个冲突
解消。"（Max Weber, *The Methodology of the Social Sciences*, p.16 ; Max Weber, *Gesammelte
Aufsätze zur Wissenschaftslehre*, Tübingen, 1982, p.505）
　　　"因为即使是这个最首要的问题，看来也没有解决的方法：就个别情况而言，一个
行为的伦理价值，要从何得到决定？从其结果？或是从这个行为本身所具有的某种伦理
上的内在价值？这也就是说，行动者对后果的责任，是否（以及在什么程度上）圣洁化
了手段，或者是行动者所本的心意（Gesinnung）的价值，让行动者有理由拒绝接受对
后果的责任，将这责任转卸给上帝，或是转卸给上帝所容许的世界的邪恶和愚蠢。宗教
伦理在心志伦理方式下的升华，使人倾向于后一选择：'基督徒的行为是正当的，后果
则委诸上帝。'"（Max Weber, *From Max Weber : Essays in Sociology*, p.339 ; Max Weber,
Gesammelte Aufsätze zur Religionssoziologie〔Tübingen, 1920〕, vol 1, pp.552—553）
　　　根据这些段落，韦伯在区分"心志伦理"和"责任伦理"的时候，主要的着眼点，
似乎是行为本身的价值和行为的可预见后果（后果不一定等于目的或意图）之间的不同
意义。若干德国学者曾径称"责任伦理"为"后果伦理"（Erfolgsethik）。前者属于主观
的价值认定，主要涉及意图和动机，后者则牵涉到客观世界及环境中的现实运作。至于
"Gesinnung"一词，其词根是"gesinnt"，泛指某种心态、心境、看法（如用英文表示，
就是如何如何 disposed 或 minded）。我们非常勉强地用"心志"一词来移译"Gesinnung"
这个词，不用目前较为通行的"信念"或"意图"，用意即在于强调韦伯心目中主观价
值与客观后果之间的对比。

（Verantwortungsethik）。这不是说心志伦理就是不负责任，也不是说责任伦理便无视于心志和信念。这自然不在话下。

　　不过，一个人是按照心志伦理的准则行动（在宗教的说法上，就是"基督徒的行为是正当的，后果则委诸上帝"[1]），**或者**是按照责任伦理的准则行动（当事人对自己行动〔可预见〕的后果负有责任），其间有着深邃的对立。对一位衷心接受心志伦理的工团主义（syndicalism）[2]分子，你可以提出一套十分服人的说法，指出他的行动在后果上，将使得反动的可能大为增加、他的阶级会受到更强的压迫、这个阶级的上升会遭到更多的阻碍，但这些对他不会有任何作用。若一个纯洁的意念（Gesinnung）所引发的行动，竟会有罪恶的后果，那么，对他来说，责任不在行动者，而在整个世界、在于其他人的愚昧，甚至在于创造出了这班愚人的上帝的意志。与此相对，按照责任伦理行动的人，会列入考虑的，正是平常人身上这些平常的缺陷。这种人正如费希特（J. G. Fichte）的至理名言所说，不以为自己有任何权利去假定人类是善的或完美的，也不觉得自己可以把自己行动可以预见的后果，转移到他人的肩上。这种人会说：这些结果，都应该归因于我的行动。以信念及心意为伦理原则的人，觉得他的责任，只在于确保纯洁的意念（Gesinnung）——例如向社会体制的不公所发出的抗议——之火焰常存不熄。他的行动本身，从其可能后果来说，是全然非

1　这句话常为韦伯引用，可能系取自马丁·路德的著作，但译者未能从路德的著作中找到明确出处。有兴趣的读者，可参阅路德的名作《论基督徒的自由》（1520）。

2　"syndicate"在法文中即指工会。工团主义是激进的工会主义，主张以工会为社会主义革命的基本单位和力量。工团主义于1890年代兴起于法国，逐渐对欧美各国工会运动发生了若干影响。

理性的；但这种行动的目的，乃是去让火焰雄旺。这类行动的价值，只能在于并且也只应该在于一点：这个行动，乃是表现这种心志的一个楷模。

　　[§61　目的与手段之间的紧张关系]　即使说到这里，我们的问题仍未结束。世界上的任何伦理，都不能回避一个事实："善"的目的，往往必须借助于在道德上成问题的或至少是有道德上可虞之险的手段，冒着产生罪恶的副作用的可能性甚至于几率，才能达成。至于在什么情况下，在什么程度上，在道德角度言之为善的目的，能够"圣洁化"（heiligen）在道德上说来堪虑的手段及副作用，就不是世界上任何伦理所能断定的了。

　　对政治来说，决定性的手段是武力。手段与目的之间的紧张关系，从伦理的角度来看，可以扩展到多么大的程度，诸君可以从下一事实窥其一斑。人所周知，（齐美尔瓦得派的）[1] 革命社会主义者，就是在战争期间，也一直主张一个原则；这个原则，或可用这样简洁的话来表达："如果我们必须要在战争继续进行几年然后发生革命与和平马上到来而没有发生革命之间做选择，我们选择战争再延续几年。"若有人追问："这场革命能达成什么？"每一位受过理论训练的社会主义者都会说：当然这场革命不会带来**他**心目中可冠以社会主义之名的经济体制；一套资产阶级的经济会再度出现，不过已不见其中的封建成分及王朝的遗绪。——为了这样小小的结果，竟愿意面对"再几年的战争"！我们若以

1　第一次世界大战开始之后，欧洲社会主义党人为了战争问题和国际主义问题，引起了很大的争论。1915 年 9 月 5 日至 8 日，第二国际在瑞士齐美尔瓦得召开代表会议，十一个国家三十八位代表参加。会议中的多数派主张不计代价结束战争，但少数派主张利用战争机会发动革命，并设立第三国际。

为这样一个必须要用这样的手段才能达成的目的，是连具有最坚定社会主义信仰的人也不能接受的，当不会有人以为不然吧？这一点，对布尔什维克及斯巴达克团（以及一般而言对每一种革命派社会主义）也成立。这条阵线上的人，若要因为旧政权的"权力政治家"运用了同样的手段，而对他们做**道德**上的非难，当然是可笑的，不论他们对于这类政治家的**目标**之否定，是多么正当。

[§62 用目的来圣洁化手段的困难] 一般来说，心志伦理正是在用目的来将手段圣洁化这个问题上触礁的。在逻辑上言之，心志伦理实际只有一个选择，就是**凡是**行动会用到在道德上言之有可虞之险的手段者，皆在**排斥**之列。这是从逻辑上来说，它唯一可走的一条路。不过，在现实世界中，我们却一次又一次不时看到，秉持心志伦理的人突然变成预见千年王国[1]的先知。举个例子来说，刚刚还在宣扬"以爱对抗暴力"的人，突然敦促他们的追随者使用武力：**最后一次**使用暴力，以求能消除**一切**暴力。这正像军事指挥官在每次攻势发动之前，对士兵说：这是最后一次进攻，这次攻击成功，和平便将到来。信仰心志伦理的人，无法接受这个世界在伦理上的非理性（Irrationalität）。他们乃是宇宙—伦理观上的"理性主义者"（kosmisch-ethischer "Rationalist"）。诸君中读过陀斯妥耶夫斯基（F. Dostoyevsky）的人，当会记得大法官那一幕[2]；在那里，对这个问题有精妙的剖析。心志伦理和责任伦

1　千年王国论（chiliasm, millennialism）相信有一个由上帝之国（Kingdom of God）统治的千年期。这个说法分成两派。一派相信千年王国是在基督再度降世（parousia）之后出现；一派认为千年王国是在基督再度降世之间出现。千年王国论是耶教末世论（eschatology）及历史哲学的重要部分，牵涉到俗世历史的意义问题，和一般历史主义也有密切的关系。

2　见陀斯妥耶夫斯基《卡拉玛佐夫兄弟》第5卷第5章。

理，永远不可能并存；而即使我们开始向目的使手段圣洁化这个原则做任何让步，我们也永远没有办法从道德上判定，哪一个目的该圣洁化哪一个手段。

[§63 恶的存在之事实] 我的同事佛斯特（F. W. Förster）心志的诚笃不容怀疑，对他的人格，因此我有最高的尊敬；但我必须要说，我完全不能同意他在政治方面的态度。佛斯特相信，在他的书里，他已经回避了上述的难题，因为他提出了一个简单的论点：善因必有善果，而恶因必有恶果。这样一来，我们所说的难题自然就不会存在了。在《奥义书》[1]之后二千五百年，居然还有这种说法出现，也实在令人愕然。不要说整套世界史的过程，就是日常经验每一次没有保留的检验，都明白显示，真相正是其反面。世界上所有宗教的发展，基础都在这个事实上。神义论（Theodizee）[2]的古老难题所要问的，正是这个问题：一个据说既无所不能而又慈爱的力量，是怎么回事，居然创造出了一个这样子的无理性世界，充满着无辜的苦难、没有报应的不公、无法补救的愚蠢？全能和仁慈两者中必定缺一；要不然就是生命遵循的乃是完全另外一套补偿和报应的原则———一套我们只能从形而上学来说明的原则，甚至一套始终不容我们的解释近身的原则。人对于世界之无理性的这种经验，是所有宗教发展背后的推动力量。印度的业论（Karmanlehre）[3]、波斯的二元论、原罪说、预定说[4]、隐

---

1 见《学术作为一种志业》p.196 注 5。

2 神义论是宗教思想中的一个重要问题。如果神既是善的又是全能的，那么为什么世界上仍有罪恶的存在？对这个问题的处理，即构成神义论。

3 所谓"业"，泛指一切身心活动。"业"会导致各种"报"，谓由各种"业"的善恶，必将得到相应的报应，由而说明人生和社会的各种差别。

4 预定说是基督教思想中的一套理论，探讨上帝的全能全知和人类堕落之后得救的关系。

藏的神（deus absconditus）[1]，都起自这种经验。连古代的基督徒也很清楚，这个世界是魔神所统治的，知道卷入政治的人——就是取权力和武力为手段的人——和魔鬼的力量缔结了协议[2]，知道就这类人的行动而言，"善因必有善果，恶因必有恶果"绝对不是实情；反之，情况往往正好相反。不了解这一点的人，在政治上实际是个幼童。

[§64 伦理的多元论] 我们处在许多不同的生命秩序之中，这些秩序各自遵循其独特的一套规则。各种宗教伦理，以不同的方式接受了这个事实。希腊多神教虽然知道阿弗洛狄忒和赫拉（Hera）常有冲突、狄俄尼索斯（Dionysos）和阿波罗互不兼容[3]，但希腊人对他们一体献祭。在印度教的生命秩序里，不同的职业有不同的规范、不同的"法"（Dharma）[4]来做主，按照种姓（Kaste）的方式，彼此永远隔开。这些职业，构成了严格的等级次序；生在某种职业中的人，非待来世重生，永远逃不开他所属的职业；而不同的职业和最高的宗教至福——得救——也有不同的距离。各种种姓，因此便可以按照和各种职业特定的固有诫律相称的方式，培育发展自己的法；从苦行者、婆罗门到小贼和妓

（接上页注）人的命运，显然在创造之初便已由上帝决定。那么上帝如何面对人犯罪这件事实？他如何决定谁该得救？人又应该如何考虑自己的行为和得救的关系？这些问题，是预定说讨论的题目。加尔文的神学，把预定说发展到极致。

1　马丁·路德常喜欢称上帝为"隐藏的神"。他认为任何企图用理知的方法对上帝的性质作确定的做法，都会把他变成一个异在的对象，而不是经由基督的恩典"显示"给我们的上帝（deus revelatus）。

2　典出浮士德与魔鬼的协议。

3　在希腊神话中，阿弗洛狄忒是爱与美的女神；赫拉是婚姻与家庭的女神；狄厄尼索斯是酒、丰收和狂欢的神；阿波罗是诗、音乐和理性的神。

4　"法"是印度教及佛教的名词，泛指规范或规律。

女，皆是如此。战争和政治的职事亦不例外。诸君试读《薄伽梵歌》(*Bhagavadgita*)[1]，在克里史那（Krishna）和阿尊那（Arjuna）的对唱中，可以见到战争在各种生命秩序的整体系统中被安排的位置。"该做的工作"——也就是去做按照武士阶层的法及其规则为本分、相应于战争目的有实质必要的"工"(Werk)。对〔印度教的〕这套信仰来说，做这些事非但不会妨碍宗教上的得救，反而有助于它。从很早开始，印度武士就相信因陀罗（Indra）[2]的天堂是他们英勇战死后的必去之处，一如条顿武士相信他们会在瓦尔哈拉殿（Walhall）[3]中安息。在另一方面，印度的战士之鄙视涅槃（Nirvana），正如同条顿战士之瞧不起回荡着天使歌声的基督教天堂。伦理的这种分工专职化，让印度的伦理在处理政治这门尊贵的艺术时，可以不受干扰地以政治自身的规律为准则，甚至从根本上强化之。一般所谓马基雅维利主义（Machiavellismus）的真正激进形态，在印度文献中的典型表现要见诸考底利耶（Kautilya）的《利论》(*Arthashastra*)[4]（成书在基督纪元前很久，据说是在旃陀罗笈多〔Chandragupta〕的时代）；和它比起来，马基雅维利的《君王论》实在无足以伤。至于在天主教的伦理中（佛斯特教授的立场，一般言之，原是接近天主教的），众所周知，"福音劝告"(consilia

---

1　又译《世尊歌》，印度教经典之一。成书于二三世纪之间，阐述克里史那（Krishna，最高的宇宙精神）对阿尊那的说教，宣扬通过瑜珈使小我与梵结合而达涅槃。印度教哲学家常以注释《薄伽梵歌》的方式表达自己的思想。中译本可参见杨斐华译，《薄伽梵歌》(台北，1985)。

2　因陀罗是婆罗门教及印度教神名，原司雷雨，后来发展成为战神。

3　瓦拉是北欧神话中至上的大神欧丁（Odin）的殿堂，因为欧丁是战士的守护神，战死的战士即到瓦尔哈拉殿中安息。

4　《利论》是一本讨论政治、外交和经世之学的书，在公元前321—前269年之间成书，作者是旃陀罗笈多月护王的大臣考底利耶。

evangelica）[1] 是那些被宠以神圣生活之恩典（charisma）的人的一套特别伦理。对修道士而言，流血和求利都是不可以的；与此相对的是敬虔的骑士和市民：前者可以流血，后者可以营求利益。伦理分成许多层次，和救赎论的整个有机体系取得调和。不过，在天主教的思想中，这方面的彻底性尚逊于印度；这毋宁是基督教信仰的基本预设导致的结果，甚至是必然的结果。原罪已经败坏了世界这个想法既然已经存在，那么用来匡正罪恶以及危害灵魂的异端所需的暴力，也就比较容易在伦理系统中找到一个位置。可是别忘记，山上训词所提出来的要求，是纯粹心志伦理性的、他世性的；以这种要求为根据的宗教性自然法，同样具有绝对要求的性格。它们仍保持了其产生革命效果的力量，几乎每逢社会动荡，便挟其原始性的力势出现。[2] 这些诫命，特别产生了激进的和平主义教派。在宾夕法尼亚（Pennsylvania）有这样一个教派，曾经实验过一个毫无具体武力的国家；但其结局却是一场悲剧，因为当独立战争发生的时候,这些贵格派人士（Quaker）[3] 无法拿起武

1　天主教把上帝的福音看做一种提升伦理的劝告。到了十二世纪，这种"劝告"(counsels) 具体化成清贫、贞节和顺从三项德目，出现在修道院的誓约中。福音劝告（evangelical counsel）不具法律的强制性，也不是得救的充分或必要条件，而是表示当事人愿意在爱中接受基督的榜样，过使徒的生活。

2　韦伯认为自然法是基督教用来沟通它自身的绝对伦理和世间规范的工具。而因为自然法常被用来作为衡量实定法的规范性标准，故它有其革命性。见《经济与社会》第 2 部分第 6 章第 13 节（pp.597—601）及第 8 章第 7 节 2（pp.866—867）。

3　贵格派是教友会（Society of Friends）信徒的别号，由佛克斯（George Fox, 1624—1691）所创。这是一个强烈反对制度性宗教的新教教派。一方面，它憎恶教会的一切仪式、传统、权威，否认圣礼的价值，称教堂为"尖房子"；另一方面，它强调个人心中的灵性，视之为信仰的最高权威，强烈批评加尔文教派的悲观、消极态度。1682 年政治家威廉·潘恩（William Penn, 1644—1718）率领大批贵格派人士移居宾夕法尼亚州，实际掌握该州政权。但后来当殖民地政府与印第安人及法国人起冲突时，贵格派人严守反战原则，拒服兵役，连战税亦拒绝缴纳，贵格派遂失去了原有的政治地位和影响。

器去捍卫他们自己的理想，虽然这场战争正是为了这些理想而爆
发的。不过，与此相反，一般新教仍把国家（也就是武力这种手段）
无条件地正当化为神所赐予的制度，对于具有正当性的威权国家，
更是如此。路德（Martin Luther）把战争的道德责任从个人的肩上
卸下，转移到政府身上；除了和信仰有关的问题之外，个人在任
何问题上对政府服从，都不致有罪。至于加尔文教派，在原则上
便认定，武力乃是捍卫信仰的手段；所以，在伊斯兰教生活中一
开始便是一个重要因素的宗教战争，在加尔文教派中也得到了许
可。综合以上所言，很明显的，政治伦理这个问题，**绝对不是**文
艺复兴时期英雄崇拜衍生出来的近代无信仰心态（Unglaube）才产
生的问题。对这个问题，所有宗教都加以处理，而有极为多样的
结果；根据以上所说的，事实也必然如此。人类团体所运用的手
段是**具有正当性的武力**；这种特定的手段本身，决定了关于政治
的一切伦理问题的特殊性。

　　[§65　**以武力为手段的后果**]　任何人，不论其目的为何，一
旦同意采用（每个政治人物都采用）**武力**这种手段，就必须听
任它的特定后果的摆布。信仰之斗士——不论宗教上的抑革命上
的——更是特别如此。让我们鼓起勇气，用今天的情形来做例子。
任何人想要用**武力**，在世界上建立绝对的正义，就需要为此有跟
从者——由人所构成的"机构"（Apparat）。对这些跟从者，他一
定要能描绘出必然可得的精神方面和物质方面的报偿的远景——
不论这报偿是在天上或在人间；非如此，这个机构就不会运作起来。
先说精神性的报偿：在近代阶级斗争的情况下，仇恨及报复的欲
望，特别是愤懑之感、貌似道德性的一种自命与正义同在的道德
优越感的需要以及因此而起的对敌人加以诬蔑和侮辱的需要，若

得到满足，便构成了精神方面的报偿。物质方面的报偿，则是冒险、胜利、战利品、权力和俸禄的获得。领袖的成功，完全有赖于他创造出来的这个机构的运作。这样一来，他所依赖的是**他们**的动机，而不是他自己的动机。这也就是说，他所依赖的，是看他能不能**持续地**向他所亟须的跟从者——赤卫队、秘密警察、煽动者——保证这些报偿。在这种活动条件之下，领袖事实上能达成的结果，并不由他本人来掌握。他能达成什么，是由他的跟从者的行动的动机来决定的；而从道德的观点来说，这些动机绝大部分都很庸俗。跟从者中间，至少有一部分人（在实际上这恐怕永远不会是多数人），确实对领袖本人及他的理想有真诚的信仰，领袖才能对跟从者有所控制。但首先，这种信仰（即使出于衷心），在事实上往往只是让报复、权力、利益和俸禄等欲望得到道德上"正当性"的工具：让我们在这一点上不要自欺，因为唯物的历史解释，同样不是一部随招即来的出租车；它不会因为碰到的是革命者，就不适用。其次，也是最重要的一点，情绪激攘的革命之后，随之而来的是习常守成的**日常**现实生活。信仰的英雄，尤其是信仰本身，都会消逝，或者沦为（这更彻底）政治上的庸俗人物和政治技术家习用咒语的一个部分。这种发展，在和信仰有关的斗争中，完成得特别快，因为这种斗争，通常是由真正的**领袖**——革命的先知——所带领或发动的。之所以会如此，是因为在这种情况里，一如在其他所有的领袖型机构（Führerapparat）中一样，成功的条件之一，便是让一切空洞化，僵固化，为了"纪律"而让心灵和思想无产阶级化。信仰之斗士的这班跟从者，一旦取得了支配的地位，会特别容易堕落成彻头彻尾常见的俸禄阶层。

十

[§66 志业政治家应有的警觉] 任何人，想要从事一般政治工作，特别是想取政治为使命所在的志业，都必须先意识到这些伦理上的吊诡，意识到在这些吊诡的压力之下，**他自己**内在所可能发生的改变，是要由他自己来负责任的。让我们再重复一次：在武力之中，盘踞着魔鬼的力量，从事政治的人，因此是在撩拨魔鬼的力量。善于出世性的人类之爱及慈悲的大师们，不论来自拿撒勒、阿西西或印度王公的城堡[1]，都不曾用过政治所使用的手段——武力。他们的王国"不属于这个世界"[2]，虽然他们的工作一直是在这个世界中进行的：卡拉塔耶夫（Platon Karatajew）[3]和陀斯妥耶夫斯基笔下的圣人型人物，反而是他们最逼真的造型。一个人所关心的，如果是自己灵魂的救赎、是他人灵魂的得救，不会以政治作为达到这些目标的途径。政治有其完全不同的课题，这种课题唯有用武力才能解决。政治的守护神——你们也可以说是魔神——和爱的上帝以及教会所设想的基督教上帝，处在一种内在的紧张关系之中，任何时刻，这种紧张的关系都有可能爆发成无可解消的冲突。在教会支配的年代，人们就看出这一点了。当时，对人和他们灵魂的救赎来说，教会的禁令（Interdikt）[4]所代表的力量，

---

1 分别指耶稣、圣方济、释迦牟尼。

2 《约翰福音》18章36节。

3 卡拉塔耶夫是在托尔斯泰《战争与和平》中出现的俄国农民的典型，彻底的不抵抗主义者。

4 教会对一个国家、一个教区甚至一个民族，可以颁布"禁令"。被施加禁令的国家，除了洗礼之外，不可以举行任何公开的教会仪式，连死者也无法得到基督教的葬礼。1208年，教皇英诺森三世（Innocent III，1160—1216)便曾对英国颁布禁令。禁令的目的在于改变民意，逼迫当事者采取某种行动。

远远超过康德式道德判断"冷冰冰的要求"（用费希特的字眼来说）。但是当禁令一再地落到佛罗伦萨的头上时，佛罗伦萨的市民仍然反抗教廷。如果我没有记错，马基雅维利在他的《佛罗伦萨史》中，有一段美丽的文章，借他的一个英雄的口，赞扬这个城市的公民，因为他们认为他们城市的伟大，比他们灵魂的得救，来得更重要；在这里，马基雅维利心中已经意识到了上面所述的那种情况。

在今天，这个问题是以什么面貌出现的呢？诸君只要用"社会主义的未来"或者"世界和平"，来取代自己的城市或"祖国"这些在今天已不是人人都认为代表明确价值的东西即可。因为如果要通过**政治**行动，也就是以武力为手段，按照责任伦理行事，以求达成这些目标，必然会危害到"灵魂的救赎"。但是，如果我们按照纯粹的心志伦理，在一场信仰的斗争中追求这些目标，这些目标会受到伤害，在未来世代的眼中失去价值和地位，因为在这里，缺乏了对于**后果**的责任。之所以会如此，原因在于行动者没有认识到魔鬼力量的作用。这些力量是一刻都不会放松的：它们对人的行动产生影响，甚至对他本人的内在人格发生影响。人如果没有了解它们，便只能束手无策地听凭这些魔性力量的摆布。"魔鬼是个老年人，所以要了解它，你得先变老"[1]——这句诗句所指的，并不是年龄上的老。在辩论中，出生证明书上的一个日期，从来压不倒我；不过某人二十岁而我已超过五十岁这个事实，也绝对不会让我觉得这是一件我应该为之惊惧而黯然的成就。重要的不是年龄。重要的，是在正视生命的诸般现实时，那种经过磨炼的一往无旁顾的韧性，和承受这些现实以及在内心中料理这些

1　歌德《浮士德》第 2 部第 2 幕第 1 景。

现实的能力。

[§67 能以政治为志业的真人] 不错，政治确实要靠头脑，但绝对不是仅以头脑为已足。在这一点上，提倡心志伦理的人绝对正确。没有人能告诉另外一个人他**应该**采取心志伦理还是责任伦理，或在什么时候采取一种伦理，在什么时候采取另一种伦理。不过，我们仍然可以说一件事。在今天这个亢奋的时刻里——照诸君的看法，这种亢奋，是一次**不会**"没有结果"的亢奋（亢奋和真正的热情，毕竟是会有不同的两回事）——当整批的心志政治家（Gesinnungspolitiker）**突然**如雨后春笋般蹦出来，异口同声地复诵着："愚蠢而庸俗的是这个世界，而不是我；对后果应负什么责任，与我无关；这个责任，是那些受我辛劳服务并有待我来扫除其愚蠢和庸俗的其他人的事。"在这个时刻，我公开说，我们首先要问，在这种心志伦理的背后，有多大的**内在力量**。我的印象是，我碰到的十中有九，都是大言炎炎之辈；他们并没有真正认识到，他们想承担的事是怎么样一回事，而只是陶醉在浪漫的感动（Sensation）之中。就人性方面而言，我对这种东西缺乏兴趣，更毫无使我感动之处。真正能让人无限感动的，是一个**成熟**的人（无论年纪大小），真诚而全心地对后果感到负有责任，按照责任伦理行事，然后在某一情况来临时说："我再无旁顾；这就是我的立场。"[1] 这才是人性的极致表现，使人为之动容。只要我们的心尚未死，我们中间**每一个人**，都会在某时某刻，处身在这种情况中。在这个意义上，心志伦理和责任伦理不是两极相对立，而是互补

1　这是路德于 1521 年 4 月 18 日在沃尔姆斯（Worms）城答辩时结尾的名言：Hie stehe ich/ ich kan nicht anders/ Got helffe mir, Amen（这就是我的立场，我再无旁顾，愿上帝帮助我，阿门）。

相成 ：这两种伦理合起来，构成了道地的人，一个**能够**有"从事政治之使命"（"Beruf zur Politik" haben）的人。

［§68 艰苦前途的考验］届此，在座的各位贵宾们，让我们约定，**十年**之后再来讨论这个问题。很遗憾，我不能不担心，到了那个时候，由于一系列的原因，反动的时期早已开始，你们之中许多人以及——我坦然承认——我自己都在盼望、期待的东西，竟几乎无所实现——也许不能说毫无所成，但至少看起来是太少的成果；到了那一天，如果实情恐怕很难免地真是如此，我个人是不会丧志崩溃的；但不容讳言，意识到这种可能性，也是心中一大负担。到了那一天，我非常希望能够再见到你们，看看诸君当中在今天觉得自己是真诚的"心志政治家"、投身在这次不啻一场狂醉的革命中的人，有什么在内在方面的"变化"。假如局面竟然一如莎士比亚十四行诗第 102 首所言 ：

> 当时正当春天，我们的爱情甫绿，
> 日日我谱歌曲，吟我们的风流，
> 像夜莺在夏天锦簇的花丛中啼唱，
> 到了夏日渐深就锁住了她的歌喉。[1]

那就太美好了。

可是事情不会如此。不论现在在表面上看起来胜利的是哪一群人，在我们面前的，不是夏天锦簇的花丛，而首先是冷暗苛酷的寒冻冬夜。当一切都荡然无存，丧失自己权利的不仅是皇帝，

---

1 译文取自梁实秋中译，但有小改动，以配合韦伯在下面所用的字眼。

无产阶级也不会例外。到了长夜逐渐露白之时，在今天看来拥有花朵灿烂的春天的人，尚有几个仍然存活？到了那个时候，诸君的内在生命又已变成何种面貌？恨怨还是已转为庸俗？对世界或者自己的职业一种麻木的接受？或者第三种可能（这绝对不是最少见的）：有此道禀赋的人，走上了神秘主义的遁世之途，甚至（这种情况更寻常,也更可厌）为了跟从流行,而强迫自己走上这条路？不论一个人沦入这三种情况中的哪一种，我都会认定他**没有**资格做他现在做的事，**没有**资格去面对真相下的世界、日常现实生活中的世界。客观而平实地来说，在这种人的内心最深处，并没有要他们取政治为志业的使命感和召唤，虽然他们自以为有。他们其实应该去培育个人与个人之间一种单纯、直接的博爱。至于其他，他们应该踏实地去进行他们日常的工作。

　　[§69　政治作为一件工作的真义]　政治，是一种并施热情和判断力，去出劲而缓慢地穿透硬木板的工作。说来不错，一切历史经验也证明了，若非再接再厉地追求在这世界上不可能的事，可能的事也无法达成。但要做到这一点，一个人必须是一个领袖，同时除了是领袖之外，更必须是平常意义下所谓的英雄。即使这两者都称不上的人，也仍然必须强迫自己的心肠坚韧，使自己能泰然面对一切希望的破灭；这一点，在此刻就必须做到——不然的话，连在今天有可能的事，他都没有机会去完成。谁有自信，能够面对这个从本身观点来看，愚蠢、庸俗到了不值得自己献身的地步的世界，而仍屹立不溃，谁能面对这个局面而说，"即使如此，没关系"（dennoch），谁才有以政治为志业的"使命与召唤"。

附

录

附录一
韦伯两篇演讲发表的日期[1]

　　关于韦伯两篇演讲的发表日期，文献中的记载和讨论充满了混乱。根据玛丽安娜·韦伯所记，两次演讲都是在 1918 年发表，而在 1919 年出版[2]。温克尔曼（Johannes Winckelmann）从出版的日期——《学术作为一种志业》是 1919 年，《政治作为一种志业》是 1919 年 10 月——猜测两次演讲都是在 1918 年到 1919 年之交的冬季举行的[3]。鲍姆伽腾则根据他对韦伯往来书信的通熟，认为两次演讲是在几周之内先后发表的：《学术作为一种志业》大概是在 1919 年 1 月 16 日，《政治作为一种志业》则确定是在 1919

1　这篇附录，原是 Wolfgang Schluchter, "Wertfreiheit und Verantwortungsethik"（即本册导言）的注释 2 及 3，英译见 Wolfgang Schluchter, "Value-Neutrality and the Ethic of Responsibility", *Max Weber's Vision of History*: *Ethics and Methods*, pp.113—116。

2　《韦伯传》，p.664。

3　Max Weber, *Gesammelte Aufsätze zur Wissenschaftslehre*, ed. J. Winckelmann（Tübingen, 1968, 3rd ed.），p.532；Max Weber, *Gesammelte Politische Schriften*, ed. J. Winckelmann（Tübingen, 1958, 3rd ed.），p.493.

　　在这两本书 1982 年的第 5 版及 1980 年的第 4 版中，编者并没有改变他所推定的日期；见上面两篇演讲的注 1。

年 1 月 28 日 [1]。博恩包姆（Immanuel Birnbaum）是自由学生同盟
（Freistudentischer Bund）巴伐利亚邦分部主办"精神工作作为志
业"演讲系列时的主持人之一。据他回忆，他说动韦伯做两次演
讲。起先，他请韦伯讲"学术作为一种志业"：由于韦伯本人对这
个问题的关心，他很快就答应了。但是韦伯不愿意紧跟着 1918 年
11 月的革命之后来谈"政治作为一种志业"，因为他所面临的状况
让他怀疑他有资格成为政治人物。韦伯建议由瑙曼来讲这个题目：
他"很久以来"便认为瑙曼是"领导德国走向民主的最适当人选"。
但是瑙曼因卧病谢绝了邀请，激进学生提议邀请埃思纳，这时，
韦伯才同意讲"政治作为一种志业"。[2] 按照博恩包姆的说法，这
两个演讲发表的时间，一定隔了好几个月。[3] 蒙森跳出了这一团凌
乱的回忆和猜测，用慕尼黑《最新消息报》（Neueste Nachrichten）
1917 年 11 月 9 日的一则报道，证明了《学术作为一种志业》是
1917 年 11 月上旬在慕尼黑斯坦尼克艺术厅（Kunstsaal Steinicke）
对自由学生同盟巴伐利亚邦分部发表的。不过，因为 1919 年年初
韦伯在给托伯勒（Mina Tobler）的信中，曾提到两个他必须数度
延期的演讲，蒙森猜测《学术作为一种志业》曾讲过两次，其中
后一次是和《政治作为一种志业》连在一起的，可能是在 1919 年

---

1 参见 Eduard Baumgarten, "Zur Frage der Datierung der Vorträge Webers: Wissenschaft als
   Beruf und Politik als Beruf"，马克斯·韦伯编辑室所藏手稿（巴伐利亚邦学术院，慕尼黑）。

2 关于埃思纳，参考 Allan Mitchell, *Revolution in Bavaria* 1918—1919: *The Eisner Regime and
   the Soviet Republic* (Princeton, 1965)。在《经济与社会》中（pp.242, 300），韦伯举埃思
   纳为卡理斯玛型的群众领导者的典型（中译见《支配的类型》）。

3 见 I. Birnbaum, "Erinnerungen an Max Weber"，收入 *Max Weber zum Gedächtnis*, ed. R.
   König & J. Winckelmann (Köln, 1963), pp.19ff；以及他 1970 年 7 月 15 日给温克尔曼的信，
   马克斯·韦伯编辑室。

3 月的第二个星期。[1]

即使蒙森的这个考证，也有失精确。马克斯·韦伯编辑室的瑞策波罗特（Martin Riesebrodt）断定，《学术作为一种志业》是在 1917 年 11 月 7 日发表，而不是如蒙森所推定的 11 月 8 日。[2] 至于《政治作为一种志业》，则正如鲍姆伽腾所正确证明的，发表于 1919 年 1 月 28 日。[3] 韦伯在 1 月 28 日无法发表演说，并不是不可能：到目前还没有找到报纸的报道。不过蒙森所提到的时间必须排除掉，因为韦伯在他所指的时间是就另外两个题目发表演说。1919 年 3 月 12 日，韦伯在慕尼黑大学对社会科学学会讲"西洋市民阶级"（Abendländisches Bürgertum）；1919 年 3 月 13 日，他对德国学生政治会（Politisches Bund deutscher Studenten，又称 Bund deutschnationlaer Studenten）讲"学生与政治"[4]。

韦伯极不可能两度演讲《学术作为一种志业》。要这样做，他得在同一个演讲系列中，在同样的地点、对同样的听众，重复同样的演讲。之所以会有这样的推定，是因为鲍姆伽腾和蒙森从韦伯的通信中，引出他提到 1919 年初在慕尼黑的两次演讲。但显然，这两个必须数度延后的演讲，是我们在上段末提到的两次演讲。

诺克（Frithjof Noack）于 1924 年 10 月 25 日写给玛丽安

1　见 Wolfgang J. Mommsen, *Max Weber und die deutsche Politik 1890—1920* (Tübingen, 1974, 2nd ed.), p.289f., p.345。

2　参见 *Münchener Neueste Nachrichten* 1917 年 11 月 7 日晚版第二页第四栏，及 1917 年 11 月 9 日晨版第三页第一栏。

3　见 *Münchener Neueste Nachrichten* 1919 年 1 月 25 日晨版第二页第五栏："马克斯·韦伯教授（海德堡）将于 1 月 28 日星期二下午七时三十分在斯坦尼克艺术厅讲'政治作为一种志业'。"

4　见 *Münchener Neueste Nachrichten* 1919 年 3 月 10 日晨版第三页第三栏，晚版第二页第四栏。

娜·韦伯的一封信，也支持我们所判定的日期。显然是为了写她的传记工作做准备，玛丽安娜·韦伯请曾属于自由学生青年团（Freistudentische Jugend）[1] 的诺克去查询《学术作为一种志业》《政治作为一种志业》及 1918 年 11 月 4 日有关德国重建的演讲。诺克在信中报告他的发现，其中包括了博恩包姆一篇很长的陈述。诺克指出，《学术作为一种志业》是在 1917 年 11 月初发表，《政治作为一种志业》是一年半之后在 1919 年 2 月或 3 月发表。韦伯根据速记记录稿，对两篇演讲进行修订以备印行。《学术作为一种志业》看来在 1919 年年初已印妥出版。《政治作为一种志业》大概直到 1919 年 3 月才准备妥当付印。

　　整个演讲系列，是由巴伐利亚邦的自由学生同盟所举办。这是一个倾左的自由派学生团体，其立场如玛丽安娜·韦伯所言，在革命运动与爱国运动的十字路口上[2]。这个演讲系列之起源，来自施瓦布（Alexander Schwab）——阿尔佛烈德·韦伯的一个学生——的一篇文章：《志业与青年》。鉴于选取一种行业似乎和本着科学的精神生活不合，施瓦布对于选取一项志业，表示不以为然。这个演讲的系列，旨在讨论这个观点的正反两面。照博恩包姆在《学术作为一种志业》第一版的附跋中所言，这些演讲在安排时都假

1　玛丽安娜·韦伯在《韦伯传》中只提到过"自由德国青年团"（Freideutsche Jugend），而没有提到"自由学生同盟"或"自由学生青年团"。在本附录中，Wolfgang Schluchter 从《韦伯传》中引用有关"自由学生同盟"的资料之处，《韦伯传》（英译本）中皆作"自由德国青年团"。中译者没有任何资料说明这些名称之间的关系。《韦伯传》的英译者在注释中（p.597）曾如此介绍"自由德国青年团"："1913 年创立的一个青年组织，宗旨在于让青年人按照自身的欲望和能力去求发展。"

2　《韦伯传》，p.628。英译本文字为："他们仍未决定是应该采取一种革命的态度，抑是民族主义（national-patriotic）的态度。"

定为"专家的意见"。针对四种志业——学术、教育、艺术、政治——要回答的问题都是一样的：在今天，道地意义下的职业——精神性的志业（geistiger Beruf）——在既不堕入遁世亦不流于妥协从俗的条件下，如何可能？

　　在韦伯之外，克申斯坦那（Kerschensteiner）、豪森斯坦（Hausenstein）和瑙曼是原来邀请的演讲者。（诺克说第三个演讲者是谢佛尔，博恩包姆仿佛记得第三个主题是神学，邀请的演讲人是李伯尔特〔Lippert〕。）韦伯大概是在 1917 年 9 月下旬，在劳恩斯坦堡（Burg Lauenstein）的聚会中[1]结识这个学生团体的。他和托勒也是在这个聚会中见面的。1917 年 9 月 29 日，韦伯在这个聚会中讲"人格与生命秩序"（Die Persönalichkeit und die Lebensordnungen）。这可能是以《宗教拒世的阶段与方向》[2]为基础的《学术作为一种志业》的第一稿[3]，从那时开始，似乎每逢韦伯在慕尼黑演讲，自由学生同盟的成员都会参加——1917 年 11 月 5 日，他的主张通过谈判达成和平、警告大日耳曼运动的危险的伟大演讲；1917 年 11 月 7 日讲《学术作为一种志业》；1918 年 11 月 4 日讲德国的政治新秩序[4]，以及演讲结束后在卡岑斯坦（Erich Katzenstein）家中的聚会（卡岑斯坦在〔几天后的〕革命中扮演了重要的角色）；1919 年 1 月 28 日讲《政治作为一种志业》；1919 年到 1920 年之交冬季学期里，韦伯和斯宾格勒（Oswald Spengler）

1　关于这次聚会及其参加人物，见《韦伯传》，pp.595ff.。

2　"Zwischenbetrachtung: Theorie der Stufen und Richtungen religioser Weltablehnung"（1915），英译见 Gerth & Mills, *From Max Weber*, pp.323—362。

3　参见《韦伯传》，p.600。

4　这次演讲中，韦伯和左派学生发生激烈的冲突，详见《韦伯传》，pp.627—628。

进行了一次精彩讨论。[1] 借着这些演讲，韦伯和慕尼黑的革命波西米亚文人圈也保持了公开的接触。[2] 在诺克写给玛丽安娜·韦伯的报告中，我们读到："韦伯很重视自由学生同盟的成员及一群年轻人革命派（杜鲁末勒〔Trummler〕、罗斯〔Roth〕及其他人）来听他演讲；他和这些人在私下也进行辩论。两篇演讲（《学术作为一种志业》及《政治作为一种志业》）中，有很多话是对这些人说的。第二个演讲的对象，大概也包括托勒；有时候，在博恩包姆的陪同下，韦伯到绿林旅馆（Hotel Grünwald）去看托勒。从韦伯想要和李维安（Max Levien）见面的欲望，我们可以猜测韦伯何等强烈地想和革命派辩论；他曾说，他已有相当时间没有和俄国布尔什维克派的人接触过了。"

韦伯与自由学生同盟的关系，对他来说尚有深一层的意义。他认为，在德国经历过了一个精神崩溃的阶段，一个"恶心的暴露狂"、一切尊严沦丧的阶段之后，这类团体代表着新政治文化兴起的明确契机。这种新的政治文化，乃是一种踏实切事、知耻虚心的文化，不再容许私人事务与公众事务、个人的意义问题与集体的意义问题长久混为一谈。韦伯相信，德国不仅在军事上业已败北，在精神方面也已经丧亡："目前，我们'颜面'丧尽，未见任何民族在类似状况中有如此失态者，雅典在艾格斯波达姆斯（Aigospotamos）海战大败后（公元前405年）以及凯洛奈亚

1　参见《韦伯传》，p.674。

2　关于慕尼黑的波西米亚文人圈，参考 Martin B. Green, *The von Richthofen Sisters: The Triumphant and the Tragic Modes of Love, Else and Frieda von Richthofen, Otto Gross, Max Weber and D. H. Lawrence in the Years*1870—1970(London, 1974), pp.85ff。这本书的缺陷，在于缺乏社会学上的概念思考。——原注

(Chaironaia) 大战失败后（公元前 338 年）固然未曾如此，更不用提 1871 年时的法国。"在韦伯看来，能担当精神重建大任者，唯有教派（Sekten），而非教会，唯有志愿团体（Verein），而非强迫团体（AnStalt）——易言之，他心目中的典型是美国式的俱乐部（Club），因为它的原则正是自愿参加与会员制。自由学生同盟在韦伯眼里象征着这方面的一个开端，在政治上及社会学的意义上他均感到相契。（参见韦伯于 1918 年 11 月 24 日写给慕尼黑的古文字学家克鲁苏斯〔Friedrich Crusius〕的信，引在玛丽安娜·韦伯《韦伯传》，p.636 以下。不过，引文显然有误，参见 Mommsen, *Max Waber*, p.347。笔者无幸目睹原件。）

附录二

韦伯论学者与政治家

　　阿隆（Raymond Aron）的这篇文章，是他为韦伯两篇演讲的法文译本所撰导论（Introduction）的前半部，见 Max Weber, *Le Savant et le Politique*, trad. par Julien Freund（Paris, 1959, 1982），pp.7—30；文章的题目，系由编译者所加。阿隆原文的后半部（pp.31—51），讨论的是德裔美籍学者施特劳斯（Leo Strauss）对韦伯价值论的评论，比较专门，在此没有译出。

　　阿隆（1905—1983）是二十世纪法国最重要的学者及思想家之一，也是国际上公认的一位韦伯权威。梁其姿直接从法文将这篇文章译出；在编译者对译文提供一些意见后，由梁女士定稿，译注亦系梁女士所撰。

　　阿隆此文写于 1959 年，因此，文中对于当时局势的一些分析，例如欧洲政党的性质、和平主义在国际局势中扮演的角色等，已失去其时效性。这些是读者在读本文时应该注意到的。

　　马克斯·韦伯是学者。他不是政客，也不是政治家，只是偶尔做政治评论。但是他一生热诚地关注公众事务，他对政治的某种眷恋，从未有过间断；这似乎意味着他的思想最终的目标是行动的参与。

在韦伯成人之年，正是德意志帝国意气风发之际。俾斯麦倒下了，年轻的德皇独挑大梁。十九世纪的最后十五年间，韦伯从年轻的二十岁到成熟的三十五岁。这个时期最引人注目的事情，有社会立法（législation sociale）的成长、德皇的首次干预外交以及更具深远影响力的对俾斯麦传统的反省。统一后的德国任务该是什么？它在世界舞台上该扮演哪种角色？何种政体有可能重建国家的团结？韦伯一代的德国人自然地会思索这些问题，而历史所给予的答复，是悲剧性的。

韦伯个人的动机亦同样地解释了他的态度。他不断地强调政治不应进入讲堂。他一再重复，参政的人的美德与治学的人的美德是不兼容的。不过，他对这两种活动的关系的反省，并不下于他要分开两者的关切。我们不可能同时是参与〔政治〕行动的人和〔学问〕研究者。如果这样做，必然会伤害到这两种职业的尊严，亦不可能对两者皆尽忠职守。不过，我们可以在学院以外采取政治立场。而且客观知识的具备，如果不是必需的，至少绝对能帮助我们采取较合理的行动。简单地说，在韦伯的思想中，学术与政治之间，并非如一般所说的，只见必然的分别。他心目中的学问对行动者应有所帮助，而行动者的态度，只应在目的上，而不是在结构上，异于学者。

行动者在某种独特与唯一的情况下，依着自己的价值，在决定论的网络中创造一件新的事实。他所做的决定的后果，并非可以严谨地预知，就算情况是唯一的。除非整串事件的赓续可以重演，即是说能从具体事实中抽出一些关系，同时把这些关系提升到某种普遍性的层次，否则毫无科学性的预知可言。但一个合理的决定，依然要求人就整个形势施展他所有的抽象知识，这样做不能消除不可预知的独特因素，但可以减低这个因素的作用或把它挑出来。韦伯在理论上企求的，是一种分析因果关系的学问，而这种学问正是行动者所需要的。

所谓历史上的因果论，是对于已发生的事件之概率做回溯性的计算——我们会问：如果事情是如此这般，那么结果会是什么样子的呢？所谓历史的因果论，不外是把行动的主角的各种考虑或他该做而没有做的考虑，重新尽量求逼近但难完全还原地建立起来。

理性地行动，就是在反省之后做出一个决定，让原定的目标有最佳的机会实现。行动的理论，亦同时是风险率（risque）的理论和因果（causalité）的理论。历史学家在探讨历史性因果时，就是把历史人物在做出决定之前考虑过的因素或该考虑过的因素，再在自己心里重演一番。

因果的研究，并不局限于一个或数个人的经过考虑的决定。当我们问：如果事情是如此这般，那么结果又会怎样呢？我们不但想到别人的决定，同时亦会考虑到一些没有人能控制的事件（如自然现象的介入、风暴、金矿的枯竭、战争中的胜败等）。政治史学家亦具有同样的特点：努力地要避开宿命论，追溯以往的幻想。史学家在研究人以及人的斗争时，在重建历史之时，都希望维护行动本有的层次（dimension）——即未来的不可知。要维护这点"不可知"，他必须避免认定诸事件所造成的事实不能逆转，坚持现实并非决定于事前；如果碰上某些人或某些其他情况，历史的走向就不一样。

除了因果关系，韦伯心目中的学术与政治的联系，在另一方面显得更为密切，那就是有关价值的问题。学术所关心的是与价值的关系，行动则是价值的肯定。韦伯说，我们好奇心的取向，影响事实（faits）的选择、概念的设计及对象（objet）的决定。自然科学在无穷可觉察的材料中，挑选最有可能会重复发生的现象，以求建立定律架构。而"文化"的学科，则在无穷人为的事件中，挑选其中关乎价值者。所谓价值，是历史人物的价值或史学家本身的价值。如果研究者把注意力集中在事件单一的序列或在个别社会上，他会写出历史。如果他考虑的是按照规律出现的连贯性或相对较为固定的整体，他所处理的便属于各种社会科学的范畴。

韦伯概念中的历史性的科学或"文化"的科学，就是对人在过去的生活方式、他们给予生存的意义以及为不同价值所建立的等级的了解（compréhension）。而政治行动，则是在一些我们不曾选择的情况下，维护这些价值的努力。这些价值构成我们的共同体，甚至我们的存在。

了解他人并不意味着自我反省。了解别人在过去的行动，并不必然地导致我们为当前的行动而下定决心。但在哲学上——让我们用个时髦的术语——或在我们存在的经验中，在自我反省及对他人的认识间有某种关联，在前人所发动的斗争的重建及自己为当前采取立场之间，亦有某种关联。

其实，不少史学家虽努力地去了解前人的生命，但从不同样地质询自己。也有不少从政的人，从不考虑在他们的职业及他们生存的最终意义之间有什么关系。这种生存的意义，或者是由本身，或者是由团体，在今天所赋予他们的。探讨过去，在理想上离不开自我的意识；而行动之所以成为人的行动，是因为在理想上，它和一连串的事件相关联，而且诉诸崇高的目标。在面对他人和自我发现之间，有某种互惠性（réciprocité），这种互惠性附丽于史学家的工作之中。而知识与行动之间的互惠性，则内存于历史性人物——而非史学家——的生命之中。韦伯禁止教师在学院范围内参与公众论坛的各种纠纷。但是他不得不承认，行动——至少以言语或文字所表达的行动——是学者工作最终极的实现。

我们曾怀疑，韦伯本身的思想，在何种程度上能妥当地以里克特的新康德主义的字汇和范畴来表达。我觉得韦伯有所知但很少采用的胡塞尔（Edmund Husserl）的现象学，本该可以提供他所探求的哲学工具与逻辑。他研究"了解"此问题时，不停地在雅斯贝尔斯的"心理主义"（psychologisme）（雅斯贝尔斯当时正在写他的心理病理学）和新康德主义的间接方式（绕过价值之后始达到意义）之间摇摆不定，而胡塞尔的现象学，本可避免这点。同时我们亦可以问，在何种程度上，韦伯的实际研究符合他的理论架构。因果关系在他的实际研究中，是否居于和在理论中同样的分量？宗教社会学主要的难道不是探讨各种信仰及思想系统，以求显示观念与制度的交织、宗教价值与社会态度的关系，而并非孤立个别因素的影响力吗？《经济与社会》一书主要的难道不是把各种权力和经济类型所本有的可理解的结构加以披露吗？在特定的情况下，就算一个关系可以很充分地被了解，并不足以说明这是一个真实的关系；就算这个关系不单可以被了解，同时又可以从因果关系来解释它，这与证实（vérification）仍是完全两回事。这个关系并不因此而被"证实"。

韦伯的确在简化。他在理论方面简化了，同时亦简化了史学家与社会学家所得出的可理解的关系的繁多性，简化了了解（compréhension）和说明（explication）之间的复杂关系，以及简化了研究资料内存的关系与经过构思的关系（通过对已发生事情的概率作回溯性的计算)之间的联系。从符合抽象经济定律的行为，到为某些救世教义的诠释所支配的行为，再到符合不满情绪的逻辑的行为，里面有各种可了解性的类别。证实过程并不是指出这其中任何一种可了解的关系，而韦伯则有把"证实"同时放在他的了解方法论中处理的倾向。不过对一般的研究，修正和增补不会为研究的主题带来决定性的改变。除非在处理有关经济理论或以某个理论架构来解释一个事件时，我们会强调可用的客观性和普遍性。但就算这样，我们也不必做基本的修正。

让我们看看有关了解（compréhension）的例子。我们说，爱与恨是了解的真正原动力。要求客观是徒劳无功的，如果客观是指当我们论及今天或过去的人物时以及他们被称许或唾骂的事迹时，把价值搁在一边。如果我们不能从这些已消逝的人物的行为举止里体会到一些感情——一些亦可以激起当世人的感情，那么我们便无法捕捉前人在深处的灵魂。这些话所带的几分真理，韦伯大概很容易便会承认。但是他却在实际的研究中，减低心理学的重要性，而不是科学的逻辑。他会同时坚持两件事：指向"无恶无好"（sine ira et studio）式了解的道德命令，以及把生命与事迹认定为认识的对象而非待评估的价值。

至于经济学或社会学的各种理论，它们所表达的真相，无论是属于某个特定社会的或是可放诸四海皆准的更高层次的抽象化，与当前现实的关系，都比韦伯所提出的更为薄弱。这些理论并不能主要地改变有关抉择与行动的分析。它们所提供的"真相"是局部的，而人却诉诸无数的价值；一个决策的可预见的后果，极少能符合所有的价值，或令每个人都满意。抉择的需要并非基于学术的主观性与相对性，而是学术所提供的真相的局部性和价值的多元性。

　　有人会认为，如果韦伯提出一个政治抉择的现象学，那将会是错误的，因为韦伯会用的乃是过时的基本观念，如事实与价值、手段与目的等。我认为这个想法完全抓不住要点。我们得承认，事实诚然与价值相对，但是史学家在重建事实时，不得不利用价值。价值并不是凭空塑造或肯定的，它们是从人与其环境间不断的交流之中产生的。这种交流亦是人的历史性的特征之一。同样，下一个目的将会成为另一更高目的的手段，就如目前的手段可能是另一行动的目标。而且，人所采取的态度是否能化约到这样的一个分别，也值得怀疑。如果我们从某个角度看历史，则我们会很自然地参与某个政党，同意某种组织与行动的技术。一个人的整体观念，同时决定了他的手段以及目的的抉择。

　　韦伯并不是不知道这些。某些人自以为他把握着对一种历史运动的真切的解释，这种运动不但是必然的，而且是适当的。这套解释导致他参与某政党、采取某种行动方式。经验告诉我们，这种哲学并不曾消除对政党及对行动方式的怀疑。虽然信徒有共同的祖师，但他们之间的斗争最不容情。就算撇开这些经验不谈，韦伯亦会否认一种历史哲学可以同时宣布一个确定的未来，以及支配某种行为。对未来的预测必以决定论为前提，而决定论解释未来与解释过去同样有偏差，而且更陷入或然论中。而我们在最佳的情况下可能预知的未来社会的特征，会引起各种矛盾的价值判断，因为这些特征不会满足人所有的欲望。学术向我们宣布的东西，我们从不需要在道德上逼使自己喜欢。我们有自由去加速或控制一个被称为是不可避免的历史发展。于是，我们会发现，自己在面对一个整体观念的抉择与一个政治家在某个独特形势下所面对的处境极为相似：我们观察各种事实，希望实现某些订定的目标，我们自担一切风险地做出抉择，而并无权利去援引某种遥不可及的整体性（totalité），或某种其实是放弃态度或信仰的托词的所谓必然性，又或者是某种人神之间的调和；这些，都不过是在历史的眼界尽头的意念。

所以，问题不在于手段与目的的基本观念，因为这个基本观念的确过分简单；亦不在于事实与价值的分别，因为这个分别的哲学性意义是成问题的。要驳斥韦伯，我们必须证明学术为我们发现整体历史的真理，或者学术可预知某个决定在先的未来，又或者学术一定会解决团体与价值之内的各种矛盾。

韦伯所耿耿于怀的，是要说明学术虽然最后把迷魅从世界祛除，而且虽然在本质上是不完整的，但是却有某种意义值得人为其献身。

于此，他在两条战线上奋斗。他一方面反抗那些腐蚀理性思想之纯粹性的人：他们以政治立场或个人感情的抒发，渗入理性思想之中；另一方面，则反抗歪曲学术意义的人，这些人认为学术把握了自然或人的奥秘。在韦伯的论说中，当他为学术辩护或说明时，他的语气总带着一种悲怆性，因为我们隐约地感到一个行动家的怀旧情绪与不耐烦。他缅怀着一个过去的时代，那时知识并非只是一条无尽的锁链中的一环，而是全部，是成全。他不耐烦学术所能给予行动者的有限：他一方面要求学术给他提供手段与后果的知识，而另一方面事前已知道，学术不能为他解除抉择的责任，因为神不只一个，价值之间又充满矛盾。Die Entzauberung der Welt durch die Wissenschaft.（学术对世界的除魅）[1]。学术把迷魅从世界消除的这个过程仍在继续中。真正的学术——无论是物理学或社会学——从来不曾像今天那样不会给予世界一种宇宙性或人性的完整面貌，人也因此不会于其中看见自己的命运或本分。不过，两个新现象，使欧洲的学术界承受着一种沉重的焦虑。〔其一关乎现代武器。〕科学进步，让政治或军事的领导人支配着各种破坏性的工具，今天这些工具已达极过量的程度，因此发明这些武器及负责其使用的科学家，不得不对本身的责任提出质疑。〔其二关乎对学术界的压迫。〕在本世纪中，我们亦目睹了某种"实证主义"专制，这些政权强迫科学家向国家宣誓效忠——这样做可能让人感到反感，但不会置科学家于死地——对政权而言，**客观地**探讨及道出真相，是不能忍受的。这些专制政府自以为是地把某种追求整体的主义，强加于学术界之上，而其实这种主义，不过是过去强大宗教性综合的一个可笑的讽刺的模仿。

就第一个现象，我只简单地说几句，几个世纪以来，生产能力的增强往往同时带来破坏力的增强。我之所以称之为新现象，完全基于这种破坏性的空前强大的程度。这是量的增强引至质变。科学家，作为个人，并无任何能力预防战争工业利用他的发明。作为团体，如果他们不为自己的国家服务，很可能他们即间接地助了其他国家一臂之力，即那些最善于剥夺个人自由的国家。科学家学会一旦讨论有关战争或和平之事，就是政治的组织，不是科学的组织。他们的种种声明往往难以令人信服，那是因为他们就外交问题所表现的幼稚与他们作为核物理学家所具的权威（于

1　作者在此处径引德文，见上面《学术作为一种志业》。

是，我们对他们的确心悦诚服）比较，真是不遑多让。

对关心人文科学的人来说，第二种现象尤其重要，即某些政权对学术界及科学所施加的恐吓。我们曾见识过"雅利安人数学"[1]。今天我们又目睹某国想解决有关后天特征遗传性的科学性争执，或有关孟德尔（G. J. Mendel）理论的争执[2]。这两个例子性质上有所不同。无论怎样，我想不会有很多德国数学家把"雅利安人数学"与"犹太数学"间的分别看得很认真。亦不会有很多物理学家，因为爱因斯坦的种族和宗教而否认他的成就。不过，在一个如德国的国家，如此多的科学家被迫沉默地忍受一场可耻的闹剧，还要装成煞有介事的样子，这是很严重的一件事；同时，这件事为国际科学界——科学家自然而必要的社群——带来了严重的损伤。

科学家单独地、依着他的幻想或天才去工作这个观念，是极端错误的。数学家、物理学家、生物学家虽然领域不一，分散世界各地，但是却为一个研究性的社群——这个社群有其思想规则，虽不曾书诸笔墨，却为众人所严守——的无形而有力的联系结合在一起。他们要解决的问题，是由科学进展的现状所提供的（所以常有同时产生的新发现）。对真理的某种不明言的、几乎是出于

---

1 "雅利安人数学"：德国法西斯主义把数学分雅利安人（即他们认为最优越之白种人）数学及犹太数学。

2 孟德尔发现我们今天称为遗传基因的基本单位。他放弃了拉马克过分目的论的看法（例如说长颈鹿的长脖子来自它们一代又一代地伸头吃高树上的叶子）。孟德尔派的遗传学被贬为反动及种族主义。此种说法的代表者为苏联的李森科（T. D. Lysenko, 1898—1976）。李森科于斯大林时期红极一时，提出各种异想天开的创造优良麦种的配方，认为任何品种皆可在短期内改良，以适应当时的社会主义全国农业规划化，他的中心思想就是后天特征可完全遗传后代，亦可随时改变。他因植林政策的严重失败，于1952年后始受到批评。至1956年黯然步下政坛。阿隆在此处提出的争执，是指李森科在苏联带来的热潮。

本能的概念，使他们排除某类的答案、接受互相批评以及在交流中自我充实起来。

某些数学上或物理上的思辨，已发展到非常精妙的境界，以致这个科学学界在全世界只找到少数的成员。但是这并不减低这类思辨在理想上的世界性，所有能把握这些思辨的智士皆可参与研究，所有外在于这些思辨的本质的指示皆受到排斥。我的好友，数学家及哲学家卡瓦耶斯（J. Cavaillés）在警察的追踪之下，撰写一本关于数理逻辑学的书。作为法国人及士兵，他反抗入侵者。但作为逻辑学者，他仍是康托尔（G. Cantor）、希尔伯特（D. Hilbert）、胡塞尔的信徒。在预审法官之前，他表示对日耳曼文化的最优秀部分极为仰慕。虽然他甚至愿意为群体〔德法〕的纷争牺牲自己的性命，但是这些纷争却绝不会走进他忠于其志业——即忠于他对纯粹真理的探索——的思想的深处。

当一个政权或政党把研究对象或职业的法规强加于学术之上，如果它把某些人或国家排斥于学术界之外，如果它甚至为属于实验或理性思考的争辩作仲裁，那么，我们便不能简单地老生常谈式地说，这是团体对个人的压迫。这是一个政治团体不正当地干预一个精神团体的活动。换句话说，这就是极权主义是其根源。极权主义最可怕的发明，就是一党或有时一人的专横意愿，竟支配了人所创造的所有事业。西美尔在他的《社会学》[1]中，才气横溢地描写了我们每人所属的社会圈子的多元性，而在他眼中，这种多元性正是个人逐渐解放的条件。这本书让我们就极权主义的企图本身做出评价：这些企图是不折不扣的反动性的努力，其旨在

---

1 《社会学》一书写于 1908 年。

于把社会拉回其原始的阶段，让社会科学笼罩所有个人及个人的全部。

当然，社会性、历史性，甚至有时种族性的因素，会部分地决定了学术。某种族在从事某些工作方面比其他种族出色，或某种族倾向于某种对宇宙的思维方式，这些都不是不可思议的。撇开种族问题几乎不可能。但这些概括性的说法，大部分被证明是错的，其余小部分则是不可证明的。不过，无论科学性质的决定——即科学所提出的问题及它用来表达自己的哲学性观念——在何种程度上依赖外在的情况，那些用已成事实的决定来为政权专横地支配科学辩护的人，犯了必会带来不幸的错误。

科学家也是属于某个特定社会和时代的人。研究的作风与方向不只是由科学家的性格，而是由那个时空的人的性格所左右的，因为前者与后者从来就难以严格地区分开来。无论如何，我们必须认清一个基本的分别：在学术环境对科学本身的影响（科学家的自发性亦包括在内）与政治领袖施诸科学家的影响——他们窃取权利，擅自决定科学的对象、方法及结果——之间，有基本的分别。在第一种情况下，科学的社群仍继续在基本上服从本身的法则，而在第二种情况下，科学的社群已放弃其自主性，亦因而使其志业与进步陷入岌岌可危的状况。

就算在英国，于大战刚结束之时，就曾产生过有关科学自主的讨论。一些科学家，在折服于苏联的例子之余，希望成立一个研究计划，合理地把人力物力分配于不同的研究中心，这些研究中心则各有任务。英国的科学家最后放弃了这个重实效的想法。他们拒绝承认国家有权向学者指定其研究内容。理论研究的放弃或隶属于他人，不单置科学发展于死地（我们永远无法预知哪个理论能付诸实行），而且更是科学家社团放弃自主与权利的第一步。孟德尔派的生物学家的消失，以及物理学家必须以唯物辩证的术语来发表他们的研究结果，说明了这第一步会带来什么后果。

社会科学受到极权主义的威胁是异于自然科学的。专制者需要后者来充实他的军力，因此，为了保持某种效率，他对自然科学的干涉是有限的。他会强迫物理学家倚仗唯物辩证，但不得强迫他们接受一些程序。追根究底，对核物理发展的兴趣是无上的。而认为有关剩余价值或工资等马克思主义理论为不易之真理，并加诸人民，不会碰到严重的困难：具体的全国规划不会因此承受不可弥补的损害。正统的意识形态不会减低（至少不是直接地）管理的效率，因此变成一种工具，造成一种人为的民意一致。各式的专制就掌握了这种工具，以求保证稳定。

对政治的干预，社会科学往往比自然科学更难抗拒。在过去，毫无疑问，在分析模式与政治偏好或哲学概念之间，有一定的连带性。在政治经济学方面，把理想的方案与真实混淆起来是最容易、最富吸引力的。我们把严格上只属于后者的优点归诸前者。古典的市场理论以为所谓平衡状态，包含了社会产品的**极大值**（maximation）与资源的最佳运用。但这并不等于证明我们所谓自由的（即部分自由的）具体经济是最理想的，亦不能证明最适当的做法是让市场不完美的机制（mécanisme）自行运转。这种说法不外以完美的机制会带来最佳方案作为借口。曼海姆（Karl Mannheim）就曾创造"知识社会学"（Wissenssoziologie）一名词，以说明一种学科，这学科就是要厘清历史情况与思想结构之间的关系的各种形态。

社会科学永不是从空白开始的，各种问题的方位是受实际事件所影响的。无论怎样说，**社会科学的社群**是存在的，就算其自主性弱于自然科学的社群。

构成这社会科学社群的规条有哪些？

首先，**是研究及事实本身的建立不受限制**。我们有权提供未加工的事实，以及把这类事实与诠释分别开来。就哲学上的严谨说法而言，我们可能坚持所有历史事实都是建构而成的，即经过选择与诠释的过程。但在实际的研究上，两者之间的分别仍具其重要性。托洛茨基在红军组织中扮演了重要的角色，这事可真可假；季诺维也夫（G. E. Zinoviev）与布哈林（N. Bukharin）曾阴谋刺杀斯大林，这事可真可假；华尔街操纵了美国的政客，组织了反苏维埃的十字军，这事可真可假。而所有极权国家把某些事实宣判为非法，因为它们不能配合官方的模式。所有极权国家把事实与诠释之间的连带性推至荒谬的程度。

其次，**是讨论及批评权利的不受限制。这些讨论及批评，不仅涉及局部的研究成果，而且还涉及研究的基础理论及方法**。有关社会的知识之所以称得上科学，是由于研究者同时能准确地意识到这些知识的范围及它们有限的妥当性。例如，在政治经济学里，理论通过新的模型建立得以进步，但认清一个旧模式在何种准确的条件下被采用，亦是理论进步所不可或缺的。凯恩斯（J. M. Keynes）的一般理论的原创性，基于多个不同因素：提出问题的状况（所谓持久失业现象）；从某个崭新的方案出发，重新再获得一个古典理论，而此理论是在充分就业的假设中有效的特别例子；几件具体事实（名目工资的固定）的被决定为必须；与传统理论中经济人的理性心理不同的企业家心理[1]。只有能同时考虑这些在事实上及方法上各种不同因素的人，才可以发现《通论》[2] 的贡献及意义。知识的理论，在社会科学的范围内是离不开知识本身的。所有主义，不论是自由主义或其他主义，如果以教条建立理论或模式，而其意义暧昧、其范围模糊，那么这种主义便从科学流入迷信（mythologie）。批评的良心在社会学或政治经济学上，构成了科学良心本身。

最后，**为现实祛魅的权利的不受限制**。于某个政体的概念及同一政治的实际运作之间，于在极权制度下所有人曾梦想过的民主制及后来在西欧建立起来的多党制之间，有一段不短的距离。但，在某方面，这种失望是无可避免的。所有民主制皆是寡头政治，所有制度的代表性都不是完美的，所有必须获得多方面的人或团体的赞同的政府，都得缓慢地工作，同时得把人性的愚昧及私心考虑在内。社会学家传授给学生的开宗明义第一讲，除了在他们信仰及献身的热情上浇冷水外，还必须告诉他们，从来没有过一个完美的政制。

学者同时地、无限地使用这三种自由的情况很稀有。如果他这样做，他可以说是很不近人情。社会科学的社群的作用，本来就是通过交流和互相批评，以创造符合这三种自由的情况。我以为是原始事实的东西，别人可能证明其中已经有诠释的成分在内。

1　凯恩斯主要的理论发表于 1935 年的《就业、利息、货币通论》（*General Theory of Employment, Interest and Money*）一书，认为在严重的经济低潮时，只有政府及大投资者有能力扭转局势，政府应大量创造工作机会，或补助私人投资以解救失业问题，只有充分就业始能避免经济低潮。

2　这里指凯恩斯的《就业、利息和货币通论》一书。

我以为是充满优点的制度，别人可能证明是后患无穷的。在社群之中及通过整个社群，社会科学得不放过任何事实，不会轻纵对任何价值的批评，而且得以同时积累各种知识与怀疑，并准确地、毫不容情地，把一般理论的真相所虚悬之处——所有外在条件及先决的假设——指出来。

于此，我们恍然大悟，这个自由的社会科学社群所追求的是什么，以及为何如此多的政府惧怕这个社群。只有科学的批评，才能阻止历史学或社会学从实证知识流入迷信。但很多政体，并不希望阻止这种转化的发生。

历史事件很容易被转化为迷信。因为这种事件十分接近我们，它们充满人性：我们不免会把这些事情解释为某些人物或团体的清楚而肯定的意志所引发的。这些人物或团体不是被视为天使就是被目为魔鬼，视乎后人认为他们曾散播的是无限的善还是无限的恶。二十世纪大部分的人，都不懂得如何解释那些不久之前被认为是奇迹的事：比空气重的东西能飞，影像及声音可以长距离传播。但是他知道这些现象是可以用理性解释的，只有童蒙才惊讶于电流的神奇。而资本主义、华尔街等，却是成千上万的成年人心目中的魔鬼。促使历史转化为迷信的，正是历史结构本身，是可理解的局部及谜样的全局之间的对比，是明显的人的意志的重要性及事件给予这些意志无情的但同样明显的否认之间的对比、是旁观者在义愤（他认为每个人都应为发生的事负责）与恐惧（我们似乎在面临一次非人性的厄运）之间的彷徨。

如果掉以轻心，学术的概念便极易变成在一个神话世界中活动的人物。只要我们把模型与真实混为一谈，只要我们忘记一些如资本主义或社会主义等名词所代表的各种分散现象的各种意义，这样，名词很快便会取真实的位置而代之。我们不再面对人和制度以及人的行为和制度的结构内存的意义，而是面对一种神秘的力量，这种力量保存了我们给予某些名词的意义，但却与事实失脱关联。历史从此变为抽象的伟大的"历史"，是抽象的伟大的"观念"的崇高战斗的场地。历史科学不会把超个人的整体所具的神秘性除掉，但却会除去这种神秘性的诗情画意。学者对群体变化的讨论，并非宣扬怀疑主义或不敬，而是禁止把尘世的事神化，把被人或政权提升为神祇的事物重新带回尘世。

社会科学如果不止于研究行政技术的问题，而贯彻它们的任务，政府自然会感到不安。

就算社会学家或历史学家不敢或不能碰古代或现代的恺撒政体的性质问题，就算他把研究只限于异于本国的制度，但是研究者不可能不因此而了解，同样的方法亦可施用于本国的强人，而且这方法把这些强人头上闪着完美、无错的光芒的圣圈，弄得黯然无光。而我们，难道就不是为了害怕被指为反民主，而在分析议会制度时，驻足于现今欧洲制度之前不敢跨越雷池半步吗？

学术不会告诉我们应该赞成民主，亦不会告诉我们，在本世纪中，摆在眼前的民主制比其他任何实行的政体为优越。学术向我们指出的，是一党制的各种政体的无限危险性。对属于悠久的大学传统的学者而言，这些政体无限地危害着他视为神圣的价值。学术告诉我们，多党制能提出一些相对的保证，确保个人权利受到某种尊重，以及权力及权力的运用所具有的宪法性质。学术亦同时告诉我们这种政体内在的危险：如果多数党不能产生的话，行政部门即会不稳定；如果政党之间与阶级之间的斗争超过某种暴力的限度，社会便会瓦解；如果所有团体，所有个别利益都过分强烈地争取自己的利益，当政的人即陷于瘫痪状态。

往往，人们担心政治科学会对民主制带来不利，因为政治科学把民主制赤裸裸地呈现出来，其不可避免的资本主义性格的不完美因而尽露眼前。我毫不担忧这种危险。请勿忘记，基本上，民主制是唯一能做如下公开承认与宣称的政体：国家的历史是，亦应该是，以散文而非诗句写出。

※

无论讨论的是学问或政治，韦伯所对准的是同一目标：厘清一种活动本有的伦理，而这种活动与其目的性（finalité）必须一致。学者必须抑制本身与研究对象间的感情关系，以及一切自然地在他心中浮起的价值判断。这些价值会左右研究者对社会的态度，无论是他所探讨的社会或他身处的社会；对于后者，他会因而希望保持它，或毁灭它，或改变它。韦伯向选择学术为志业的听众所揭露的、以学术之名责令他们承担的，是一种悲怆的情况：接受实证研究的无定限的性质；同时，为了进行一种尚不知名的探索，必须祛除掉自然世界与人的世界的迷魅。

在韦伯眼中，行动的悲怆性在于两种伦理的对立：责任伦理及心志伦理（morale de la conviction）。我或者顺从我的信念——和平主义也好、革命主义也好，无关痛痒——而毫不顾虑我的行动后果。又或者我以为该为自己的行动负责，就算我并非蓄意这样行动。因此所有良好的动机及单纯的心意，皆不足以为行动者辩护。

同时，韦伯着意地强调，人的计划与人的行动的后果之间有差距。某一代人自由地选择的事物，对下一代来说是不可逆转的命运。清教徒选择为志业而活，而今天的人却不得不如此。人所希望的情形与他们被迫接受的情形之间永恒的距离，是我们无法怀疑的。让我们回想 1932—1933 年许多德国青年的热诚信仰，然后再追忆纳粹主义的恐怖行为。是的，历史就是人类创造一段他所不知道的历史的一场悲剧。政治行动是一种百折不懈的努力，使得行动采取于理性清明之际，以及行动原有的动机不会被其后果背弃。假如政治行动不是若此，它便不值一谈。

行动者的道德，就是责任的道德。我们不能轻率地对待这句话。这个肯定，排除了对康德式的形式伦理准则的屈服，以及对基督《山上训词》的超凡命令的顺从。国家在一个特定团体之中，是垄断合法暴力的组织。走上政坛，就是参与以权力——影响国家亦因而影响这个团体的权力——为赌注的各种纷争。一旦走上政坛，人必须屈服于采取行动的规律，就算这些规律违反了他心底的喜恶，或违反了十诫。参政就是与地狱的力量缔结协议，迫使自己委身于单求效率的逻辑之中。

韦伯写《政治作为一种志业》一文时，第一次大战刚结束，他所针对的是什么人呢？我以为他主要针对两种人，一种是我们在法国称为基督教式和平主义者，另一种是以革命为原则的革命分子。对第一种人，韦伯个人是十分尊重的，但他指责他们没有顾及他们言论的后果。把所有的责任推诿到他的〔韦伯的〕国家身上，并不能重建国际间的和平。把战败国的道德地位削弱及签订不公平和严苛的条约，只会阻扰局势的缓和与和解。对于第二种人，他所指责的是他们把一个正当的目标——改变经济和社会体制——改头换面，变成一种绝对的价值。因此，在虔信者眼中，革命的代价永远不会是过高的。

在今天，韦伯关于基督教式和平主义者的讨论，我以为已失去其意义。在目前这个几乎经常处于战争状态中的世界里，已没有这样的和平主义者。以这种姿态出现的人，大部分得掩饰其政治性强于其精神性的立场。今天，较有力的该是反省后的和平主义，即以为对战争的主要受害者——战地的居民——而言，现代战争无论如何都是一场大灾祸；这是一个合理的信念。但这个信念还不能成为和平的因素，除非所有政治家、各国的人民都持有同一信念。

至于韦伯反对的革命主义者，以前他们主要是理想主义者，其中有较接近基督教式和平主义者，有较靠拢无政府主义者或乌托邦主义者。今天，革命分子是颠覆活动与专制的技术人员，但他们的思想仍旧不出"至福千年说"（millenarisme）的框框。他们给予一个事件——革命——一种独特唯一的价值，把革命置于人类历史的亘古巨流之外。在抽象伟大的"历史"蜕变之前，一切都是不可能的。而于此之后，一切即可能了。为了达到这个至高的目标，任何手段都可以用。反正，这个目标是历史上不可避免的。

我们可毫不费力地猜想到韦伯对这种哲学的反应。他可能会说，西方社会可能必然地（或更准确地说：很可能地）向一个集体财产或规划化的政体发展。[1]但我们不能在事前假设，同一政党必然地在各国完成这个转化过程。至于这种政体的利弊，我们可详加讨论，但学术并不允许我们肯定甚至相信，这种政体的好处，是美妙到能永远地改变人类社会数千年来的特征的地步。

这论据不会动摇虔信者的信念，但却能把他们的真面目完全

1　三十年前韦伯并不相信此点。他以为演化的必然趋势是理性化（rationalisation）与官僚化（bureaucratisation），而不是某种特定的财产制或调整。——原注

地暴露出来：他们仗恃着科学，而他们的信仰却披着用一种过时的科学及庸俗化的哲学编织出来的、华丽俗气的敝衣。韦伯的研究本可带来对历史的广阔透视，然而，他从中得到的，却是一个简朴的信息。他并不提出关乎未来社会的问题，而是驻足于当前要务之前。这个要务，在三十年前，就是政治的重建，国家的重建。

他的一些分析直接涉及特定的历史情况，今天已部分地丧失其时间性。他把德国灾祸的责任，主要归咎于德皇。敌视德皇的情绪，一直困扰着他。他以为威廉帝国的失败主要原因之一，是政治领袖来自官吏。而"国会化"（parlementarisation）会把实际的责任转移至议院，因此应能让精力充沛、战斗力强、充满力量和斗志的人物，有更多获得权力的机会。

韦伯追踪了一个社会阶层、一种人历经数世纪的发展。他称这种人为职业的政治人，即从政治中获取生计的人。这种人不只依赖政治为生，而且亦为了政治而活。僧侣、文人、宫廷贵族、英国的贵族、法律家，于不同时代及国度中，曾在君主、传统贵族与资产阶级之间的关系中（这些关系因国而异），占着首要的地位，因而决定了这些团体之间的联盟或纷争。于此，我不再赘述韦伯在这方面非常有名的分析。我只强调一点，而这点亦是韦伯自己相当重视的，那就是两种政党的决定性对比：名门望族的政党与群众的政党，而在这个时代而言，法学家或律师、国家的官吏或党工人员以及名门望族即为主要的政治人类别。

今天的情形又如何呢？名门望族政党与群众政党的对立，在某些国家已几乎完全消失，如英国的保守党已变成与工党差不多性质的群众政党。但在德国和法国，这种分别仍然存在。〔法国的〕激进社会党和独立党，并不是像 S.F.I.O. 一样的群众政党，在某种程度上，甚至不如 M.R.P. ；而 C.D.U.[1] 却似乎保留了名门望族政党的一些特色，虽然有人努力尝试把它变为群众政党的组织。群众政党组织的需要与否，视社会的都市化程度及投票方式而定。在目前这个阶段，西欧的右派政党及左派政党的结构分歧正在逐渐减少，但还未到完全消失的情况。

随着政党结构的分异而来的，是选拔政治领袖方式的差别。选拔领袖，对所有的政体而言，尤其对民主政体，是决定性的一环，关系着成功与失败。在德国，主要的领袖仍属于希特勒之前的一代，因此他们大部分的生命，若不是在威廉帝国下度过，就是在魏玛共和之下度过。在法国，领袖大部分是第三共和的遗老。他们长时期扮演了二等角色后，自 1945 年开始，跃升首席。除他们以外，还有几个在抗战期间或在戴高乐运动中冒出来的人物。法国与德国不一样，几乎没有政治领袖出身自政党或工会的官吏。

学者如果想参政，主要的阻难来自政党的纪律与教条。世界上没有任何一个国家，在任何一个时代里，会有社会学家或经济学家相信政党的政纲的字面意义，不论是哪一个政党。如果入党，他们能做到的，用最好听的话来说，就是十分广义地运用在宗教上所谓的象征性诠释。在争权的过程中，没有反对党会不用不公平或捏造的论据来批评政府，他们指责政府没有成功地完成一些

---

1 S.F.I.O. (Section française de l'Internationale ouvrière) 工人国际之法国本部，即 1905 年饶勒斯（Jean Jaurés, 1859—1914）创立之社会党。1920 年，S.F.I.O. 内部分裂，左派成立参加第三国际之法国共产党，由布鲁姆（Leon Blum）领导的温和派则仍保留 S.F.I.O. 之名称，为法国主流的社会党。

M.R.P. (Mouvement républicain populaire) 群众共和运动，为第二次大战后成立的新政党，主要由基督教民主派组成，是天主教左派的政党。

C.D.U. (Christlich Demokratische Union) 德国基督民主联盟，创于 1945 年。

没有人能完成的事业，或者做出了任何人都不得不做出的让步。就是在这一点上，希望活跃于政坛的学者，会体验到经常的紧张。

这种紧张性的强弱，视乎讨论的不诚实程度，程度的高低因国家而异，因党对其党员在纪律上的要求不同而异，亦因时而异。对学术与政治的关系这个很个人的问题，我们每人都有自己的答案。但参与国会工作的人，并不能享受这全部的自由。为学术而献身的人，无条件地找寻真相；为政治而献身的人，却往往不能忍受道出真相。

今天对党的顺从，可能已没有二十年前那么绝对了，这是由于怀疑主义侵蚀了党员的信仰。政党以本来的应有的面孔出现，它们是目的在于运用权力的组织，它们维护某些利益，同时也看得出来，如果当权，它们会以模糊的一般概念来统治人民。不幸的是，政党在教条上所赢得的灵性，却有时在时事争议上以过分强烈的冲突来补偿。

韦伯对民主式的招募选拔的质量，早已表示担忧。没有财产的人若投身政治，除了要承受职业的风险之外，还要体验到经济上的不安全。似乎，在目前的德国，大部分的政治人物都保留着，而且必须保留，他们原有的职业或副业，往往是官吏式的职业。只有政党党工人员，才是没有其他职业的职业政治人。而国会的运作已极端地形式化，诡变莫测的斗争特色已荡然无存，再不能作为甄选的途径。一个人如果要攀升，他必须在政党里肯定自己的声望，而不是在国会中。在法国，政治生活保存了较多的不稳定和想象力，比较不可预料。偶然，某个人物会在党的边际上，而不是在党里，创造一番事业。目前德国的政治作风，似乎不能帮助一流的人物脱颖而出，即韦伯所梦寐以求的群众政治家、那些同时献身于政治并从中获得生计的人、那些奇妙地把清醒的热情、责任感与节制集于一身的人。

但是，可能韦伯对现代民主制的政治家要求太高了。在他的想象中，最优秀的政治家应该拥有某种卡理斯玛的权威。的确，各种权势的匿名、领导人的平庸、麻木的群众的消极被动所带来的腐败，恒常地威胁着民主制。在悲剧性的情况下，当国家的生命受到牵连或宪法需要重建，人民往往希望找到一个可信赖的人，同时又希望服从法令。就在此时，群众政治家建立他的声望。罗马共和称这种人为独裁者，而以前的政治作家则称之为伟大的立法者。现存的政体，在危急之际，会让有能力救国的人冒出来。在平静无事的日子里，民主的领导人是诚实的行政者，有时是良好的组织者，更常见的是调解专家。若是他们有大政治家所具有的远大的眼光、敏锐的洞察力、清醒的热情等，则是我们合理地不敢过分冀求的幸运。

附录三

韦伯论帝国总统[1]

译者导言

1918 年 11 月，德国在战败及内乱交相煎熬下，宣告结束帝制，成立共和，并由当时最大的政党社会民主党（SPD）党魁艾伯特（Friedrich Ebert）组成临时政府。次年 1 月，全国选出四百二十一名代表，2 月开始假魏玛（Weimar）召开国民会议。国民会议于 2 月 11 日选出艾伯特担任第一任帝国总统（Reichspräsident），并于 2 月 24 日由蒲罗伊斯（Hugo Preuss）提出新宪法草案。经过五个多月的讨论，国民会议于 8 月通过新宪，史称魏玛宪法，是为魏玛共和的体制骨架。

笔者在此不拟叙述魏玛共和的悲剧历史，也无法讨论魏玛宪法关于总统权力的特色，以及这些特色和后来希特勒的"合法"上台究竟有多少关系。但魏玛宪法第四十三条规定，帝国总统由人民直接选举产生，却与当前一些国家要求"总统民选"的呼声

---

1 译者导言及译文原发表在《当代》杂志 48 期，1990 年 4 月。

不谋而合，特别值得我们注意。

魏玛宪法起草者提出总统民选的规定，背后有其关于民主理论以及德国现实的一些考虑。这些考虑是否能成立，容有商榷的余地。但是笔者不讳直言，今天在这些国家主张总统民选的政客、学者以及一般民众，思虑的周详和深度恐怕尚不及魏玛制宪者的皮毛。如果碰到宪政体制这样的问题，还是以多吸取历史经验为宜。这是笔者移译韦伯这篇小文章的用意所在。

当年在德国主张总统民选的人物之间，韦伯是首倡者，也是理论上的导师。这篇于 1919 年 2 月 25 日（也就是蒲罗伊斯提出新宪草案的次日）在《柏林金融时报》（*Berliner Börsenzeitung*）上发表的文章，虽然仅以德国现实状况为立论根据，但其视角却来自韦伯对民主制度在现代社会中的特殊意义的分析。

照古典的民主理念，民主旨在人民的权力，肯定人民是国家主权所在，使政治权力从属于人民的同意，甚至表达人民的公共意志。对这类他称为自然法传统的民主观，韦伯以为极为不足。

这不是说韦伯否定了民主所蕴涵的价值性信念，而是他发现民主在近代社会中尚发挥一种完全不同却更具分量的功能。民主不只是人民获得权力的途径，同时也是统治者取得权位，加强己身正当性的工具。古典民主理念只知从被统治者的立场去了解民主，却忘了从统治者的立场去体会民主的妙用。

照韦伯的看法，在近代群众政治的格局中，民主有两层功用。第一，具有特殊卡理斯玛（Charisma）的人物，可以摆脱或独立于政府及政党官僚体系，扮演"选举战场上的英雄"，成为群众中心服从的领袖。韦伯鉴于官僚化对政治生活的窒息效果，非常重视由卡理斯玛型领袖担任政治上既能开创又能负责的角色。这种领袖可以打破世族门第、地方山头、利益团体、意识形态政党的政治垄断，开启政治上的新兴活力。基于这方面的考虑，韦伯要求扩大民主，但目的不在于人民的"人权"，而是为了新领袖的出头和飞黄腾达。

第二方面，一旦这种领袖上台，并且继续保有大量的人民支持，便不啻获得了强大的托付（mandate），让他有足够的正当性去面对官僚行政体系、国会、社会上的各种利益团体、地方山头等。韦伯非常重视帝国总统由人民直选，原因完全在此。人民直选的总统才有力量去推行重大的政策，去摧毁社会上旧势力的割据状态，去压制特殊阶级政党以及特殊利益团体的扩张。说到底，韦伯的终极目标是德国的统一和强大，他相信唯有民选总统才能带领德国走上这条路。他强烈主张总统直选，但他的考虑不是人民的"民权"，而是强化领袖权力，使他能解决德国的现实问题，完成德国的民族目标。

在韦伯这篇小文章中，我们可以清楚看到，他主张总统民选的七项理由，无一不是为了加强帝国总统的权威，无一是为了人民的"自主""自决"或其他民主口号。当时德国的联邦参议院（Bundesrat），是代表各邦封建势力的堡垒；国会（Reichstag，帝国议会）虽以代表整个德国（Reich）为旨，却因利益团体、政治旧势力以及（这是韦伯最看重的）阶级性意识形态政党（影响强大）变成了各种特殊声音谋求己身利益的讲坛；1871年德国虽在普鲁士的霸权下统一，但普鲁士的盟主地位并不等于德国的一统。这些因素使然，韦伯认为唯有"背后有千百万张选票撑腰"的民选总统，才能达成德国的真正团结统一，并且达成最大的政党社民党所要求的公有化经济改革。

韦伯这篇文章原题 "Der Reichspräsident"，收在 Max Weber, *Gesammelte Politische Schriften*, 4Aufl（Tübingen, 1980），S.498—501；英译见 "The Reich President", *Social Research* Vol.53（1986），pp.125—32。德文中 "Reich" 一字甚难译为中文，爰依惯习，译为"帝国"，因此会有"帝国总统"这样看来不通的名词。翻译中间，译者曾向顾忠华先生及夫人请教，谨此致谢，但任何错误应由译者自行负责。

帝国总统（韦伯）

第一任帝国总统，已由国民会议选出。未来的帝国总统，绝对应该由人民直接选举产生。这个主张，关键性的理由如下：

（一）既然各自治邦人民所产生的政府，也就是握有统治权力和国家力量的各邦政府，显然不可能放弃插手帝国政策，尤其是帝国之统治运作的机会，联邦参议院一定会在某种形式下保留在新宪法中，不论改称什么名字或权限有怎样的调整。这种情况下，设立一个不经中介，明白地以全体人民意志为基础的国家元首职位，殆属完全必要。各种职位均已取消间接选举产生方式，为何这个正式言之居于最高的职位却要保留间接选举？这确实可以说是嘲弄民主原则，方便了国会里面的暗盘交易，并且令帝国的一统变成无聊空话。

（二）唯有一个背后有千百万张选票撑腰的帝国总统，才有权威去推行公有化。要知道，所谓公有化，其实就是行政管理化，因此，法律条文完全不会达成目的，可是一个组织紧密而统一的政府却无往不利。至于推行公有化，是仅涉及必要的财政金融安排，抑或如社会民主党所言，是经济体制的改造，实际上并不重要。未来经济体制的决定，并不是帝国宪法的责任。宪法只需为政府所需面对的各种可能任务——包括以上所言者，创造出施展的空间和条件。切望社会民主党，不可因一套错误的、小资产阶级的、假民主的想法，遽尔否定这些要件。愿他们记得，即使是频见讨论的群众"专政"，也需要一个"专政者"，一个由群众选出来、获得群众信赖的人，同时只要这种信赖存在，群众便对他服从听命。无论是合议制的最高领导机构或是国会推选出来的最高领导人，均绝对无法让政府形成一元的领导，但若没有这种统一的领导，我国经济在任何基础上的重构均无可能。若最高领导机构行合议制，较大的邦以及较大的政党均会要求有自己的代表参加；最高领导人若由国会产生，法国总统那种凄惨的无能状况便会上演。我们必须确保，一旦帝国总统企图干犯法律，或是行独裁统治，"吊绳与绞架"会出现在他眼前。若有必要，也可规定皇室成员不得担任总统，以免借全民投票造成复辟。可是帝国总统一职，必须有自己的牢固民主基石。

（三）唯有人民直接选举帝国总统，才能形成挑选政治领袖的机会和时机，因而促成政党改造组织方式，取代以前名门望族当道的过时体制。如果这套体制继续存在，政治与经济方面属于进步的民主制度在可见的未来便会告终。这次选举已经证明，老职业政治家在各地均能不理会选民大众的心意，排除这些选民所信任的人物，推出过气旧人。结果，最好的人才根本不愿一顾政治。唯有人民直接选举最高的帝国执事者，才能为这个僵局找到一条出路。

（四）这种需要，又因比例代表制的作用而更形迫切。下次选举时，一个目前已现端倪的现象就会全面出现：职业团体（乃至于拥有房产的人，拥有文凭证书的人，领固定薪资的人，以及各式各样的"团体"）会迫使政党以得票为重，将这些团体的受薪干部排在候选人名单之首。国会会因此变成一个组合（Körperschaft），在内部决定其基调的人物非但毫不关心全国政事，甚至囿于其本质，会根据经济利益团体的"强制"指令行事。这样的国会，将是一个庸俗者的国会，完全无足以成为挑选领袖人才的场所。这一点，在这里必须公开而坦率地指出来。如果我们再考虑到联邦参议院的决议在颇大程度上对首席部长（帝国总理）有约束力，那么这一点便不啻对国会本身的纯粹政治意义构成了无可避免的局限。欲使国会保有这种意义，一个以民主的民意为基础的抗衡力量乃是绝对的必要。

（五）针对地域主义的倾向，也迫切需要一个凝聚了帝国一统理念的职位。纯粹区域性的政党之发展，是否会延续下去，我们尚不知道，但是这种心向确实存在。长久以往，国会内多数派的形成以及帝国部长的组成，都一定会反映这个趋势。选举方面走上由民选产生帝国总统的路子，有助于遏制这个趋势的片面蔓延，因为各政党将被迫以全国为范围发展统一的组织、统一的观点，一如民选的帝国总统本身，对于不幸必然存在的联邦参议院构成一个维护帝国一统的平衡力量，而又不至于有侵犯各邦之虞。

（六）早先，在威权制国家下，鼓吹增加国会多数党的权力，以便提升国会的意义和地位，是有其必要的。可是到了今天，情况是所有宪法草案都着迷在一种迹近盲目的信仰中，认为多数——不是人民的多数，而是国会议员的多数——不会犯错，无所不能。这是另外一种偏锋，可是却一样违反民主。我们应该秉持一贯原则，对民选总统的权力加以限制，同时确保唯有在一时性的危机无法解决时，他才能干涉帝国的运作（运用搁置否决权，或是对常务次长下指令），其他情况下，均只能使用公民复决（referendum）。不过，我们必须让他借直接民选，双脚站在属于自己的基础上。否则，只要遇到国会危机——既然政党至少也有四到五个，这种危机为数不会少——帝国的整个架构都会震撼。

（七）唯有一位由人民选出来的帝国总统，才能在柏林与普鲁士的领导阶层分庭抗礼，扮演非仅止于纯粹被包容的角色。几乎整个的任官权，尤其是所有与人民在日常发生接触的内政官员之任命，军官方面至少下级者大概也不会例外，均操诸个别邦政府手中，因此也操在普鲁士领导阶层手里。这种情况下，帝国总统若不是由全民选出来的，面对普鲁士的领导者时，他能扮演的角色其实非常寒伧。普鲁士在柏林——进而在整个帝国——的霸权会再度出现，并且于其地域主义的形式更具有危险性。

国会议员不情愿以自我贬抑为奉献，让选择帝国最高领袖的机会由手中失掉，完全可以理解。但这事必须实现，同时朝向这个目标的趋势不会松缓停止。别让民主把这项针对国会的煽动武器，交到民主的敌人手里。当年的君主们，在时机到来之际，对自己的权力施加限制，让国会代议制发达，其行事不仅高贵至极，并且也明智至极。愿国会能同样地主动认可民主的大宪章：直接选举领袖的权利。只要部长仍然严密限制在国会的信任范围之内行事，国会让出总统选举权，并不值得遗憾。因为民主的政党生态，随着这种人民直选而告发达成为蓬勃潮流后，对国会反有好处。一个总统，当选时若需依赖政党之间在国会里的特定组合或结盟关系，那么一旦这个关系改变，便不啻是个政治上的废物。但是一位人民普选产生的总统，身为行政部门的首脑，握有分派官位的大权，必要时尚可运用搁置否决权、解散国会权以及公民复决权，却是真正民主的守护者。毕竟，所谓民主，意思并不是软弱地屈从于派系小团体，而是服从人民自己选出来的领袖。

译名对照表

Althoff, Friedrich 阿尔特霍夫

（1839—1908）德国学者兼政治家。原任斯特拉斯堡大学法律教授，1882年到 1907 年在普鲁士教育部任参事官及高等教育司司长，对德国高等教育有很大的影响，二十五年任期被称作"阿尔特霍夫时代"。他与韦伯个人的关系，可参见《韦伯传》中的记述。

Aristotle 亚里士多德

（前 384—前 322）希腊大哲学家，师承柏拉图，但逐步发展出自己的思想体系。重视逻辑及经验性知识。

Augustine, Aurelius 奥古斯丁

（354—430）中世纪基督教会最重要思想家之一，一度曾改信摩尼教，后又回到基督教，曾任北非希坡（Hippo）大主教。以《忏悔录》《上帝之城》及其他重要神学著作，对基督教思想产生重大影响。

Bacon, Francis 培根

（1561—1629）英国哲学家、散文作家及政治家。他著有《学问之增进》《新工具》等书，倡归纳法及经验论，并推崇实验精神。

Baudelaire, Charles Pierre 波德莱尔

（1821—1867）法国诗人及评论家，以《恶之花》诗集知名。他的基本主题是美与恶的共存不可分。

Baumgarten, Hermann 鲍姆加腾

（1825—1893）历史学家，斯特拉斯堡及卡尔斯茹（Karlsruhe）等大学教授，

韦伯长姨之夫。

Baumgarten, Otto 鲍姆加腾

（1858—1934）神学家，1894 年到 1926 年任基尔（Kiel）大学教授，韦伯长姨之子，曾与韦伯在海德堡大学同学。

Bebel, August 倍倍尔

（1840—1913）德国社会民主党创始人之一，该党最重要的领袖，曾遭俾斯麦囚禁两年，这反而增加了他在群众心目中及社会民主党内的地位。

Bekker, Ernst Immanuel 贝柯

（1827—1916）罗马法教授，曾任海德堡大学校长。

Bennigsen, Rudolf von 本尼希森

（1824—1902）德国自由党的领袖，自 1867 年国家自由党成立即任党魁。

Bernstein, Eduard 伯恩斯坦

（1850—1932）德国社会主义者，"修正主义"的创始人。

Bethmann-Hollweg, Theobald von 贝特曼—豪威克

（1856—1921）1909 到 1917 年间帝国总理。

Binding, Karl 宾丁

（1841—1920）德国法学家与历史学家，曾任莱比锡等大学教授，属于德国历史学派，主要著作为：*Die Normen und ihre übertretung*（1872—1920）。

Bismarck, Leopold von 俾斯麦

（1815—1898）普鲁士政治家，普法战争得胜后建立统一的日耳曼帝国，任首任总理，号称"铁血宰相"。后因与皇帝威廉二世不合，遂去职。

Brentano, Lujo 布伦塔诺

（1844—1931）曾任布列斯劳、斯特拉斯堡、维也纳、莱比锡、慕尼黑等大学经济学教授，"讲坛社会主义者"。

Bukharin, Nikolai 布哈林

（1888—1938）俄国布尔什维克领袖之一，曾先后主持苏共《真理报》及共产国际，最后以叛国罪名而遭整肃。

Bülow, Bernhard von 毕洛

（1849—1928）1900 至 1909 年德国联邦总理。

Calhoun, John C. 卡尔霍恩

（1782—1850）美国政治家，1825 年到 1829 年曾任副总统，后来又成为杰克逊的副总统。和杰克逊交恶后，他成为参议员。他代表南方利益，支持奴隶制度。

Calvin, Jean 加尔文

（1509—1564）法籍神学家，宗教改革的重要人物，是近代新教思想的奠基者之一。

Capelle, Eduard von 卡佩勒

（1855—1931）德国海军将军，提尔皮茨的继承人。

Catiline 喀提林

（大约前108—前62）罗马政治家，曾据执政官职任，和西塞罗及保守派冲突。

Chamberlain, Joseph 张伯伦

（1836—1914）英国政治家。本事商业，1873年任伯明翰市长，1876年以自由党身份进入国会，曾在葛莱斯顿政府中担任职务。1886年，为了爱尔兰自治问题，和葛莱斯顿决裂，另外成立统一自由党，鼓吹爱尔兰和英国的"统一"（union）。1895年，他终于参加保守党政府。

Chandragupta 旃陀罗笈多

（前321—前298）印度皇帝。

Channing, W. E. 钱宁

（1780—1842）美国牧师，禁酒论者，美国三一教会联盟的创始人。

Cicero, M. T. 西塞罗

（前106—前43）古罗马演说家、政治家、哲学家，他的作品被视为古拉丁文的典范作品。

Cleon 克里昂

（？—前422）雅典商人阶层头一位代表性的政治家，公元前429年伯里克利死后，成为雅典民主的领袖。

Cobden, Richard 柯布登

（1804—1865）英国政治家，曼彻斯特学派的政治代言人，主张自由贸易，组织反谷物法同盟；1841年进入国会。

Comte, Auguste 孔德

（1798—1857）法国哲学家，实证主义的创始人，首创"社会学"一词，常被视为社会学的奠基者。

Dilthey, Wilhelm 狄尔泰

（1833—1911）德国重要哲学家及思想史家，曾任柏林大学教授。首创精神科学（Geisteswissenschaften）之独特与自主，以与自然科学相抗礼。

Disraeli, Benjamin 狄斯雷利

（1804—1881）十九世纪英国政治家，近代保守党的缔造者。他曾出版小说。1837 年进入国会，1867 年改革法案之通过，居功厥伟。1868 年担任首相，但同年即遭葛莱斯顿推翻。1874 年至 1880 年间再组政府，但又遭葛莱斯顿击败。

Dostoyevsky, F. 陀斯妥耶夫斯基

（1821—1881）俄国最伟大的作家之一。在他的名著《卡拉玛佐夫兄弟》（The Brothers Karamazov，1879—1880）中的《大法官》一章，对韦伯有深刻的影响。"因此，韦伯全心注意陀斯妥耶夫斯基，是无法避免的。我不记得有任何一个星期日讨论会没有提到陀斯妥耶夫斯基的名字。"Paul Honigsheim, On Max Weber（New York, 1968），p.81.

Droysen, Johann Gustav 德罗伊森

（1808—1884）普鲁士历史学家、哲学家、政治家，曾任基尔等大学教授。

Dürer, Albrecht 丢勒

（1471—1528）德国画家、雕刻家。

Durkheim, Emile 涂尔干

（1858—1917）法国社会学家，与马克思及韦伯并称为近代社会科学的创始人。

Ebert, Friedrich 艾伯特

（1871—1925）德国成立共和后第一任总统。他本为社会民主党国会议员，1913 年起任党魁。1918 年革命后他领导共和政府，敉平 1920 年的右派政变。

Fichte, J. G. 费希特

（1762—1814）德国哲学家，为康德与后起的德国古典唯心主义者黑格尔、谢林之间的桥梁。

Fischer, Kuno 费歇尔

（1824—1907）新康德派哲学家，曾执教于耶拿（Jena）大学及海德堡大学，以研究近代哲学史知名。

Förster, Friedrich W. 佛斯特

（1869—1966）德国教育家，从第一次世界大战开始，即积极致力于和平运动。纳粹当政时曾流亡美国。他曾任慕尼黑大学教授及巴伐利亚共和国外交官。

Fox, George 佛克斯

（1624—1691）苏格兰宗教改革家，贵格派的奠基者。

Freud, Sigmund 弗洛伊德

（1856—1939）奥地利心理医师，首创心理分析，对近代思想有莫大影响。

Garfield, James A. 加菲尔德

（1831—1881）美国第二十任总统，属共和党籍，当选后旋遇刺殒身。

George, Stefan 格奥尔格

（1868—1933）诗人、翻译家、作家，十九世纪末叶及二十世纪初德国最重要的诗人之一。他曾领导所谓的"盖欧克派"（George-Kreis），企图以古典精神及一种唯美的人文主义对抗写实主义、民主和启蒙意义下的进步。韦伯在《学术作为一种志业》中，曾攻击他的神秘的唯美论。

Gervinus, Georg Gottfried 格维努斯

（1805—1871）文艺批评家、历史学家，曾任哥廷根、海德堡等大学教授。

Gibbon, Edward 吉本

（1737—1794）英国历史学家，以《罗马帝国衰亡史》（*The History of the Decline and Fall of the Roman Empire*, 1776—1788）知名。

Gladston, W. E. 葛莱斯顿

（1809—1898）十九世纪英国政治家，1868 年到 1894 年之间支配自由党的人，曾四度担任首相。葛氏以演说出名，具有强烈的宗教信仰，强调道德，被推为维多利亚时期德性的典型代表。对英国的社会福利政策和进步政治有很大的贡献。

Gneist, Rudolf von 葛奈斯特

（1816—1895），法学家，1844 年开始任教于柏林大学。

Goethe, Johann Wolfgang 歌德

（1749—1832）剧作家、诗人、小说家，德国文学最杰出的代表人物，继承启蒙运动，又光大德国浪漫主义，对整个欧洲文化思想产生了重大的影响。

Goldschmidt, Levin 戈尔什密特

（1829—1897）法制史与经济史专家，曾任海德堡大学及柏林大学教授。当他在病中时，他的学生韦伯代理过他的课。

Gomperz, H. 贡珀茨

（？—？）韦伯曾提到贡珀茨的一本著作：*Über die Wahrscheinlichkeit*

der Willensentscheidungen（1904）；除此以外，我们没有找到关于此人的资料。

Gothein, Eberhard 葛特汉

（1853—1923）史学家、经济学家、政治学家，曾任卡尔斯茹、波昂（Bonn）、海德堡等大学教授。

Grant, Ulysses 格兰特

（1822—1885）共和党籍，1869—1877 年间美国第十八任总统。

Gross, Otto 格罗斯

（1877—1920）弗洛伊德的最得意门生，后精神崩溃而死。

Gruhle, Hans Walter 格鲁勒

（1880—1958）精神病学家，曾执教于海德堡大学。

Gundolf, Friedrich 龚朵夫

（1880—1931）文学史家，海德堡大学教授。盖欧克派重要人物。

Hegel, G. W. F. 黑格尔

（1770—1831）德国哲学家，继承并转化了西方理性主义的思维传统，对后起西方思想有决定性的影响。

Hensel, Paul 亨泽尔

（1860—1931）哲学家，曾任海德堡及厄兰根（Erlangen）大学教授。

Helmholtz, Hermann von 赫尔姆霍茨

（1821—1894）德国科学家，长于物理学、生物学、数学及哲学，在好几个领域都有重要的贡献，曾任海德堡大学及柏林大学教授。

Heuss, Theodor 霍依斯

（1884—1963）政治家、历史学者、作家，1949—1959 年曾任德意志联邦共和国总统。

Hervey, W. A. 赫维

（1870—1918）哥伦比亚大学德文系教授，曾在莱比锡（Leipzig）求学。

Hindenburg, Paul von 兴登堡

（1847—1934）德国元帅，并曾任德国总统（1925—1934）。第一次大战期间，他曾指挥德军获得坦能堡（Tannenberg）大捷。大战结束后，他虽列名战犯，但未被起诉。1925 年任总统，1933 年，八十六岁的兴登堡任命希特勒为总理。

Honigsheim, Paul 霍尼希斯海姆

（1885—1967）社会学家及民族学家，曾执教于德国及美国。他的 On

Max Weber（New York，1968），提供了许多海德堡时期韦伯的生活材料。

Horkheimer, Max　霍克海默

（1895—1973）德国哲学家、社会理论家，是所谓的法兰克福学派批判理论的奠基人之一，也是这个学派组织方面的灵魂。

Hume, David　休谟

（1711—1776）苏格兰哲学家、历史学家，以经验论及怀疑论为其思想特色。

Husserl, Edmund　胡塞尔

（1859—1938）德国哲学家，现象学运动的创始人。主张对意识内容作纯粹描述性的研究，以发现经验的结构。他对二十世纪哲学有莫大的影响，至今犹不见衰。

Ibsen, Henrik　易卜生

（1828—1906）挪威剧作家。

Ihering, Rudolf von　伊赫林

（1818—1892）德国的罗马法学者，曾任哥廷根等大学教授，长于法学、哲学，影响十九世纪德国法学甚巨。

Jackson, Andrew　杰克逊

（1767—1845）民主党籍，1829 到 1837 年任美国第七任总统。他由西部农民及东部中产阶级、城市工人支持，代表向东部旧势力挑战的新兴力量。

Jaffé, Edgar　亚飞

（1866—1921）任柏林及慕尼黑大学经济学教授，曾在埃思纳的巴伐利亚邦临时共和政府任财政部长。

Jaspers, Karl　雅斯贝尔斯

（1883—1969）精神病理学家兼哲学家，二十世纪存在主义哲学重要人物之一，曾任教于海德堡大学及巴塞尔（Basel）大学。

Jefferson, Thomas　杰斐逊

（1743—1826）1801 到 1809 年间美国第三任总统。

Jellinek, Georg　耶里内克

（1851—1911）宪法学教授，曾执教于巴塞尔大学及海德堡大学。

Kant, Immanuel　康德

（1724—1804）德国哲学家，近代哲学最重要的人物之一，以所著三大批判知名。

Kapp, Friedrich 卡普

（1824—1884）生平不详。

Karl V 卡尔五世

（1500—1558）西班牙国王，神圣罗马帝国的皇帝（1519—1556），哈布斯堡家族成员。

Kautilya 考底利耶

（？—？）印度旃陀罗笈多皇帝的重臣，著有《利论》。

Kautsky, Karl 考茨基

（1854—1938）德国社会主义者，在将德国社会民主党转为正统马克思主义政党上出力甚多。他反对伯恩斯坦的修正主义路线。

Kelley, Florence 凯利

（1859—1932）社会主义者、社会工作者；1893 年至 1897 年任伊利诺伊州工场督察员，1899 年开始任全国消费者同盟总书记。

Kierkegaard, Søren 克尔恺郭尔

（1813—1855）丹麦哲学家，近代存在主义思想的先行者之一。

Kistiakovski, B. A. 基斯佳科夫斯基

（1868—1920）俄国社会学家及宪法学者，1905 年革命时"宪政民主党"的领袖之一，是德国新康德主义哲学在俄国的代表人物，后流亡到海德堡。

Klebs, Georg 克勒布斯

（1857—1918）植物学教授，曾执教于巴塞尔、哈勒、海德堡等大学。

Knies, Karl 克尼斯

（1821—1898）1865 年至 1896 年间执教于海德堡大学。

Krupp, Alfred 克虏伯

（1812—1887）德国军火工业世家克虏伯家族的第二代。克虏伯家族是德国近代最大的军火及钢铁业大亨。

Lask, Emil 拉斯克

（1875—1915）新康德派哲学家，海德堡大学教授，第一次世界大战时战死。

Leonardo da Vinci 达·芬奇

（1452—1519）佛罗伦萨的画家、科学家、发明家。在他于 1651 年始出版的《论绘画》中，视艺术家与科学家皆为自然的观察者，但持经验论及理性数学方法。

Levien, Max 莱维恩

（？—？）生物学家，激进的俄国布尔什维克分子，曾参加1905年俄国革命。1919年4月慕尼黑苏维埃政府成立后，他是领袖之一。革命失败后，他回到俄国，后来被杀。1918年11月4日韦伯在慕尼黑演讲时，他在台下和台上与韦伯发生激烈的冲突。

Lieber, Francis 利伯

（1789—1872）德国激进爱国主义者，因激进共和思想逃离德国，在美国从事百科全书编译工作，并在大学执教，成为有名的政治理论家。

Liebknecht, Karl 李卜克内西

（1871—1919）德国社会主义者，曾因反战入狱，是社会民主党左翼的重要人物。后来他与卢森堡另组斯巴达克团，反对革命后的社会民主党政府。柏林暴动时他被捕，遭反动军官私刑枪杀，尸体在柏林运河中被找到。

Lincoln, Abraham 林肯

（1809—1865）美国第十六任总统，属共和党籍。南北战争爆发后，1863年宣布解放南方黑奴。战争结束后五日，林肯即遭刺杀。

Lotze, Rudolf Hermann 洛策

（1817—1881）德国哲学家兼生理学家，以《小宇宙》（*Mikrokosmos*, 1856—1864）一书知名，曾任莱比锡、哥廷根等大学教授。

Löwenstein, Karl 勒文施泰因

（1891—1973）政治学家、法学家，曾任教于慕尼黑、耶鲁等大学。

Löwith, Karl 勒维特

（1897—1973）德国哲学家，曾任海德堡等大学教授。他有许多重要的著作；在韦伯研究方面，他的 *Max Weber and Karl Marx*（London, 1982）至今仍享有盛誉。

Ludendorff, Erich F. W. 鲁登道夫

（1865—1937）德国将军，是第一次世界大战时兴登堡元帅的参谋长。1917年他迫使总理贝特曼—豪威克辞职，并逐渐控制政治领导。1918年德军失利后，他要求停战，数日后被解职，逃到瑞典。1919年回到德国后，他逐渐参与右派活动，接近希特勒，并曾在帝国议会中任国社党议员。

Lukács, Georg 卢卡奇

（1885—1971）哲学家兼文学理论家，二十世纪马克思主义哲学的最重要人物之一，号称"西方马克思主义"（Western Marxism）之父。

Luther, Martin 路德

（1483—1546）德国宗教改革家，新教运动的奠基者，对近代基督教思想有莫大的影响。

Luxemburg, Rosa 卢森堡

（1871—1919）波兰籍德国革命者，二十世纪重要的马克思主义理论家兼行动者。她本属德国社会民主党，第一次世界大战时和李卜克内西另组斯巴达克团，即为后来的德国共产党。柏林暴动时她被捕，遭反动军官私刑枪杀。

Machiavelli, Niccolo 马基雅维利

（1469—1527）佛罗伦萨政治家，近代政治理论的奠基人之一。从思想史上来说，他首度摆脱道德的范畴，从权力的角度讨论政治问题。一般认为近代"国家"（state）的观念由他开始。

Maecenas, Caius 梅赛纳斯

（?一前8）公元前一世纪时的罗马政治家，极端爱好文学艺术，恩护当时许多有名的文人。后世取他作为恩护文学艺术的慷慨财主的典型。

Mannheim, Karl 曼海姆

（1893—1947）匈牙利裔的德国社会学家，首倡知识社会学之观念。曾执教于匈牙利、德国和英国。

Marcuse, Herbert 马尔库塞

（1898—1979）德裔美籍社会思想家，法兰克福学派主将之一。

Marx, Karl 马克思

（1818—1883）德国社会主义者，近代共产主义思想的最主要人物，近代欧洲思想史上的关键性人物之一。

Maximiliam I 马克西米连一世

（1493—1517）神圣罗马帝国的皇帝，哈布斯堡（Hapsburg）王朝势力的奠基者，曾推行许多行政及财政方面的改革。

Mayer, Julius Robert von 梅耶尔

（1814—1878）德国医师兼物理学家，发现了"热的工作当量"，创立了能源不变法则。

Mehring, Franz 梅林

（1846—1919）德国工人运动领袖、历史学家和政论家，曾著有《马克思传》。

Meinecke, Friedrich 迈内克

（1862—1954）历史学家，曾任教于斯特拉斯堡、弗莱堡、柏林等大学，是德国历史主义的重要人物之一。

Michels, Robert 米赫尔斯

（1876—1936）曾任土林（Turin）、巴塞尔、罗马等大学教授，以所谓"寡头统治铁律"知名，为近代重要的政治社会学家。

Mill, John Stuart 密尔

（1806—1873）英国哲学家、经济学家，从功利主义立场发展自由主义理论，并深入探讨科学方法论，是十九世纪英国政治思想中最重要的人物。

Mommsen, Theodor 蒙森

（1817—1903）十九世纪最伟大的罗马史学者，曾任柏林等大学教授。

Montaigne, Michel 蒙田

（1533—1592）法国作家。

Münsterberg, Hugo 明斯特贝格

（1863—1916）哲学家兼心理学家，从 1892 年到 1895 年，又从 1897 年到去世为止，担任哈佛大学心理学教授。

Naumann, Friedrich 瑙曼

（1860—1919）牧师、神学家、政治家。他和韦伯一起参加福音社会会议（Evangelical—Social Congress），成为好友，深受韦伯的影响。后来他创立国家社会同盟（Nationalsozialer Verein），试图结合自由派和社会民主党右翼。

Neumann, Carl 诺依曼

（1860—1934）艺术史家，曾任教于海德堡、哥廷根及基尔等大学。

Nietzsche, Friedrich 尼采

（1844—1900）德国哲学家及古典文学家，强烈抨击欧洲文明设定之各种价值，倡价值之重估，认为价值乃个人自创自定，对韦伯有强烈影响。

Northcliff, Ist Viscount of 诺斯克里福爵士

（1865—1922）英国报业大亨，名 Alfred C. M. Harmsworth，是近代大众取向报纸的首创者。出身寒微，但自 1894 年开始，先后拥有数家英国最成功的报纸。1905 年他救回破产的 *Observer*，获封男爵。1906 年他又购得《泰晤士报》，被认为是一生事业的顶峰。

***Ostrogorskij, M. J.* 奥斯特罗戈尔斯基**

（1854—1919）俄国政治学者，以政党组织之比较研究的先驱者而知名。他比较英美等国的政党组织，提出近代民主群众政党向着官僚和寡头统治发展的倾向。

***Pareto, Vilfredo* 帕累托**

（1848—1923）意大利社会学家、经济学家及工程师。

***Pendleton, George H.* 彭多尔顿**

（1825—1889）美国政治家，俄亥俄州选出的参议员，推动公务员改革甚力。

***Penn, William* 威廉·潘恩**

（1644—1718）英国贵格派人物，1675 年赴美洲，建立宾夕法尼亚殖民地的基础。

***Pericles* 伯里克利**

（前 495—前 429）雅典最伟大的政治家，对雅典的文治武功均有大贡献。

***Plato* 柏拉图**

（前 427—前 347）古希腊哲学家，西方哲学的奠基者，以"理念"为万物存在的根基和认识方面的真理，使西方哲学思考工作成为可能的理知活动。

***Puttkamer, Robert von* 普特卡默**

（1828—1900）普鲁士政治家，俾斯麦的亲戚兼密友。1879 年任普鲁士教育及信仰部长，1881 年任内政部长，曾颁发所谓的"普特卡默告示"。

***Ranke, Leopold von* 兰克**

（1795—1885）德国史学家，曾任柏林大学教授近六十年之久，以重考证及叙述性的"兰克史学"，支配欧洲史学界，是当时最伟大的历史学家。

***Ratzel, Friedrich* 拉采尔**

（1844—1904）德国地理学家，莱比锡大学教授，创人类地理学及政治地理学，对欧美地理学有甚大影响。

***Rickert, Heinrich* 李凯尔特**

（1863—1936）新康德派哲学家，曾任弗莱堡及海德堡大学教授，对韦伯的社会学方法论，发挥过莫大的影响。

***Roscher, Wilhelm* 罗舍尔**

（1817—1894）德国历史学家及经济学家，执教于哥廷根及莱比锡等大学。

Rousseau, Jean Jacques 卢梭

（1712—1778）启蒙时代法国思想家，在人性论、教育论、政治理论及社会学说等方面有重大贡献及影响。

St. Francis of Assisi 圣方济

（1182—1226）意大利籍的天主教圣人，方济会的创始人，又译圣弗朗西斯。以苦行、平实、爱人、爱大自然生命、过贫穷生活著称。

Salz, Arthur 萨尔兹

（1881—1963）政治经济学家，曾任教于海德堡及俄亥俄州立大学。

Schäfer, Dietrich 舍费尔

（1845—1929）德国历史学家，曾任海德堡、柏林等大学教授，采强烈的国粹主义立场。

Schmid-Romberg, Kläre 施密隆宝

（？—？）退休女伶，文艺圈中活跃人物，施密诺尔之妻。

Schmid-Noerr, Friedrich Alfred 施密诺尔

（1877—1969）海德堡大学哲学及美学教授，亦为成功作家及艺术鉴赏家。

Schmidt, Heinrich Julian 施密特

（1818—1886）文艺史家，韦伯家族密友。

Schmoller, Gustav von 施莫勒

（1838—1917）曾任哈勒（Halle）、斯特拉斯堡、柏林等大学经济学教授，社会政策学会（Verein für Sozialpolitik）的创始人之一，"讲坛社会主义者"。曾主编著名的《施莫勒立法、行政与国民经济年报》（*Schmoller's Jahrbuch für Gesetzgebung, Verwaltung und Volkswirtschaft*），为韦伯许多重要著作发表之处。

Scott, Walter 司各特

（1771—1832）苏格兰小说家兼诗人，近代历史小说的鼻祖。

Sealsfield, Charles 希尔斯菲德

（1793—1864）本名卡尔·安东·波斯特尔，奥地利裔美国作家，以希尔斯菲德为笔名，发表诸多作品，曾对奥地利时局发表尖锐批评。

Siebeck, Paul 西贝克

（1855—1920）德国最重要的学术著作出版商之一。他在1878年接管海德堡的出版公司，开始专门出版神学、社会学、哲学及历史的书刊。这家书店的名称是 J.C.B. Mohr（Paul Siebeck），Tübingen。

Simmel, Georg 西美尔

（1858—1918）哲学家、社会学家、心理学家，执教于柏林及斯特拉斯堡大学，对近代社会学贡献甚大。他是韦伯挚友，曾因身为犹太人而遭歧视。他的《货币哲学》（*Philosophie des Geldes*）出版于 1900 年。

Socrates 苏格拉底

（前 470？—前 399）希腊哲学家，为柏拉图的老师。提倡怀疑性的理知思考，遭雅典人下狱毒死。

Sombart, Werner 桑巴特

（1863—1941）政治经济学家，曾任布列斯劳（Breslau）及柏林大学教授，对近代德国的历史社会学有重大影响。

Spener, Philipp Jakob 斯彭内尔

（1635—1705）德国神学家，敬虔派的创始人。

Spengler, Oswald 斯宾格勒

（1880—1936）德国历史哲学家，以《西方的没落》一书知名于世。

Strauss, David Friedrich 施特劳斯

（1808—1874）德国神学家，属于激进的新黑格尔左派，以《耶稣传》（*Das Leben Jesu*, 1835）一书成名。

Strauss, Leo 施特劳斯

（1899—1973）德国政治哲学家，1938 年起避难美国，执教芝加哥大学近二十年，对美国的政治思想史研究影响极大。他曾在 *Natural Right and History*（Chicago, 1953）中以专章批评韦伯的价值哲学。

Stumm-Halberg, Karl Ferdinand Freiherr von 史笃姆男爵

（1836—1901）煤矿与钢铁业大亨，保守派政治家。

Swammerdam, Jan 斯瓦默丹

（1637—1680）荷兰博物学家，首倡使用显微镜，以研究无脊椎动物及昆虫出名。

Sybel, Heinrich von 西贝尔

（1817—1895）历史学家，曾任慕尼黑等大学教授。

Taylor, F. W. 泰勒

（1856—1915）美国工程师，在所著 *The Principle of Scientific Management* 一书中，首创"科学管理"一词，提出一套提高工人生产力的方法。

Tirpitz, Alfred von 提尔皮茨

（1849—1930）德国海军的缔造者。

Tobler, Mina 托伯勒

（？ —？ ）瑞士音乐家，据说是韦伯晚年婚外情的对象。

Toller, Ernst 托勒

（1893—1939）剧作家、诗人、革命者、纯洁的理想主义者。1917 年到 1918 年之间的冬季，托勒和韦伯交往甚密。托勒因鼓动罢工被捕，韦伯曾自请出庭作证，使托勒获释（《韦伯传》，p.601）。1919 年初，托勒在慕尼黑成立巴伐利亚邦苏维埃共和国，事败被捕，韦伯又出庭替他作证，指他为理想主义的纯洁心志政治家（《韦伯传》，p.661）。

Tolstoy, Leo 托尔斯泰

（1828—1910）俄国作家，以《战争与和平》《复活》等巨作知名。他是强烈的和平主义、无政府主义者，企图以个人道德意识之改良作为社会改革的动力。

Tönnies, Ferdinand 滕尼斯

（1855—1936）社会学家，以《共同体与结合体》（*Gemeinschaft und Gesellschaft*, 1887）一书知名。

Treitschke, Heinrich von 特赖奇克

（1834—1896）德国历史学家，强烈的民族主义者，崇尚普鲁士精神及俾斯麦，歧视犹太人。他的著作虽有很大影响，但多失之于保守反动。

Troeltsch, Ernst 特勒尔奇

（1865—1923）韦伯密友，神学家、哲学家，以研究基督教社会思想史知名。

Trotsky, Leon 托洛茨基

（1879—1940）本名 L. D. Bronstein，俄国共产主义革命的主要领导人之一，革命后曾任外交及国防部长。后成为党内反对派领袖。1929 年被驱逐出境，通过政治活动及大量著作重建左派反对派，1938 年创立第四国际。1940 年在墨西哥遭刺杀。

Uhland, Ludwig 乌兰德

（1787—1862）德国诗人兼剧作家，浪漫时代最著名的诗人之一，特别擅长于民谣风味的诗和故事诗。

Vossler, Karl 沃斯勒

（1872—1949）拉丁学学者（Romanist），曾任海德堡、慕尼黑等大学教授。

Washington, Booker 华盛顿

（1856—1915）美国黑人教育家，塔斯凯奇学院创办人。

Weber, Alfred 阿尔弗烈德·韦伯

（1868—1958）韦伯之弟，亦为甚有成就的社会学家。

Weber, Helene Fallenstein 海伦娜·韦伯

（1844—1919）韦伯之母。

Weber, Marianne Schnitger 玛丽安娜·韦伯

（1870—1954）韦伯伯父的外孙女，后来成为韦伯之妻。除了《韦伯传》之外，她尚著有一本讨论妻子与母亲的法律地位的书（*Ehefrau und Mutter in der Rechtsentwicklung*, 1907），并且参与当时的妇女解放运动。

Weber, Max Sr. 老马克斯·韦伯

（1836—1897）韦伯之父。

Webster, Daniel 韦伯斯特

（1782—1852）美国政治家，历任众议员、参议员、国务卿等职。

Weierstrass, Karl 维尔史特拉斯

（1815—1897）德国数学家，曾任柏林等大学教授，在数论方面有很大的贡献。

Windelband, Wilhelm 温德尔班

（1848—1915）新康德派哲学家，以人文科学的哲学基础及哲学史研究知名。

Wundt, Wilhelm 冯特

（1832—1920）德国实验心理学家、哲学家、生理学家，曾任海德堡、苏黎世（Zürich）及莱比锡等大学教授。

索　引